主编简介

　　高丽萍，教授，注册会计师，淄博职业学院会计学院副院长，获国家级教学成果奖一等奖1项。首批国家级精品资源共享课、国家精品课程"财务会计"负责人，国家职业教育会计专业教学资源库项目"企业会计制度设计"课程负责人，全国高职高专经济管理类专业教学资源库建设专家委员会委员，华东师范大学访问学者；山东省教学名师、山东省职业教育名师工作室主持人、山东省高等学校省级教学团队带头人、会计专业省级特色专业带头人，山东省五年制高职会计专业教学指导方案项目负责人；主编教材8部，其中"十二五"职业教育国家规划教材3部，主持多项省级以上科研课题。

"十二五"职业教育
国家规划教材修订版

爱课程（中国大学MOOC）"财务会计"课程配套教材
国家级精品资源共享课配套教材

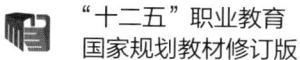 高等职业教育在线开放课程新形态一体化规划教材

财务会计习题与实训

（第三版）

▶ 主　编　高丽萍
▶ 副主编　张桂春　池　晶　吴丽娟
　　　　　曹志华　刘　辉

高等教育出版社·北京

内容提要

本书是"十二五"职业教育国家规划教材修订版，同时也是国家级精品资源共享课配套教材和爱课程（中国大学MOOC）"财务会计"课程配套教材。

本书是根据最新《企业会计准则》及最新财税法规（如增值税新税率、新个税法等），在上一版基础上修订而成的。内容主要包括学习目标、学习重点与难点、主要经济业务处理、典型题例分析、职业能力训练等内容。其中，职业能力训练具有题型多样、选题典型、题量及难度适中、给教学和学生自学留有选择余地等特点，同时将2020年最新初级会计资格考试内容融入其中，便于提高学生考证通过率。

本书可作为高等职业教育院校会计专业和财经类其他专业的教材，也可作为参加初级会计职业资格考试者及在职人员业务学习、岗位培训的参考用书。

本书配有习题答案以及与"爱课程"（www.icourses.cn）"财务会计"在线开放课程配套的多种资源，具体获取方式请见书后"郑重声明"页的资源服务提示。

图书在版编目（CIP）数据

财务会计习题与实训/高丽萍主编.—3版.—北京：高等教育出版社，2019.3（2021.12重印）
ISBN 978-7-04-051585-5

Ⅰ.①财… Ⅱ.①高… Ⅲ.①财务会计－高等职业教育－教学参考资料 Ⅳ.①F234.4

中国版本图书馆CIP数据核字（2019）第040316号

财务会计习题与实训
CAIWU KUAIJI XITI YU SHIXUN

| 策划编辑 | 武君红 | 责任编辑 | 梁 木 | 封面设计 | 赵 阳 | 版式设计 | 王艳红 |
| 责任校对 | 张 薇 | 责任印制 | 田 甜 | | | | |

出版发行	高等教育出版社	网　　址	http://www.hep.edu.cn
社　　址	北京市西城区德外大街4号		http://www.hep.com.cn
邮政编码	100120	网上订购	http://www.hepmall.com.cn
印　　刷	北京市白帆印务有限公司		http://www.hepmall.com
开　　本	787mm×1092mm 1/16		http://www.hepmall.cn
印　　张	14.5		
字　　数	320千字	版　　次	2015年3月第1版
插　　页	1		2019年3月第3版
购书热线	010-58581118	印　　次	2021年12月第9次印刷
咨询电话	400-810-0598	定　　价	34.80元

本书如有缺页、倒页、脱页等质量问题，请到所购图书销售部门联系调换
版权所有　侵权必究
物 料 号　51585-A0

第三版前言

本书是"十二五"职业教育国家规划教材修订版，也是国家级精品资源共享课配套教材和爱课程（中国大学 MOOC）"财务会计"课程配套教材。

本书自 2015 年第一版、2017 年第二版出版以来，受到广大师生的欢迎。2017 年以来，我国财税体制改革持续推进：2018 年 5 月 1 日起，增值税税率调整；2018 年 8 月 31 日，新《中华人民共和国个人所得税法》修订通过；2019 年 4 月 1 日起，增值税税率再次调整……这些都对教材修订提出了新的要求。可以说，本书是在上一版基础上依据我国现行财税法规等的变化，以及 2020 年最新初级会计资格考试大纲修订而成的。

本书在保留前两版教材优点的基础上，对涉及具体会计准则、税收政策和其他法律法规变化的相关内容进行了全面修订，主要包括第五章金融资产，第七章固定资产及投资性房地产，第八章无形资产及其他资产，第九章流动负债，第十二章收入、费用和利润，以及第十三章财务报告等章节。

本书配有参考答案，并同时在"爱课程"（www.icourses.cn）上建有在线开放课程"财务会计"，欢迎广大学习者选课学习。

本书由高丽萍担任主编，张桂春、池晶、吴丽娟、曹志华、刘辉担任副主编。本次修订工作由高丽萍教授总体负责。在修订过程中，得到山东鲁信税务师事务所、淄博市经济开发投资有限公司等合作企业和课程建设团队老师的大力支持，在此一并表示诚挚的谢意。

由于编者水平有限，书中难免出现错误，欢迎各位同仁提出宝贵意见。

编　者

二〇一九年十一月

第一版前言

《财务会计习题与实训》一书是根据"十二五"职业教育国家规划教材、国家级精品资源共享课立项项目配套教材《财务会计实务》(高丽萍主编)编写的配套辅助教材,本书既可供在校学生学习"财务会计实务"课程之用,也可作为在职财会人员业务学习、岗位培训的参考书。

本书各章内容主要包括各章的学习目标、学习重点与难点、主要经济业务处理、典型题例分析、职业能力训练等内容。其中:职业能力训练具有题型多样、选题典型、题量及难度适中、给教学和学生自学留有选择余地等特点,同时将初级会计资格考试内容融入其中,使学生能够掌握财务会计的基本理论,更好地掌握财务会计六要素的确认与计量,财务报告的编制等知识与能力。

本书由高丽萍担任主编,张桂春、黄新荣担任副主编,参加本书编写的有:高丽萍、张桂春、滕学荣、黄新荣、张文华、张静、冯素平、杨静、曹志华以及山东鲁信税务师事务所张俊学等。

由于编者水平有限,书中欠妥之处恳请专家、读者批评指正。

编 者
二〇一五年一月

目录

第一章　认知财务会计 / 001
第二章　货币资金 / 009
第三章　应收及预付款项 / 025
第四章　存货 / 039
第五章　金融资产 / 061
第六章　长期股权投资 / 075
第七章　固定资产及投资性房地产 / 087
第八章　无形资产及其他资产 / 111
第九章　流动负债 / 121
第十章　非流动负债 / 143
第十一章　所有者权益 / 153
第十二章　收入、费用和利润 / 163
第十三章　财务报告 / 195

第一章 认知财务会计

【学习目标】

1. 掌握财务报告的使用者有哪些，掌握企业经营管理层和企业所有者的关系；
2. 掌握会计主体、持续经营、会计分期、货币计量的含义及应用；
3. 掌握8项会计信息质量要求的含义及简单应用，为今后会计要素的确认、计量学习奠定基础；
4. 掌握资产负债表要素和利润表要素的内容、分类及确认条件；
5. 掌握历史成本、重置成本、可变现净值、现值、公允价值含义及基本应用。

【学习重点与难点】

1. 财务会计报告的目标；
2. 会计假设；
3. 会计信息的质量要求；
4. 会计要素的内容；
5. 会计计量及其应用。

【典型题例分析】

（一）单项选择题

【例题1】下列各项中，不符合资产会计要素定义的是（　　）。
  A. 发出商品　　　　　　　B. 原材料
  C. 待处理财产损失　　　　D. 库存商品

［答案］C

［解析］将一项资源确认为资产，需要符合资产的定义，并同时满足以下两个条件：① 与该资源有关的经济利益很可能流入企业；② 该资源的成本或者价值能够可靠地计量。由于待处理财产损失已经不能给企业带来经济利益，因此，不能确认为企业的资产。

【例题2】企业对交易或者事项进行会计确认、计量和报告应当保持应有的谨慎，不应（　　）。

　　A. 高估资产或者负债、低估收益或者费用
　　B. 高估资产或者费用、低估负债或者收益
　　C. 高估负债或者费用、低估资产或者收益
　　D. 高估资产或者收益、低估负债或者费用

［答案］D

［解析］谨慎性要求企业对交易或者事项进行会计确认、计量和报告时应当保持应有的谨慎，不应高估资产或者收益、低估负债或者费用。

（二）多项选择题

【例题3】下列应列入齐鲁公司负债的是（　　）。

　　A. 齐鲁公司两年前从银行借入的款项
　　B. 齐鲁公司购入商品时货款尚未支付
　　C. 齐鲁公司与银行达成了2个月后借入100 000元的意向
　　D. 齐鲁公司预收其他企业的货款60 000元

［答案］ABD

［解析］负债，是指企业过去的交易或者事项形成的，预期会导致经济利益流出企业的现时义务。选项C仅仅是与银行达成了借款意向，不属于现时义务。

【例题4】可靠性要求做到（　　）。

　　A. 内容完整　　　　　　　　B. 资料规范
　　C. 真实可靠　　　　　　　　D. 对应关系清楚

［答案］AC

［解析］可靠性要求企业应当以实际发生的交易或者事项为依据进行会计确认、计量和报告，如实反映符合确认和计量要求的各项会计要素及其他相关信息，保证会计信息真实可靠、内容完整。

（三）判断题

【例题5】会计信息质量的可比性要求同一企业不同时期发生的相同或者相似的交易或者事项，应当采用一致的会计政策，不得变更。　　　　　　　　　　　　　　　　（　　）

［答案］×

［解析］会计信息质量的可比性要求同一企业不同时期发生的相同或者相似的交易或者事项，应当采用一致的会计政策，不得随意变更。如果按照规定或者在会计政策变更后可以

提供更可靠、更相关的会计信息，可以变更会计政策。有关会计政策变更的情况，应当在附注中予以说明。

【例题6】公允价值计量下，资产和负债按照在公平交易中，熟悉情况的交易双方自愿进行资产交换或者债务清偿的金额计量。　　　　　　　　　　　　　　　　　　（　　）

　　［答案］×

　　［解析］根据2014年7月财政部对《企业会计准则——基本准则》中对公允价值定义的修改，公允价值计量下，资产和负债按照市场参与者在计量日发生的有序交易中，出售资产所能收到或转移负债所需支付的价格计量。

【职业能力训练】

一、单项选择题

1. 会计要素是指对（　　）按经济性质所作的基本分类。
   A. 会计主体　　　　　　　　B. 会计报告
   C. 会计对象　　　　　　　　D. 会计内容
2. 下列各项中，符合会计要素收入定义的是（　　）。
   A. 出售固定资产净收益
   B. 出售材料收入
   C. 出售无形资产净收益
   D. 向购货方收取的增值税销项税额
3. 所有者权益的来源包括所有者投入的资本、直接计入所有者权益的（　　）、留存收益等。
   A. 收入和费用　　　　　　　B. 利得和损失
   C. 成本和费用　　　　　　　D. 收入和利润
4. 下列说法中，体现了可比性要求的是（　　）。
   A. 核算发出存货的计价方法一经确定，不得随意改变，如有变更需在财务报告中说明
   B. 对有的资产、负债采用公允价值计量
   C. 对融资租入的固定资产视同自有固定资产
   D. 期末对存货采用成本与可变现净值孰低法计价
5. 企业将劳动资料划分为固定资产和低值易耗品，是基于会计核算质量要求的（　　）。
   A. 可比性　　　B. 谨慎性　　　C. 可理解性　　　D. 重要性
6. 企业提供的会计信息应有助于财务会计报告使用者对企业过去、现在或者未来的情况作出评价或者预测，这体现了会计核算质量要求的（　　）。
   A. 相关性　　　B. 可靠性　　　C. 可理解性　　　D. 可比性
7. 企业将融资租入固定资产按自有固定资产的折旧方法计提折旧，遵循的是（　　）要求。
   A. 可比性　　　B. 重要性　　　C. 相关性　　　D. 实质重于形式
8. 下列表述中，符合会计资料真实性要求的是（　　）。
   A. 会计资料应当如实反映经济业务事项
   B. 会计资料应当精确反映经济业务事项的发生过程和结果

C. 会计资料所反映的经济业务事项必须合法
D. 会计资料应当具备的构成要素必须齐全

9. 企业采用的会计处理方法和程序前后各期应当一致，不得随意变更，这是会计核算的（　　）。
   A. 真实性要求　　　　　　　　　B. 可比性要求
   C. 明晰性要求　　　　　　　　　D. 相关性要求

10. 要求会计信息口径一致，以便于不同企业直接进行横向比较，这一要求是（　　）。
    A. 真实性要求　　　　　　　　　B. 相关性要求
    C. 明晰性要求　　　　　　　　　D. 可比性要求

11. 企业将融资租入的固定资产视同自有固定资产核算，所体现的会计核算的信息质量要求是（　　）。
    A. 客观性要求　　　　　　　　　B. 相关性要求
    C. 可比性要求　　　　　　　　　D. 实质重于形式要求

12. 对应收账款计提坏账准备，遵循的会计信息质量要求是（　　）。
    A. 重要性要求　　　　　　　　　B. 可比性要求
    C. 谨慎性要求　　　　　　　　　D. 实质重于形式要求

13. 我国《企业会计准则第32号——中期财务报告》规定，对于与理解中期财务状况、经营成果和现金流量有关的重要交易或事项，也应当在附注中作相应披露，这一要求体现的会计信息质量要求是（　　）。
    A. 相关性　　　　　　　　　　　B. 谨慎性
    C. 实质重于形式　　　　　　　　D. 重要性

14. 某企业2018年8月份发生的经济业务，会计人员在10月份才入账，这违背了（　　）要求。
    A. 相关性　　　　　　　　　　　B. 及时性
    C. 客观性　　　　　　　　　　　D. 可比性

15. 对期末存货采用成本与可变现净值孰低法计价，其所体现的会计信息质量要求是（　　）。
    A. 及时性　　　B. 历史成本　　　C. 谨慎性　　　D. 可比性

16. 资产按照现在购买相同或者相似资产所需支付的现金或现金等价物的金额计量，这体现的会计计量属性是（　　）。
    A. 历史成本　　　　　　　　　　B. 重置成本
    C. 可变现净值　　　　　　　　　D. 公允价值

17. 以下各项，不属于企业资产的是（　　）。
    A. 经营租入的固定资产　　　　　B. 融资租入的固定资产
    C. 存货　　　　　　　　　　　　D. 企业申请的专利

18. 我国企业会计准则中的"收入"是指（　　）。
    A. 主营业务收入
    B. 营业收入和营业外收入之和

C. 营业收入、营业外收入与投资收益之和
D. 营业收入

19. 下列各项中，不符合资产会计要素定义的是（　　）。
    A. 委托代销商品　　　　　　　　B. 委托加工物资
    C. 待处理财产损失　　　　　　　D. 尚待加工的半成品

20. 资产和负债按照市场参与者在计量日发生的有序交易中，出售资产所能收到或转移负债所需支付的价格计量，其所指的计量属性是（　　）。
    A. 历史成本　　　　　　　　　　B. 公允价值
    C. 现值　　　　　　　　　　　　D. 可变现净值

二、多项选择题

1. 资产负债表要素包括（　　）。
   A. 资产　　　　B. 负债　　　　C. 所有者权益　　　　D. 利润

2. 利润表要素包括（　　）。
   A. 收入　　　　B. 费用　　　　C. 所有者权益　　　　D. 所得税费用

3. 会计信息质量要求包括（　　）。
   A. 可靠性、相关性　　　　　　　B. 可比性、及时性
   C. 重要性、谨慎性　　　　　　　D. 实质重于形式

4. 下列各项中，符合谨慎性会计信息质量要求的有（　　）。
   A. 在建工程计提减值准备
   B. 无形资产计提减值准备
   C. 存货期末计价采用成本与可变现净值孰低法
   D. 应收账款计提坏账准备

5. 相关性要求企业所提供的会计信息应（　　）。
   A. 满足企业内部加强经营管理的需要
   B. 满足国家宏观经济管理的需要
   C. 满足有关各方面了解企业财务状况和经营成果的需要
   D. 满足提高全民素质的需要

6. 下列项目中，属于我国会计信息质量要求的有（　　）。
   A. 可靠性　　　　　　　　　　　B. 实质重于形式
   C. 持续经营　　　　　　　　　　D. 重要性

7. 谨慎性是指会计核算时要（　　）。
   A. 预计可能发生的损失和费用　　B. 不预计可能取得的收入
   C. 高估费用、低估收入　　　　　D. 避免损失

8. 下列各项中，符合实质重于形式要求的有（　　）。
   A. 将融资租赁的固定资产作为自有固定资产入账
   B. 计提产品质量保证金
   C. 售后回购的会计处理

D. 存货期末按照成本与可变现净值孰低计价

9. 下列符合可理解性要求的有（　　　）。
   A. 会计记录应当清晰明了
   B. 在凭证处理和账簿登记时，应当确有依据
   C. 账户的对应关系要清楚，文字摘要应完整
   D. 在编制财务报表时，项目勾稽关系要清楚，内容要完整

10. 下列各项中，能引起资产与负债同减的有（　　　）。
    A. 支付现金股利　　　　　　　B. 取得短期借款
    C. 以现金支付职工工资　　　　D. 盈余公积补亏

11. 齐鲁公司收到的下列各项款项中，属于"收入"的有（　　　）。
    A. 出租固定资产收到的租金　　B. 出售无形资产收到的价款
    C. 出售包装物收到的价款　　　D. 销售商品收取的增值税

12. 符合资产定义的资源，在同时满足（　　　）条件时，才能确认为资产。
    A. 与该资源有关的经济利益很可能流入企业
    B. 该资源的成本能够可靠地计量
    C. 与该义务有关的经济利益很可能流出企业
    D. 未来流出的经济利益的金额能够可靠地计量

13. 所有者权益的来源包括（　　　）。
    A. 所有者投入的资本　　　　　B. 直接计入所有者权益的利得
    C. 直接计入所有者权益的损失　D. 留存收益

14. 利润是指企业在一定会计期间的经营成果，包括（　　　）。
    A. 收入减去费用后的净额
    B. 直接计入当期利润的利得
    C. 直接计入当期利润的损失
    D. 直接计入当期所有者权益的利得

15. 关于会计要素，下列说法中正确的有（　　　）。
    A. 收入可能表现为企业负债的减少
    B. 费用可能表现为企业负债的减少
    C. 费用可能表现为企业负债的增加
    D. 出售无形资产的现金流入属于"收入"要素的内容

16. 下列各项中，企业能够确认资产的有（　　　）。
    A. 经营租出的设备　　　　　　B. 经营租入的设备
    C. 融资租入的设备　　　　　　D. 近期将要出售的设备

三、判断题

1. 会计要素是指对会计对象按经济类型所作的基本分类，是构成会计对象具体内容的主要因素。　　　　　　　　　　　　　　　　　　　　　　　　　　　（　　）

2. 负债是指企业过去的交易或者事项形成的、预期会导致经济利益流出企业的现时

义务。（　　）

3. 某一会计事项是否具有重要性，在很大程度上取决于会计人员的职业判断。对于某一会计事项，在这一企业具有重要性，在另一企业则不一定具有重要性。（　　）

4. 相关性是指企业提供的会计信息应当与财务会计报告使用者的经济决策需要相关，有助于财务会计报告使用者对企业过去、现在或者未来的情况作出评价或者预测。（　　）

5. 会计核算谨慎性，一般是指对可能发生的损失和费用应当合理预计，对可能实现的收益不预计，但对很可能实现的收益应当预计。（　　）

6. 企业在一定期间发生亏损，则企业在这一会计期间的所有者权益一定减少。（　　）

7. 可比性要求是相对的，它必须以客观性为基础。在特定的情况下，企业改变现行的会计处理方法并不一定违背可比性。（　　）

8. 企业对于已经发生的交易或者事项，应当及时进行会计确认、计量和报告，不得提前或者延后，这体现的是及时性要求。（　　）

9. 谨慎性要求企业应合理估计可能发生的费用和损失。（　　）

10. 公司有一辆旧货车未到报废期但已不能正常使用，存放在仓库已有半年，企业为了满足生产经营的需要，重新购进了一辆汽车，企业账面上就有两辆汽车的记录，所以两辆汽车都是企业的固定资产。（　　）

11. 以融资租赁方式租入的资产不属于企业的资产。（　　）

12. 利得是指由企业日常活动所形成的、会导致所有者权益增加的、与所有者投入资本无关的经济利益的流入。（　　）

13. 收入只有在经济利益很可能流入从而导致企业资产增加或者负债减少，且经济利益的流入额能够可靠计量时才能予以确认。（　　）

14. 只要是由过去的交易或事项形成的并由企业拥有或控制的资源，均应确认为企业的一项资产。（　　）

15. 企业为了防备在利润计划完成不佳的年度扭亏，可以设置秘密准备。（　　）

16. 企业将融资租入的固定资产作为企业自有的固定资产体现了谨慎性要求。（　　）

17. 企业出租机器设备取得的租金收入不属于企业的收入。（　　）

18. 利润金额的确定也主要取决于收入、费用、利得、损失金额的计量。（　　）

四、不定项选择题

（一）资料：

（1）3月1日，由甲、乙、丙三个发起人，注册登记成立中惠有限责任公司，注册资本200万元，其中甲投入货币资金100万元，乙投入设备作价60万元，丙投入专利权作价40万元。该公司认定为增值税一般纳税人，增值税税率为13%。

（2）3月10日，用货币资金42万元购入A材料10万件，每件4.2元；本月领用3万件；应付工人工资10万元；支付水电费等2万元。完工W产品5万套。出售W产品3万套，每套售价8元；支付广告费2万元；支付管理费用4万元。

（二）要求：根据上述资料，假定不考虑其他因素，回答（1）~（4）小题。

（1）中惠有限责任公司成立时的资产为（　　　　）万元。

A. 100　　　　B. 160　　　　C. 140　　　　D. 200

（2）3月份应确认收入（　　）万元。

A. 24　　　　B. 27.12　　　　C. 40　　　　D. 45.20

（3）3月应计入产品成本的费用和期间费用分别是（　　）万元和（　　）万元。

A. 22.6　　　　B. 24.6　　　　C. 8　　　　D. 6

（4）3月份应确认的利润总额是（　　）万元。

A. 9.24　　　　B. 7.24　　　　C. 3.24　　　　D. 1.24

第二章 货币资金

【学习目标】

1. 掌握货币资金内部控制相关制度；
2. 掌握库存现金的管理规定，并能正确地进行库存现金的核算及"库存现金日记账"的登记；
3. 掌握"四票、一证、一卡、三结算"方式下银行结算凭证的办理，以及收款单位和付款单位记账的依据；
4. 能正确地进行银行存款的核对，正确登记银行存款日记账和编制"银行存款余额调节表"；
5. 掌握其他货币资金的内容，能正确地进行其他货币资金的核算。

【学习重点与难点】

1. 库存现金的管理规定；
2. 库存现金收付、清查的核算；
3. 银行转账结算方式及比较；
4. 银行存款的管理与银行存款余额调节表的编制；
5. 其他货币资金的内容与核算。

【主要经济业务处理】

1. 库存现金的核算

经济业务		账务处理
库存现金收付	收入现金	借：库存现金 贷：（有关账户）
	支付现金	借：管理费用（等） 贷：库存现金
库存现金清查	长款	（1）实地盘点，长款时： 借：库存现金 　　贷：待处理财产损溢——待处理流动资产损溢 （2）批准处理时： 借：待处理财产损溢——待处理流动资产损溢 　　贷：营业外收入
	短款	（1）实地盘点，短款时： 借：待处理财产损溢——待处理流动资产损溢 　　贷：库存现金 （2）批准处理时： 借：其他应收款（管理费用） 　　贷：待处理财产损溢——待处理流动资产损溢

2. 银行存款的核算

经济业务		账务处理
支票结算	付款单位	签发支票，根据支票存根等： 借：（有关账户） 　　贷：银行存款
	收款单位	收到支票，填写支票送存单，送存银行，取得银行回单： 借：银行存款 　　贷：（有关账户）
银行汇票结算	付款单位	（1）填写"银行汇票申请书"，将款项交存银行时，根据"银行汇票申请书"回单联： 借：其他货币资金——银行汇票 　　贷：银行存款 （2）持银行汇票购货，收到有关发票账单时： 借：材料采购（原材料或库存商品） 　　应交税费——应交增值税（进项税额） 　　贷：其他货币资金——银行汇票 （3）采购完毕收回剩余款项，根据银行汇票多余款项收账通知： 借：银行存款 　　贷：其他货币资金——银行汇票

续表

经济业务		账务处理
银行汇票结算	收款单位	收到银行汇票，填写"进账单"送交开户银行办理款项入账手续时，根据进账单及销货发票等： 　借：银行存款 　　贷：主营业务收入 　　　　应交税费——应交增值税（销项税额）
银行本票结算	付款单位	（1）填写"银行本票申请书"，将款项交存银行时，根据"银行本票申请书"回单联： 　借：其他货币资金——银行本票 　　贷：银行存款 （2）持银行本票购货，收到有关发票账单时： 　借：材料采购（原材料或库存商品） 　　　应交税费——应交增值税（进项税额） 　　贷：其他货币资金——银行本票
银行本票结算	收款单位	收到银行本票，填写"进账单"送交开户银行办理款项入账手续时，根据进账单及销货发票等： 　借：银行存款 　　贷：主营业务收入 　　　　应交税费——应交增值税（销项税额）
商业汇票结算	付款单位	（1）签发并承兑商业汇票时： 　借：材料采购（原材料或库存商品） 　　　应交税费——应交增值税（进项税额） 　　贷：应付票据 （2）商业汇票到期付款时： 　借：应付票据 　　贷：银行存款
商业汇票结算	收款单位	（1）销售商品，签发并承兑商业汇票时： 　借：应收票据 　　贷：主营业务收入 　　　　应交税费——应交增值税（销项税额） （2）商业汇票到期收款时： 　借：银行存款 　　贷：应收票据
汇兑结算	付款单位	办理汇款手续，根据银行退回的"汇兑凭证回单"： 　借：材料采购（原材料或库存商品） 　　　应交税费——应交增值税（进项税额） 　　贷：银行存款
汇兑结算	收款单位	根据银行汇兑凭证收账通知： 　借：银行存款 　　贷：主营业务收入 　　　　应交税费——应交增值税（销项税额）

续表

经济业务		账务处理
托收承付结算	收款单位	（1）发出商品，办妥托收手续，根据银行退回的托收承付凭证回单： 借：应收账款 　　贷：主营业务收入 　　　　应交税费——应交增值税（销项税额） （2）收到款项，根据银行托收承付凭证回单： 借：银行存款 　　贷：应收账款
	付款单位	承付货款，根据托收承付"支付通知"： 借：材料采购（原材料或库存商品） 　　应交税费——应交增值税（进项税额） 　　贷：银行存款
委托收款结算	收款单位	同托收承付
	付款单位	同托收承付

【典型题例分析】

（一）单项选择题

【例题1】企业为发放工资支取现金，应通过（　　）办理。

　　A. 基本存款账户　　　　　　　B. 一般存款账户
　　C. 专用存款账户　　　　　　　D. 临时存款账户

　　［答案］A

　　［解析］企业办理日常经营活动的资金收付及其工资、奖金和现金的支取，应通过基本存款账户办理。

【例题2】商业汇票的承兑期限由双方商定，最长不能超过（　　）。

　　A. 1个月　　　B. 2个月　　　C. 6个月　　　D. 9个月

　　［答案］C

　　［解析］商业汇票的承兑期限，由交易双方协商确定，但最长不得超过6个月。

（二）多项选择题

【例题3】下列各项可以采用现金结算的有（　　）。

　　A. 支付职工工资2 200元
　　B. 向一般纳税人购入原材料1 000元
　　C. 采购员随身携带的差旅费3 000元
　　D. 向个人收购农副产品1 300元

　　［答案］ACD

［解析］根据现金管理规定，支付职工工资、采购员随身携带的差旅费、向个人收购农副产品的款项均属于现金支付的范围。

【例题4】托收承付结算方式适用于（　　）。
A. 商品交易　　　　　　　　　B. 劳务供应
C. 因商品交易而产生的劳务供应　D. 对外进行投资
［答案］AC
［解析］托收承付结算适用于异地订有合同的商品交易以及因商品交易而产生的劳务供应款项的结算。

（三）判断题

【例题5】现金清查中，对于无法查明原因的现金短缺，经批准后应计入营业外支出。（　　）
［答案］×
［解析］现金清查中，对于无法查明原因的现金短缺，经批准后应计入管理费用。

【例题6】企业应根据银行存款余额调节表，登记未达账项，调节相符。（　　）
［答案］×
［解析］银行存款余额调节表只用于核对账目，不能作为记账的原始凭证。

【职业能力训练】

一、单项选择题

1. 库存现金限额一般是按企业（　　）的日常零星开支的需要量进行核定。
    A. 3天　　　B. 5天　　　C. 3～5天　　　D. 3～15天
2. 流动性最强的货币资金是（　　）。
    A. 库存现金　　　　　　　B. 银行存款
    C. 银行汇票存款　　　　　D. 外埠存款
3. 下列各项中，不通过"其他货币资金"账户核算的是（　　）。
    A. 信用证存款　　　　　　B. 备用金
    C. 信用卡存款　　　　　　D. 银行本票存款
4. 企业为发放工资支取现金，应通过的账户是（　　）。
    A. 基本存款账户　　　　　B. 一般存款账户
    C. 专用存款账户　　　　　D. 临时存款账户
5. 企业从本企业的现金收入中直接支付现金的行为，称为（　　）。
    A. 私设"小金库"　　　　 B. 白条抵库
    C. 公款私存　　　　　　　D. 坐支现金
6. 企业开立银行存款账户时，记载单位银行结算账户信息的有效证明是（　　）。
    A. 支票存根　　　　　　　B. 开户申请书
    C. 开户登记证　　　　　　D. 银行委托书

7. 下列各项中，根据《现金管理暂行条例》规定，不能用现金结算的是（　　）。
   A. 职工工资和津贴　　　　　　　B. 按规定发放给个人的奖金
   C. 向个人收购农副产品的价款　　D. 向农业企业收购农副产品的价款
8. 企业到外地进行临时或零星采购时，汇往采购地银行开立的采购专户是（　　）。
   A. 银行本票存款　　　　　　　　B. 外埠存款
   C. 银行汇票存款　　　　　　　　D. 存出投资款
9. 企业一般不得从本单位的现金收入中直接支付现金，因特殊情况需要支付现金的，应事先报经（　　）审查批准。
   A. 单位负责人　　　　　　　　　B. 上级主管部门
   C. 开户银行　　　　　　　　　　D. 财税部门
10. 企业发生现金长款和短款，尚未查明原因前应记入（　　）账户。
    A. 其他应收款　　　　　　　　　B. 待处理财产损溢
    C. 其他应付款　　　　　　　　　D. 备用金
11. 支票的提示付款期限一般为自出票日起（　　）。
    A. 7天　　　B. 10天　　　C. 15天　　　D. 20天
12. 银行汇票的提示付款期为（　　）。
    A. 1个月　　B. 2个月　　C. 3个月　　D. 6个月
13. 库存现金清查中发现的确实无法查明原因的长款，应贷记（　　）账户。
    A. 盈余公积　B. 管理费用　C. 其他业务收入　D. 营业外收入
14. 银行本票的提示付款期最长不得超过（　　）。
    A. 2个月　　B. 3个月　　C. 6个月　　D. 9个月
15. 仅适用于企业之间签订购销合同的商品交易，以及由于商品交易而发生的劳务供应的转账结算方式是（　　）。
    A. 银行汇票　B. 商业汇票　C. 委托收款　D. 托收承付
16. 企业库存现金日记账和银行存款日记账是由（　　）根据审核无误的记账凭证逐日逐笔进行登记。
    A. 会计主管　B. 出纳员　　C. 审计员　　D. 会计人员
17. 企业对已存入证券公司但尚未进行短期投资的资金进行会计处理时，应借记的账户是（　　）。
    A. 银行存款　　　　　　　　　　B. 交易性金融资产
    C. 其他应收款　　　　　　　　　D. 其他货币资金
18. 企业将款项汇往外地开立采购专用账户时，应借记的账户是（　　）。
    A. 材料采购　　　　　　　　　　B. 在途物资
    C. 预付账款　　　　　　　　　　D. 其他货币资金
19. 商业汇票的承兑期限由双方商定，最长不得超过（　　）。
    A. 1个月　　B. 2个月　　C. 6个月　　D. 9个月
20. 职员张三出差归来，报销差旅费1 500元，退回剩余现金500元。应编制的分录是（　　）。

A. 借：库存现金　　　　　　　　　　　　　　　　2 000
　　　　　贷：其他应收款　　　　　　　　　　　　　　　　2 000
　　B. 借：管理费用　　　　　　　　　　　　　　　　2 000
　　　　　贷：其他应收款　　　　　　　　　　　　　　　　2 000
　　C. 借：其他应收款　　　　　　　　　　　　　　　2 000
　　　　　贷：库存现金　　　　　　　　　　　　　　　　　500
　　　　　　　管理费用　　　　　　　　　　　　　　　　1 500
　　D. 借：管理费用　　　　　　　　　　　　　　　　1 500
　　　　　　　库存现金　　　　　　　　　　　　　　　　　500
　　　　　贷：其他应收款　　　　　　　　　　　　　　　　2 000

21. 经查明原因，转出应由出纳员赔偿的现金短款200元，其会计分录是（　　）。
　　A. 借：其他应收款　　　　　　　　　　　　　　　　200
　　　　　贷：库存现金　　　　　　　　　　　　　　　　　200
　　B. 借：其他应收款　　　　　　　　　　　　　　　　200
　　　　　贷：待处理财产损溢　　　　　　　　　　　　　　200
　　C. 借：应收账款　　　　　　　　　　　　　　　　　200
　　　　　贷：待处理财产损溢　　　　　　　　　　　　　　200
　　D. 借：应收账款　　　　　　　　　　　　　　　　　200
　　　　　贷：库存现金　　　　　　　　　　　　　　　　　200

22. 某企业收到面额为20 000元的转账支票一张，系东方公司归还的前欠货款。企业已将支票和填制的进账单送到银行办理收款手续。此时应当编制的会计分录是（　　）。
　　A. 借：银行存款　　　　　　　　　　　　　　　　20 000
　　　　　贷：应付账款　　　　　　　　　　　　　　　　20 000
　　B. 借：应付账款　　　　　　　　　　　　　　　　20 000
　　　　　贷：银行存款　　　　　　　　　　　　　　　　20 000
　　C. 借：银行存款　　　　　　　　　　　　　　　　20 000
　　　　　贷：应收账款　　　　　　　　　　　　　　　　20 000
　　D. 借：应收账款　　　　　　　　　　　　　　　　20 000
　　　　　贷：银行存款　　　　　　　　　　　　　　　　20 000

23. 对于银行已经收款而企业尚未入账的未达账项，企业应作的处理为（　　）。
　　A. 以"银行对账单"为原始记录将该业务入账
　　B. 根据"银行存款余额调节表"和"银行对账单"自制原始凭证入账
　　C. 在编制"银行存款余额调节表"的同时入账
　　D. 待有关结算凭证到达后入账

二、多项选择题

1. 货币资金按其存放地点和用途可分为（　　）。
　　A. 库存现金　　　　　　　　　　B. 银行存款

  C. 其他货币资金   D. 外币存款
2. 关于现金管理，下列说法正确的有（　　）。
  A. 在国家规定的范围内使用现金结算
  B. 库存限额一经确定，不得变更
  C. 收入的现金必须当天送存银行
  D. 每天下班时必须对现金进行清点
3. 下列支付结算方式中，同城或异地均可采用的有（　　）。
  A. 托收承付   B. 委托收款
  C. 商业汇票   D. 银行汇票
4. 按照货币资金内部控制制度的要求，出纳人员不得兼任（　　）。
  A. 稽核工作   B. 债权债务账目的登记工作
  C. 收入费用账目的登记工作   D. 会计档案保管工作
5. 下列各项中，通过"其他货币资金"账户核算的有（　　）。
  A. 银行汇票存款   B. 存出投资款
  C. 银行本票存款   D. 信用证存款
6. 下列票据中，可以背书转让的有（　　）。
  A. 银行汇票   B. 商业汇票
  C. 转账支票   D. 现金支票
7. 下列可以采用现金结算的有（　　）。
  A. 向某单位支付购买材料款 2 000 元
  B. 企业职工出差预借差旅费 2 000 元
  C. 购买办公用品 280 元
  D. 向农村个人收购物资 20 000 元
8. 商业承兑汇票是由（　　）的票据。
  A. 收款人签发并承兑   B. 付款人签发并承兑
  C. 收款人签发，付款人承兑   D. 付款人签发，收款人承兑
9. 下列行为中，不符合结算有关规定的有（　　）。
  A. 出借账户给客户
  B. 以现金支付向供销社采购的农副产品款
  C. 以信用卡结算 10 万元以上的商品交易款项
  D. 签发的支票金额超过企业的银行存款余额
10. 《支付结算办法》中的结算规定包括（　　）。
  A. 不准无理拒绝付款，任意占用他人资金
  B. 不准违反规定开立和使用账户
  C. 不准签发没有资金保证的票据
  D. 不准签发远期支票，套取银行信用
11. 下列各项中，可以采用现金结算的有（　　）。
  A. 支付职工工资 2 200 元   B. 向一般纳税人购入原材料 1 000 元

C. 采购员随身携带的差旅费 3 000 元　　D. 向个人收购农副产品 1 300 元
12. 托收承付结算方式适用于（　　　　）。
   A. 商品交易　　　　　　　　　　　B. 劳务供应
   C. 因商品交易而产生的劳务供应　　D. 对外进行投资
13. 会使企业"银行存款日记账"余额大于"银行对账单"余额的情况有（　　　　）。
   A. 企业开出支票，对方尚未送存银行
   B. 银行代企业支付水电费，企业未收到付款通知
   C. 银行代扣水电费，企业尚未接到通知
   D. 委托收款结算方式下银行收到款项，尚未通知企业收款
14. 库存现金日记账登记的依据有（　　　　）。
   A. 银行付款凭证　　　　　　　　　B. 现金收款凭证
   C. 现金付款凭证　　　　　　　　　D. 银行收款凭证
15. 定额银行本票的面额分别为（　　　　）。
   A. 1 000 元　　　B. 5 000 元　　　C. 10 000 元　　　D. 50 000 元
16. 商业承兑汇票在到期日如付款人账户存款不足支付，其开户银行将（　　　　）。
   A. 退回票据，由其自行处理　　　　B. 按规定对付款人处以罚款
   C. 对付款人执行扣款　　　　　　　D. 无条件支付款项
17. 下列业务中，可以通过"库存现金"账户核算的有（　　　　）。
   A. 偿还前欠某单位货款 5 000 元
   B. 购买甲材料，支付货款 300 元
   C. 支付个人劳务报酬 1 000 元
   D. 购买计算机一台，支付货款 7 500 元
18. 下列项目中，不能用库存现金支付的项目是（　　　　）。
   A. 向职工个人发放奖金 5 000 元　　B. 支付电视台广告费 3 000 元
   C. 张山出差借支差旅费 1 200 元　　D. 购买设备一台，价款 20 000 元
19. 银行存款日记账的核对，是指银行存款日记账（　　　　）。
   A. 与银行存款余额调节表的核对　　B. 与银行存款收款凭证的核对
   C. 与银行存款总账的核对　　　　　D. 与银行存款对账单的核对
20. 银行存款日记账登记的依据有（　　　　）。
   A. 银行收款凭证　　　　　　　　　B. 银行付款凭证
   C. 银行转账凭证　　　　　　　　　D. 有关现金付款凭证

三、判断题

1. 库存现金限额一经核定，企业必须严格遵守，对于超过限额部分的现金应于当日营业终了前送存银行；低于库存现金限额时，应及时从银行提取。（　　）
2. 银行对签发空头支票和签章与预留银行签章不符的支票，除予以退票外，并按票面金额处以 5% 但不低于 1 000 元的罚款，同时出票人要交付持票人 2% 的赔偿金。（　　）
3. 企业可以根据经营需要，在一家或几家银行开立基本存款账户。（　　）

4. 企业不得从销货款现金收入中直接支付进货款。（   ）
5. 托收承付结算方式、委托收款结算方式均可适用于异地结算。（   ）
6. 企业应根据"银行存款余额调节表"将未达账项及时入账。（   ）
7. 现金支票只能用于支取现金，转账支票只能用于转账。（   ）
8. 银行汇票和银行承兑汇票都只能由银行签发，以保证兑付。（   ）
9. 对于规模较小的企业，出纳员除登记库存现金日记账和银行存款日记账外，还可以进行债权、债务账目登记工作。（   ）
10. 库存现金清查，是以实地盘点法核对库存现金实有数与账存数的。（   ）
11. 企业库存现金清查中发现的长款和短款可以相互抵消。（   ）
12. 银行汇票存款、银行本票存款、转账支票都在"其他货币资金"账户中核算。（   ）
13. 在库存现金清查中，如发现有白条，可以抵充库存现金，以便账实相符。（   ）
14. "库存现金"账户反映企业的库存现金，包括企业内部各部门周转使用、由各部门保管的定额备用金。（   ）
15. 企业的现金清查小组应当在出纳人员不在场的情况下对企业库存现金进行定期或不定期清查。（   ）
16. 企业存放在证券公司准备购买股票和债券的款项应在"其他货币资金——存出投资款"账户核算。（   ）
17. 未达账项是由于企业和银行之间一方记账错误而造成的，发现后应及时在账簿上更正。（   ）
18. 商业承兑汇票到期日付款人账户不足支付时，其开户银行应代为付款。（   ）
19. 企业备用金业务可通过"其他货币资金"账户核算。（   ）
20. 企业签发的支票金额超过企业的银行存款余额时，要支付银行手续费。（   ）
21. 盘点库存现金出现溢余，可以在"其他应付款"账户的贷方反映，待日后短缺时用于抵扣。（   ）
22. 无法查明原因的库存现金短缺，根据管理权限批准后记入"营业外支出"账户。（   ）
23. 银行存款余额调节表是调整企业银行存款账面余额的原始凭证。（   ）
24. 对于银行已经入账而企业尚未入账的未达账项，企业应当根据"银行对账单"编制自制凭证予以入账。（   ）
25. 企业银行存款账面余额与银行对账单余额因未达账项存在差额时，应按照银行存款余额调节表调整银行存款日记账。（   ）
26. 库存现金的清查包括出纳人员每日的清点核对和清查小组定期和不定期的清查。（   ）
27. "库存现金"账户反映企业的库存现金，但不包括企业内部各部门周转使用、由各部门保管的定额备用金。（   ）
28. 采用定额制核算备用金的企业，备用金使用部门日常凭单据报销差旅费时，会计部门应按报销金额冲减"其他应收款"账户。（   ）

四、业务实训题

实 训 一

（一）目的：练习库存现金的核算及库存现金日记账的登记方法。
（二）资料：
1. 红星公司 2020 年 3 月初库存现金日记账的余额为 3 800 元。
2. 该公司 3 月份发生下列经济业务：
（1）1 日，签发现金支票，从银行提取现金 5 000 元备用。
（2）2 日，以现金拨付总务科周转金 2 000 元。
（3）3 日，接受某个人投资者投入现金 80 000 元，填写"进账单"，将上述款项送存银行。
（4）7 日，签发现金支票，从银行提现，发放职工工资 30 000 元。
（5）8 日，以现金支付职工个人劳务报酬款项 2 700 元。
（6）8 日，提取现金 6 000 元备用。
（7）8 日，以现金发放职工奖金 3 500 元。
（8）15 日，现金短缺 200 元。经查明属于出纳员的责任，应由其赔偿。
（9）18 日，销售商品货款 4 520 元，其中增值税 520 元，收到现金，款存银行。
（10）18 日，业务员李林预借差旅费 3 000 元，以现金付讫。
（11）20 日，以现金支付零星办公用品购置费 380 元。
（12）28 日，业务员李林出差归来，实报差旅费 2 690 元，余款交回现金。
（13）30 日，清查发现现金长款 80 元，转作企业营业外收入。
（三）要求：
1. 根据资料 1 开设库存现金日记账，并登记期初余额；
2. 根据资料 2 编制会计分录，并登记库存现金日记账。

实 训 二

（一）目的：练习银行存款的核算及银行存款日记账的登记方法。
（二）资料：
1. 红星公司 2020 年 3 月 28 日银行存款日记账余额为 242 000 元。
2. 该公司 3 月末发生经济业务如下：
（1）29 日，签发"转账支票"（4867 号），支付前欠甲单位货款 46 400 元。
（2）29 日，签发"现金支票"（1801 号），提取现金 3 800 元备用。
（3）29 日，签发"转账支票"（4868 号），购买办公用品 580 元。
（4）29 日，收到乙企业交来的"银行汇票"一张，偿还前欠货款 23 200 元，填写"进账单"（2190 号），送存银行。

（5）29日，收到银行转来的"电汇凭证"（2371号）收账通知，系甲企业投资转入款项300 000元。

（6）30日，填写"银行汇票委托书"（6132号），送交银行，银行签发银行汇票一张，面值50 000元。

（7）30日，采购员丁凡出差借差旅费3 000元，签发"现金支票"（1802号）付讫。

（8）30日，购进材料一批，进价6 000元，增值税780元，以"转账支票"（4869号）付讫。

（9）30日，销售给乙企业商品一批，价款10 000元，增值税1 300元，收到乙企业签发的银行本票一张，填写"进账单"（2191号）送存银行。

（10）30日，收到银行转来"委托收款"（3875号）收账通知，为丁公司前欠货款4 900元，已存入银行。

（11）30日，签发"转账支票"（4870号），为购货方代垫运费500元。

（12）30日，销售给外地丁公司商品一批，价款200 000元，增值税26 000元，填写"托收承付"（7532号）结算凭证，送交银行，办妥托收手续。

（13）30日，签发"转账支票"（4871号），支付下半年报刊费6 000元。

3. 银行转来该公司的部分"银行对账单"如下表所示。

银行对账单

2020年		摘要	结算凭证		借方	贷方	余额
月	日		种类	号码			
3	1	期初余额					242 000
	29	付前欠甲单位货款	转支	4 867	46 400		195 600
	29	提现备用	现支	1 801	3 800		191 800
	29	购买办公用品	转支	4 868	580		191 220
	29	送存汇票	进账单	2 190		23 200	214 420
	29	收到投资款	电汇	2 371		300 000	514 420
	30	签发银行汇票	委托书	6 132	50 000		464 420
	30	付预借差旅费	现支	1 802	3 000		461 420
	30	收丁公司欠款	委收	3 875		4 900	466 320
	30	代垫运杂费	转支	4 870	500		465 820
	30	支付水电费	委收	7 532	5 800		460 020
	30	支付利息	通知单	1 891	2 960		457 060
	30	托收收回	委收	5 610		5 400	462 460
	30	预订报刊费	转支	4 871	6 000		456 460
	30	托收款划回	委收	8 767		4 890	461 350

（三）要求：

1. 根据资料1开设银行存款日记账。
2. 根据资料2编制会计分录并登记银行存款日记账，如下表所示。

银行存款日记账

年		摘要	结算凭证		借方	贷方	余额
月	日		种类	号码			

3. 进行核对，并编制"银行存款余额调节表"，如下表所示。

银行存款余额调节表

项目	金额	项目	金额
银行对账单余额		银行存款日记账余额	
加：		加：	
减：		减：	
调整后余额		调整后余额	

实 训 三

（一）目的：练习其他货币资金的核算。

（二）资料：红星公司2020年3月份发生的经济业务如下：

1. 2日，填写"电汇"结算凭证，委托银行将款项500 000元汇往广州，开立采购专户。

2. 2日，填制"信用卡申请表"，连同30 000元转账支票和有关资料送存发卡银行，申请取得信用卡一张。

3. 4日，填写"银行汇票申请书"，将款项交存银行，取得面额90 000元的银行汇票一张，交由采购员持票去上海采购。

4. 8日，收到银行转来"银行汇票"付款通知、多余款收账通知及有关发票账单，系上海采购材料价款75 000元，增值税9 750元，多余款项5 250元已收回。材料已验收入库。

5. 15日，收到广州采购员转来供应单位发票账单等凭证，注明采购材料价款420 000元，增值税54 600元。

6. 20日，广州采购完毕收回剩余款项25 400元，收到银行收账通知。

7. 20日，采用信用卡支付业务招待费7 000元，收到有关发票账单。

8. 25日，填写"银行本票申请书"，将款项交存银行，取得"银行本票"一张，面额6 780元。

9. 25日，持"银行本票"到当地某企业购货，收到有关发票账单，注明采购材料价款6 000元，增值税780元。

10. 26日，向证券公司划出800 000元资金，准备购买随时变现的短期债券。

（三）要求：根据上述经济业务编制会计分录。

五、不定项选择题

（一）资料：红光公司为增值税一般纳税企业，所采购的原材料和销售产品的增值税税率为16%。2020年4月初银行存款日记账的余额为346 800元，"其他货币资金"账户期初无余额。

（1）上月开出转账支票支付甲单位欠款2 000元，已经收到银行付款通知；

（2）收到银行收账通知，上月甲单位欠款5 340元，已存入银行；

（3）销售产品价款200 000元（不含税），款项收到存入银行，该批产品的销售成本为170 000元；

（4）向银行申请开具银行汇票150 000元，并取得银行汇票；

（5）开出支票26 000元支付上月的购料欠款；

（6）购入原材料价税款113 000元，以银行汇票支付，材料已验收入库，余款37 000元转入存款户；

（7）因临时到外地采购材料而划出银行存款15 000元，开设临时存款账户。

（二）要求：根据上述资料，回答（1）～（5）小题。
（1）红光公司"其他货币资金"账户的余额为（　　　　）元。
  A. 150 000　　　　B. 3 800　　　　C. 165 000　　　　D. 15 000
（2）银行存款日记账的余额是（　　　　）元。
  A. 422 140　　　　B. 426 140　　　　C. 443 140　　　　D. 441 140
（3）第二笔业务应作的会计处理是（　　　　）。
  A. 因是上月的未达账项，故不需要作会计分录，直接登记银行存款日记账
  B. 借：应收账款　　　　　　　　　　　　　　5 340
    贷：银行存款　　　　　　　　　　　　　　　5 340
  C. 借：银行存款　　　　　　　　　　　　　　5 340
    贷：应收账款　　　　　　　　　　　　　　　5 340
  D. 借：银行存款　　　　　　　　　　　　　　5 340
    贷：应付账款　　　　　　　　　　　　　　　5 340
（4）第四笔业务的账务处理涉及的有（　　　　）。
  A. 借：应收票据　　　　　　　　　　　　　　150 000
  B. 贷：银行存款　　　　　　　　　　　　　　150 000
  C. 借：其他货币资金　　　　　　　　　　　　150 000
  D. 贷：应付票据　　　　　　　　　　　　　　150 000
（5）"其他货币资金——外埠存款"账户的余额是（　　　　）元。
  A. 117 000　　　　　　　　　　　B. 150 000
  C. 15 000　　　　　　　　　　　　D. 3 800

第三章
应收及预付款项

【学习目标】

1. 掌握应收账款的确认、计量及核算；
2. 掌握商业折扣、现金折扣的核算；
3. 掌握取得票据时、票据到期时的会计处理，掌握票据贴现的核算；
4. 掌握预付账款的核算；
5. 重点掌握应收账款余额百分比法下，各年度坏账的处理及坏账准备的计提。

【学习重点与难点】

1. 应收账款的计量，商业折扣、现金折扣的核算；
2. 应收票据的核算与票据贴现的处理；
3. 预付账款的账务处理；
4. 坏账准备的计提与坏账的处理。

【主要经济业务处理】

1. 应收账款的核算

经济业务		账务处理
没有折扣时，应收账款的核算	销售实现时	借：应收账款［售价＋增值税＋代垫运杂费］ 　　贷：主营业务收入 　　　　应交税费——应交增值税（销项税额） 　　　　银行存款［代垫运杂费］
	收回货款时	借：银行存款 　　贷：应收账款

续表

经济业务		账务处理
有现金折扣时，应收账款的核算	销售实现时	借：应收账款［售价＋增值税＋代垫运杂费］ 　贷：主营业务收入 　　　应交税费——应交增值税（销项税额） 　　　银行存款［代垫运杂费］
	对方享受现金折扣时	借：银行存款 　　财务费用 　贷：应收账款
	对方不享受现金折扣时	借：银行存款 　贷：应收账款

2. 应收票据的核算

经济业务		账务处理
不带息票据的核算	收到商业汇票时	借：应收票据 　贷：主营业务收入 　　　应交税费——应交增值税（销项税额）
	票据到期时	借：银行存款 　贷：应收票据
	无法收回票款时	借：应收账款 　贷：应收票据
带息票据的核算	收到商业汇票时	借：应收票据［票据的面值］ 　贷：主营业务收入 　　　应交税费——应交增值税（销项税额）
	计提利息时	借：应收票据 　贷：财务费用
	票据到期时	借：银行存款［实际收到款项］ 　贷：应收票据［票据账面余额］ 　　　财务费用［尚未计提利息］
	无法收回票款时	借：应收账款 　贷：应收票据［票据账面余额］
票据贴现的核算	贴现时	借：银行存款［实收金额］ 　　财务费用［实收金额与账面余额的差额］ 　贷：应收票据［票据账面余额］
	票据到期，对方无款支付时	借：应收账款［票据到期本息］ 　贷：银行存款 或 借：应收账款［票据到期本息］ 　贷：短期借款

3. 预付账款的核算

经济业务		账务处理
设"预付账款"账户	预付账款时	借：预付账款 　贷：银行存款
	购进材料时	借：材料采购 　　应交税费——应交增值税（进项税额） 　贷：预付账款［实际结算款］
	补付款项	借：预付账款 　贷：银行存款
	购进商品同时补付价款	借：材料采购 　　应交税费——应交增值税（进项税额） 　贷：预付账款［预付款项］ 　　银行存款［补付款项］
不设"预付账款"账户	预付账款时	借：应付账款 　贷：银行存款
	购进材料时	借：材料采购 　　应交税费——应交增值税（进项税额） 　贷：应付账款［实际结算款］
	补付款项	借：应付账款 　贷：银行存款
	购进商品同时补付价款	借：材料采购 　　应交税费——应交增值税（进项税额） 　贷：应付账款［预付款项］ 　　银行存款［补付款项］

4. 坏账准备的处理

经济业务		账务处理
备抵法	计提时	借：信用减值损失——计提的坏账准备 　贷：坏账准备
	发生坏账	借：坏账准备 　贷：应收账款
	收回上年已冲销的坏账	借：银行存款 　贷：坏账准备
	冲减多提坏账准备	借：坏账准备 　贷：信用减值损失——计提的坏账准备
直接转销法	坏账发生时	借：信用减值损失——计提的坏账准备 　贷：应收账款

【典型题例分析】

（一）单项选择题

【例题1】 某企业某月销售商品发生商业折扣20万元、现金折扣15万元、销售折让25万元。该企业上述业务计入当月财务费用的金额为（　　）万元。

　　A. 15　　　　　　B. 20　　　　　　C. 35　　　　　　D. 45

　　[答案] A

　　[解析] 商业折扣、现金折扣、销售折让中只有现金折扣在"财务费用"账户中体现。

【例题2】 20××年年末某企业应收A公司的账款余额为500万元，已提坏账准备30万元，经单独减值测试，确定该应收账款的未来现金流量现值为410万元，则年末该企业应确认的该信用减值损失为（　　）万元。

　　A. 90　　　　　　B. 60　　　　　　C. 40　　　　　　D. 30

　　[答案] B

　　[解析] 年末应计提的坏账准备=（500-30）-410=60（万元），故应确认的信用减值损失为60万元。

（二）多项选择题

【例题3】 下列各项中，会引起应收账款账面价值发生变化的有（　　）。

　　A. 计提坏账准备　　　　　　　　B. 收回应收账款
　　C. 转销坏账准备　　　　　　　　D. 收回已转销的坏账

　　[答案] ABCD

　　[解析] 应收账款账面价值=应收账款余额-坏账准备贷方余额。计提坏账准备时，坏账准备增加，会使应收账款账面价值减少；收回应收账款、收回已转销的坏账，会使应收账款账面价值减少；转销坏账准备时，坏账准备减少，会增加应收账款账面价值。

【例题4】 下列各项中，应记入"坏账准备"账户贷方的有（　　）。

　　A. 提取坏账准备　　　　　　　　B. 冲回多提的坏账准备
　　C. 收回以前确认并转销的坏账　　D. 备抵法下实际发生的坏账

　　[答案] AC

　　[解析] 冲回多提的坏账准备、备抵法下实际发生坏账时，应记入"坏账准备"账户的借方。

（三）判断题

【例题5】 企业发生坏账时所作的冲销应收账款的会计分录，会使资产及所有者权益同时减少相同数额。（　　）

　　[答案] ×

　　[解析] 发生坏账时所作的冲销应收账款的会计分录，只能使资产内部有增有减，并不

能引起资产发生增减变动,也不会引起所有者权益的增减变动。

【例题6】对于商品销售业务,销货企业即使在向客户提供现金折扣的情况下,现金折扣也不影响确认应收账款的入账价值。(   )

[答案] √

[解析]销售时发生商业折扣应按扣除商业折扣后的净额确认应收账款。采用总价法核算现金折扣是将未扣减现金折扣前的金额(即总价)作为实际售价,据以确认应收账款的入账价值。我国规定企业一般采用总价法核算现金折扣,所以销货企业即使在向客户提供现金折扣的情况下,也应按总价确认应收账款的入账价值。

【职业能力训练】

一、单项选择题

1. 下列项目中,属于应收账款范围的有(   )。
   A. 应收个人欠款   B. 应收销货款
   C. 应收租金   D. 应收股利

2. 某企业5月10日销售产品一批,销售收入为20 000元,规定的现金折扣条件为2/10、1/20、n/30,折扣不考虑增值税,适用的增值税税率为13%,企业5月26日收到该笔款项时,应给予客户的现金折扣为(   )元。
   A. 0   B. 200   C. 452   D. 226

3. 某企业赊销商品一批,商品标价10 000元,商业折扣为20%,增值税税率为13%,现金折扣条件为2/10、n/20。企业销售商品时代垫运费200元,则应收账款的入账金额为(   )元。
   A. 9 240   B. 10 000   C. 11 074   D. 11 500

4. 某企业10月1日向A公司销售商品100件,售价1 000元/件,因批量销售给予购货方20%的商业折扣,增值税税率为13%,发运商品时代垫运杂费1 000元,现金折扣条件为2/10、1/20、n/30。则企业应收账款的入账价值应为(   )元。
   A. 91 400   B. 81 000   C. 101 000   D. 113 000

5. 2018年7月2日,某企业将一张带息应收票据拿到银行贴现。该票据面值为1 000 000元,当年6月30日已计提利息1 000元,尚未计提利息1 200元,银行贴现息为900元。该应收票据贴现时计入财务费用的金额为(   )元。
   A. -300   B. -100   C. -1 300   D. 900

6. 下列项目中,按照现行会计制度的规定,销售企业应当作为财务费用处理的是(   )。
   A. 销售方发生的销售折让   B. 销售方发生的商业折扣
   C. 购货方获得的现金折扣   D. 购货方放弃的现金折扣

7. "应收票据"账户应按(   )作为入账金额。
   A. 票据面值   B. 票据到期价值
   C. 票据面值加应计利息   D. 票据贴现额

8. 某企业采用应收账款余额百分比法进行坏账核算,计提比例为0.5%。该企业2018年年末"坏账准备"账户为借方余额 1.5 万元。2019 年年末该企业应收账款余额为 400 万元，则企业账务处理中，正确的是（　　）。

  A. 贷：坏账准备 35 000　　　　　　　B. 贷：坏账准备 5 000

  C. 贷：坏账准备 20 000　　　　　　　D. 借：坏账准备 5 000

9. 某企业销售商品一批，增值税专用发票上标明的价款为 60 万元，适用的增值税税率为 16%，为购买方代垫运杂费 2 万元，款项尚未收回。该企业确认的应收账款为（　　）万元。

  A. 60　　　　　　B. 62　　　　　　C. 69.6　　　　　　D. 71.2

10. 一张 5 月 26 日签发的 30 天的票据，其到期日为（　　）。

  A. 6 月 24 日　　　B. 6 月 25 日　　　C. 6 月 26 日　　　D. 6 月 27 日

11. 某企业按应收账款余额百分比法计提坏账准备。2018 年年末"应收账款"账户余额为 600 000 元，估计坏账损失率为 2%，企业在计提坏账准备前"坏账准备"账户有贷方余额 1 000 元。该企业 2018 年应提的坏账准备金额为（　　）元。

  A. 11 000　　　　B. 12 000　　　　C. 0　　　　D. 13 000

12. 下列应收、暂付款项中，不通过"其他应收款"账户核算的是（　　）。

  A. 应收保险公司的赔款　　　　　　B. 应收出租包装物的租金

  C. 应向职工收取的各种垫付款项　　D. 应向购货方收取的代垫运杂费

13. 企业按规定提取的坏账准备应计入（　　）。

  A. 资产减值损失　　B. 制造费用　　C. 财务费用　　D. 营业外支出

14. 某企业年终计提坏账准备前"坏账准备"账户的余额为借方 360 元，"应收账款"账户余额为 320 000 元，若按 0.5% 计提坏账准备，还应提取的坏账准备为（　　）元。

  A. 1 600　　　　B. -1 600　　　　C. 1 240　　　　D. 1 960

15. 企业在收回货款时，发生的现金折扣应作为（　　）处理。

  A. 营业收入　　　B. 管理费用　　　C. 销售费用　　　D. 财务费用

16. 赊销业务发生时，企业应向购货单位或接受劳务单位收取的款项和代垫的运杂费要通过（　　）账户记录。

  A. 应收账款　　　B. 应付账款　　　C. 预收账款　　　D. 其他应收款

17. 应收票据是企业的一项流动资产，通常是指（　　）。

  A. 银行本票　　　B. 银行汇票　　　C. 转账支票　　　D. 商业汇票

18. 预付款业务不多的企业，发生预付账款时，可以直接记入（　　）账户的借方。

  A. 应收账款　　　B. 应付账款　　　C. 预收账款　　　D. 预付账款

19. A 公司 4 月 15 日签发一张为期 90 天的商业汇票。按日计算汇票到期日，该汇票的到期日应为（　　）。

  A. 7 月 13 日　　　B. 7 月 14 日　　　C. 7 月 15 日　　　D. 7 月 20 日

20. F 公司 5 月 1 日将本年 4 月 1 日签发、期限 3 个月、面值 60 000 元的不带息商业汇票向银行贴现，年贴现率 6%，则 F 公司收入的贴现净值为（　　）元。

  A. 59 100　　　　B. 59 400　　　　C. 59 700　　　　D. 60 300

21. 企业到期的商业汇票无法收回，则应将应收票据账面余额转入（　　）。

  A. 应收账款　　　B. 坏账损失　　　C. 财务费用　　　D. 其他应收款

22. 企业已计提坏账准备的应收账款确实无法收回，按管理权限报经批准作为坏账转销时，应编制的会计分录是（　　）。
    A. 借记"信用减值损失"账户；贷记"坏账准备"账户
    B. 借记"管理费用"账户；贷记"应收账款"账户
    C. 借记"坏账准备"账户；贷记"应收账款"账户
    D. 借记"坏账准备"账户；贷记"信用减值损失"账户
23. 下列各项中，不构成应收账款入账价值的是（　　）。
    A. 销售货物发生的商业折扣
    B. 代购货方垫付的运杂费
    C. 代购货方垫付的装卸费
    D. 确认商品销售收入尚未收到的价款
24. 某企业不单独设置"预收账款"账户，期初应收账款的余额为0。2019年5月10日销售产品一批，销售收入为10 000元，增值税税率为13%，款项尚未收到。2019年5月30日，预收货款10 000元。2019年5月31日应收账款的余额为（　　）元。
    A. 10 000　　　B. 11 300　　　C. 21 300　　　D. 1 300
25. 企业转销无法支付的应付账款时，应将该应付账款账面余额计入（　　）。
    A. 资本公积　　B. 营业外收入　　C. 其他业务收入　　D. 其他应付款
26. 企业2019年3月10日签发一张期限为90天的商业承兑汇票，其到期日为（　　）。
    A. 6月7日　　　B. 6月8日　　　C. 6月9日　　　D. 6月10日
27. 某企业2019年8月1日赊销一批商品，售价为120 000元（不含增值税），适用的增值税税率为13%。规定的现金折扣条件为2/10、1/20、n/30，计算现金折扣时考虑增值税。客户于2019年8月15日付清货款，该企业收款金额为（　　）元。
    A. 117 600　　B. 135 600　　C. 134 244　　D. 132 888
28. 为了鼓励购买者多买而在价格上给予的一定折扣称为（　　）。
    A. 商业折扣　　B. 现金折扣　　C. 销售折让　　D. 削价处理
29. 某企业销售商品一批，计价10 000元，付款条件为2/10、1/15、n/30，如果客户在第14天付款，客户应付款（　　）元。
    A. 10 000　　　B. 9 800　　　C. 9 850　　　D. 9 900
30. 某企业赊销商品一批，商品标价10 000元，商业折扣10%，增值税税率为13%，现金折扣条件为2/10、n/20。企业销售商品时代垫运费300元（不考虑运费增值税），则应收账款的入账金额为（　　）元。
    A. 11 600　　　B. 10 470　　　C. 11 300　　　D. 10 068
31. 企业为了采购原材料而事先支付的款项称为（　　）。
    A. 应收账款　　B. 应付票据　　C. 预付账款　　D. 其他应收款
32. 某企业年末应收账款余额为500 000元，"坏账准备"账户贷方余额为2 000元，按3‰提取坏账准备，则应冲减的坏账准备为（　　）元。
    A. 1 500　　　B. 2 000　　　C. 3 500　　　D. 500
33. 某企业对基本生产车间所需备用金采用定额备用金制度，当基本生产车间报销日常管理支出而补足其备用金定额时,应借记的会计账户是( )。
   A. 其他应收款   B. 其他应付款   C. 制造费用   D. 生产成本
34. 某企业年末应收账款余额为500 000元,坏账准备贷方余额为1 000元,按4‰提取坏账准备,应补提的坏账准备为( )元。
   A. 1 000   B. 2 000   C. 3 000   D. 4 000

二、多项选择题

1. 与带息商业汇票到期值的计算有关的是( )。
   A. 票据面值   B. 票面利率
   C. 票据期限   D. 贴现率
2. 其他应收款核算的范围包括( )。
   A. 备用金   B. 应收租金
   C. 应收股利   D. 存出保证金
3. 下列各项中,作为"其他应收款"核算的是( )。
   A. 收入购货单位预付的货款   B. 应收的各种罚款
   C. 租入包装物支付的押金   D. 暂收职工未领的工资
   E. 应收保险公司的各种赔款
4. 作为应收票据核算的票据有( )。
   A. 支票   B. 银行承兑汇票
   C. 银行本票   D. 商业承兑汇票
5. 应收及预付款项包括( )。
   A. 应收账款   B. 预付账款
   C. 应收票据   D. 其他应收款
6. 计提坏账准备的应收账款,包括( )。
   A. 不含增值税的价款
   B. 增值税的销项税额
   C. 支付的代垫运杂费
   D. 企业持有的未到期应收票据,如有确凿证据证明不能够收回或收回可能性不大时,或者已到期的应收票据不能收回,已将其账面余额转入应收账款
7. 下列各项可以作为应收账款入账金额的项目是( )。
   A. 销项税额   B. 商业折扣
   C. 现金折扣   D. 应收包装物租金
8. 下列关于现金折扣会计处理的表述中,正确的有( )。
   A. 销售企业在确认销售收入时将现金折扣抵减收入
   B. 销售企业在取得价款时将实际发生的现金折扣计入财务费用
   C. 购买企业在购入商品时将现金折扣直接抵减应确认的应付账款
   D. 购买企业在偿付应付账款时将实际发生的现金折扣冲减财务费用
9. 下列各项属于其他应收款核算范围的有( )。

  A. 应收股利   B. 代购货单位垫支的运杂费
  C. 备用金   D. 应收职工欠款

10．"坏账准备"账户贷方发生额反映（　　）。
  A. 已发生的坏账损失   B. 尚未动用的坏账准备
  C. 提取的坏账准备   D. 收回已作为坏账核销的应收账款

三、判断题

1．应收账款既包括应收的销货款，也包括应收的其他各种款项。（　　）
2．无论企业收到的应收票据是否带息，均应按其到期值入账。（　　）
3．收回已确认的坏账，应冲减财务费用。（　　）
4．贴现息的计算公式为：贴现息 = 票据到期价值 × 利率 × 票据期限。（　　）
5．"应收账款"账户的期末余额乘以规定的计提比例，就是本期应计提的坏账准备金额。（　　）
6．应收票据到期时，若付款人拒付票款或无力支付票款，应将票据本金和利息一并转入应收账款。（　　）
7．商业汇票的贴现期是指从签发日到贴现日的时间。（　　）
8．企业的预付账款，如因供货单位破产而无望再收到所购货物的，应将该预付账款转入其他应收款，并计提坏账准备。（　　）
9．在进行带息应收票据贴现核算时，应将其贴现利息直接计入当期损益。（　　）
10．应收票据是企业的一项流动资产，通常指的是一年内到期的银行汇票。（　　）
11．企业带息票据的贴现所得不一定小于票据面值。（　　）
12．企业不带息票据的贴现所得一定小于票据面值。（　　）
13．商业折扣通常以 2/10、n/30 表示，企业应收账款按扣除商业折扣后的实际售价金额入账。（　　）
14．企业已确认为坏账的应收账款，并不意味着企业放弃了其追索权，一旦重新收回，应及时入账。（　　）
15．企业已经确认为坏账的应收账款，如果该应收账款又收回，应确认为营业外收入。（　　）
16．某企业销售一笔货款为 150 万元的货物，规定销货的现金折扣条件为 2/20、n/30，购货单位于第 15 天付款，该企业实际收到的款项金额为 148 万元。（　　）
17．某企业 2019 年 3 月 31 日签发的一张期限为 3 个月的商业承兑汇票，其到期日为 6 月 30 日。（　　）
18．企业确实无法收回的应收账款经批准作为坏账损失时，一方面冲减应收账款，另一方面确认信用减值损失。（　　）
19．某商业汇票出票日为 3 月 29 日，2 个月到期，则到期日为 5 月 29 日。（　　）
20．企业收到承兑的商业汇票，无论是否带息，均按票据的票面价值入账。（　　）
21．只有银行承兑汇票才能向银行申请办理应收票据贴现。（　　）
22．企业进行在建工程预付的工程价款，应在"预付账款"账户核算。（　　）

23. 预付账款可以在"应付账款"账户核算，因此，预付账款应作为企业的一项负债。
（　　）

24. 企业应收款项发生减值时，应将该应收款项账面价值高于预计未来现金流量现值的差额，确认为减值损失，计入当期损益。（　　）

25. 企业支付的租入包装物押金应通过"其他应收款"账户核算，收到的包装物押金应作其他应付款处理。（　　）

26. 企业应当定期或者至少于每年年度终了，对其他应收款进行检查，预计其可能发生的坏账损失，并计提坏账准备。（　　）

27. 现金折扣和商业折扣均应在实际发生时计入当期财务费用。（　　）

四、业务实训题

实　训　一

（一）目的：练习应收账款的核算。

（二）资料：甲企业在2019年12月10日销售一批商品，增值税专用发票上注明售价50 000元，增值税税率为13%，税款6 500元，企业为了及早收回货款，给予的现金折扣条件为2/10、1/20、n/30。假定计算现金折扣时不考虑增值税。

（三）要求：

1. 编制甲企业实现销售收入时的会计分录。

2. 若买方于2019年12月25日支付货款，编制收到货款时的会计分录。

3. 若买方于2020年1月10日以一张面值56 500元，年利率为6%、期限为4个月的商业承兑汇票抵偿该到期无力支付的货款，试编制该会计分录。

实　训　二

（一）目的：练习应收账款的核算。

（二）资料：

齐鲁公司3月发生下列业务：

1. 采购员外出采购，预支差旅费3 000元，以现金支付。

2. 销售给A公司甲产品一批，售价计20 000元，增值税税率为13%，增值税2 600元，同时代垫运杂费500元，按合同规定采用托收承付结算方式，现已办妥托收手续，货款尚未收到。

3. 采购员外出采购归来报销差旅费2 800元，交回多余现金。

4. 收到售给A公司的货款及代垫的运杂费，款存银行。

5. 企业预付B公司购货款20 000元。

6. 企业收到B公司发来的原材料，买价16 239元，增值税税额2 111.07元。余款已收存银行，材料也已验收入库。

7. 企业赊销一批货物给 D 公司，不含税售价为 10 000 元，增值税税率为 13%，付款条件为 4/10、1/30、n/60。

8. D 公司于第 10 天偿还货款。

9. 企业售给 B 公司产品一批，售价 50 000 元，因批量销售，给 B 公司 10% 的商业折扣，增值税税率为 13%，货款尚未收回，商品已发出。

10. 总务部门领用定额备用金 1 000 元，以现金支付。

11. 收到 C 公司交来的包装物押金 1 800 元，存入银行。

12. 总务部门前来报销办公用品费用 280 元，审核无误，以现金补足其定额。

（三）要求：编制相关会计分录。

实 训 三

（一）目的：练习应收票据及票据贴现的核算。

（二）资料：某企业某年 3 月份发生下列经济业务：

1. 3 月 5 日，企业销售给 B 公司产品一台，售价 5 000 元，增值税税率为 13%，增值税税额 650 元，按合同规定，B 公司以一张年息 10%、期限 90 天的商业承兑汇票支付。

2. 3 月 15 日，企业将一张票面金额为 20 000 元，期限为 6 个月的不带息商业承兑汇票在企业已持有 2 个月时，向银行以 6% 的贴现率进行贴现。

3. 3 月 18 日，收到 D 公司交来的期限为 2 个月的商业承兑汇票一张，面值为 16 800 元，用以抵偿上月所欠货款。

4. 3 月 20 日，一张面值为 10 000 元，期限为 60 天的不带息商业承兑汇票到期被拒付。

5. 3 月 26 日，企业将一张已持有 30 天，票面金额为 40 000 元，年利率为 6%，90 天到期的银行承兑汇票向银行贴现，贴现率为 10%。

（三）要求：根据上述经济业务编制会计分录。

实 训 四

（一）目的：练习应收票据的核算。

（二）资料：A 公司 2020 年 2 月 28 日销售产品一批，售价 10 000 元，增值税税率为 13%，增值税税额 1 300 元，收到甲企业一张期限为 6 个月、年利率为 9%、面值为 11 300 元的商业承兑汇票。票据到期时，收到甲企业承兑的款项存入银行。

（三）要求：

1. 确定该票据的到期日、到期值。
2. 作出相关的会计分录。

实 训 五

（一）目的：练习预付账款的核算。

（二）资料：
1. 齐鲁公司根据购货合同规定，通过银行转账预付给明达公司订购材料款 9 000 元。
2. 向明达公司订购的材料已经收到并验收入库，增值税专用发票列明材料价款（含运费）10 000 元，增值税税率为 13%，增值税税额 1 300 元，共计 11 300 元。
3. 通过银行转账补付给明达公司材料款 2 300 元。
4. 齐鲁公司预付金鸿公司的货款 2 000 元，已由齐鲁公司汇入该公司银行账户。
5. 齐鲁公司预付给紫明公司的货款 12 000 元，因紫明公司撤销，所购货物已经无法收到。
（三）要求：作出以上业务的会计分录。

实 训 六

（一）目的：练习坏账准备的核算。
（二）资料：甲企业采用备抵法核算坏账损失，按应收账款年末余额的 5% 计提坏账准备。2019 年 1 月 1 日，甲企业应收账款余额为 3 000 000 元，"坏账准备"账户贷方余额为 150 000 元。2019 年度，甲企业发生了如下相关业务：
1. 销售商品一批，增值税专用发票上注明的价款为 5 000 000 元，增值税税率为 13%，增值税税额为 650 000 元，货款尚未收到。
2. 因某客户破产，该客户所欠货款 10 000 元不能收回，确认为坏账损失。
3. 收回上年度已转销为坏账损失的应收账款 8 000 元并存入银行。
4. 收到某客户以前所欠的货款 4 000 000 元并存入银行。
（三）要求：
1. 编制 2019 年度确认坏账损失的会计分录。
2. 编制收回上年度已转销为坏账损失的应收账款的会计分录。
3. 计算 2019 年年末"坏账准备"账户余额。
4. 编制 2019 年年末计提坏账准备的会计分录。

实 训 七

（一）目的：练习坏账准备的核算。
（二）资料：某企业年末按照应收账款余额的 5‰ 提取坏账准备。
该企业第一年年末的应收账款余额为 460 000 元；
第二年 7 月应收甲公司货款 6 000 元，只收回 4 800 元，其余确认为坏账；
第二年年末的应收账款余额为 780 000 元；
第三年年末的应收账款余额为 560 000 元；
第四年 2 月份发生坏账 6 400 元；
第四年年末应收账款余额为 440 000 元；
第五年 8 月份上年已确认为坏账的 6 400 元，又收回 4 000 元；

第五年年末的应收账款余额为 670 000 元。

（三）要求：作出每年的会计分录。

实 训 八

（一）目的：练习坏账准备的核算。

（二）资料：S 公司坏账核算采用备抵法，并按年末应收账款余额百分比法计提坏账准备，坏账准备提取率为 3%。

2017 年 12 月 31 日"坏账准备"账户余额 24 000 元。

2018 年 10 月将已确认无法收回的应收账款 12 500 元作为坏账处理。当年年末应收账款余额 120 万元。

2019 年 6 月收回以前年度已作为坏账注销的应收账款 3 000 元。当年年末应收账款余额为 100 万元。

（三）要求：作出所有的会计分录。

五、不定项选择题

不定项选择题一

（一）资料：某企业采用备抵法核算应收款项的减值损失，根据职业判断，企业每年按照应收账款余额的 3% 提取坏账准备。该企业第一年年末的应收账款余额为 95 000 元，其他应收款余额为 5 000 元；第二年发生坏账 6 000 元，其中甲单位 1 000 元，乙单位 5 000 元，年末应收账款余额为 1 200 000 元；第三年，已冲销的上年乙单位的应收账款 5 000 元又收回，期末应收账款余额为 1 300 000 元。

（二）要求：根据上述材料，回答（1）~（5）小题。

（1）企业可以提取坏账准备的项目是（　　　）。
　　A. 应收账款　　　　　　　　B. 其他应收款
　　C. 应收票据　　　　　　　　D. 预付账款

（2）第三年，已冲销的上年乙单位的应收账款 5 000 元又收回，应借记（　　　）。
　　A. 信用减值损失　　　　　　B. 应收账款
　　C. 坏账准备　　　　　　　　D. 管理费用

（3）下列各项中，应记入"坏账准备"账户贷方核算的是（　　　）。
　　A. 发生的坏账损失
　　B. 已经作为坏账核销的应收账款又收回
　　C. 期末估计坏账损失与调整前"坏账准备"账户借方余额的合计金额
　　D. 期末估计坏账损失小于调整前"坏账准备"账户贷方余额的差额部分
　　E. 期末估计坏账损失大于调整前"坏账准备"账户贷方余额的差额部分

（4）该企业第二年应该提取的坏账准备是（　　　）元。

A. 36 000　　　　B. 39 000　　　　C. 1 200 000　　　　D. 3 000

（5）企业在第三年的业务处理中，通过坏账准备核算的内容有（　　　）。

A. 借：坏账准备　5 000　　　　B. 贷：坏账准备　5 000
C. 借：坏账准备　2 000　　　　D. 贷：坏账准备　2 000

不定项选择题二

（一）资料：甲公司为增值税一般纳税人，增值税税率为13%。2019年12月1日，甲公司"应收账款"账户借方余额为500万元，"坏账准备"账户贷方余额为25万元，公司通过对应收账款的信用风险特征进行分析，确定计提坏账准备的比例为期末应收账款余额的5%。

12月份，甲公司发生如下相关业务：

（1）12月5日，向乙公司赊销商品一批，按商品价目表标明的价格计算的金额为1 000万元（不含增值税）。由于是成批销售，甲公司给予乙公司10%的商业折扣。

（2）12月9日，一客户破产，根据清算程序，有应收账款40万元不能收回，确认为坏账。

（3）12月11日，收到乙公司的销货款500万元，存入银行。

（4）12月21日，收到2018年已转销为坏账的应收账款10万元，存入银行。

（5）12月30日，向丙公司销售商品一批，增值税专用发票上注明的售价为100万元，增值税税额为13万元。甲公司为了及早收回货款而在合同中规定的现金折扣条件为2/10、1/20、n/30，假定现金折扣不考虑增值税。截至12月31日，丙公司尚未付款。

（二）要求：根据上述资料，回答下列小题。

（1）12月5日和12月30日发生的经济业务中应收账款的入账价值分别是（　　　）万元、（　　　）万元。

A. 1 130　　　　B. 1 017　　　　C. 113　　　　D. 90.4

（2）针对上述资料，甲公司的处理正确的是（　　　）。

A. 业务（1）应确认收入1 000万元
B. 业务（2）应计提信用减值损失40万元
C. 业务（4）应贷记坏账准备10万元
D. 业务（5）应确认收入100万元

（3）本期应计提坏账准备的金额为（　　　）万元。

A. 49.5　　　　B. 59.5　　　　C. 53.65　　　　D. 58.75

第四章 存货

【学习目标】

1. 掌握存货的概念、种类，掌握存货取得的价值构成，能正确使用先进先出法、全月一次加权平均法、移动加权平均法、个别计价法正确计算存货发出成本和期末存货价值；
2. 掌握按实际成本计价法下取得和发出原材料的核算，掌握按计划成本计价法下取得和发出原材料的核算；
3. 掌握包装物的内容、核算，掌握低值易耗品的内容、核算；
4. 掌握委托加工物资的成本构成内容，掌握自制半成品的核算，能正确进行委托加工物资的发出材料、支付加工费、支付往返运杂费、收回物资的全部核算；
5. 掌握库存商品的内容，能正确运用数量进价金额核算法和售价金额核算法进行库存商品的核算；
6. 掌握存货盘盈、盘亏的账务处理，掌握存货期末计价、计提存货跌价准备的账务处理。

【学习重点与难点】

1. 存货的计价；
2. 原材料按实际成本计价的核算；
3. 原材料按计划成本计价的核算；
4. 周转材料的核算；
5. 委托加工物资的核算；
6. 库存商品存货的核算；
7. 存货清查及期末计价的核算。

【主要经济业务处理】

1. 原材料按实际成本计价的核算

经济业务		账务处理
取得	单料同到	借：原材料 　　应交税费——应交增值税（进项税额） 贷：银行存款（等）
	单先到，料后到	借：在途物资 　　应交税费——应交增值税（进项税额） 贷：银行存款（等）
	料先到，单后到	材料验收入库时，不做账务处理，等到发票账单到达后，再按实际成本记账。 借：原材料 　　应交税费——应交增值税（进项税额） 贷：银行存款 如果已入库材料月末仍未收到发票账单，则应按材料的暂估价值入账。 借：原材料 贷：应付账款——暂估应付账款 下月初红字冲回，等到发票账单到达后，再按实际成本记账
	预付款方式	借：预付账款 贷：银行存款 借：原材料 　　应交税费——应交增值税（进项税额） 贷：预付账款
	外购材料损耗与短缺	借：其他应收款——运输部门 　　　　　　　　——保险公司 　　营业外支出（非正常损耗） 贷：在途物资 　　应交税费——应交增值税（进项税额转出）
发出	生产部门及其他部门领用	借：生产成本——基本生产成本 　　　　　　——辅助生产成本 　　制造费用 　　管理费用 　　销售费用 贷：原材料

2. 原材料按计划成本计价的核算

	经济业务	账务处理
取得	单料同到	借：材料采购 　　应交税费——应交增值税（进项税额） 　　贷：银行存款（等） 借：原材料 　　贷：材料采购 同时（或者月末）结转入库材料成本差异。 实际成本＞计划成本（超支差异）时： 借：材料成本差异 　　贷：材料采购 实际成本＜计划成本（节约差异）时： 借：材料采购 　　贷：材料成本差异
取得	单先到，料后到	（1）购入材料，支付价款或开出并承兑商业汇票时： 借：材料采购 　　应交税费——应交增值税（进项税额） 　　贷：银行存款（等） （2）材料验收入库时： 借：原材料 　　贷：材料采购 同时（或者月末）结转入库材料成本差异。 实际成本＞计划成本（超支差异）时： 借：材料成本差异 　　贷：材料采购 实际成本＜计划成本（节约差异）时： 借：材料采购 　　贷：材料成本差异
取得	料先到，单后到	材料验收入库时，不做账务处理，等到发票账单到达后，再按单料同到记账。 如果已入库材料月末仍未收到发票账单，则应按材料的计划成本暂估入账。 借：原材料 　　贷：应付账款——暂估应付账款 下月初红字冲回，等到发票账单到达后，再按单料同到记账
发出	生产部门及其他部门领用	（1）按计划成本： 借：生产成本 　　制造费用 　　管理费用 　　销售费用 　　贷：原材料

续表

经济业务		账务处理
发出	生产部门及其他部门领用	（2）结转发出材料成本差异： （超支差异） 借：生产成本 　　制造费用 　　管理费用 　　销售费用 　　贷：材料成本差异 （节约差异） 借：材料成本差异 　　贷：生产成本 　　　　制造费用 　　　　管理费用 　　　　销售费用

3. 周转材料——包装物的核算

经济业务		账务处理
取得	取得包装物	借：周转材料——包装物 　　应交税费——应交增值税（进项税额） 　　贷：银行存款
发出	生产产品领用包装物	借：生产成本——基本生产成本 　　贷：周转材料——包装物
	随同产品出售，不单独计价的包装物	借：销售费用 　　贷：周转材料——包装物
	随同产品出售，单独计价的包装物	（1）销售时领用包装物，结转包装物成本时： 借：其他业务成本 　　贷：周转材料——包装物 （2）收到包装物价款时： 借：银行存款 　　贷：其他业务收入 　　　　应交税费——应交增值税（销项税额）
	出租包装物	（1）领用出租用包装物时： 借：其他业务成本 　　贷：周转材料——包装物 （2）收到押金时： 借：银行存款 　　贷：其他应付款——存入保证金 （3）退还押金和扣除租金时： 借：其他应付款——存入保证金 　　贷：其他业务收入 　　　　应交税费——应交增值税（销项税额） 　　　　银行存款

	经济业务	账务处理
发出	出借包装物	（1）领用出借用包装物时： 借：销售费用 　　贷：周转材料——包装物 （2）收到押金时： 借：银行存款 　　贷：其他应付款——存入保证金 （3）退还押金时： 借：其他应付款——存入保证金 　　贷：银行存款
报废	出租包装物	收到残料价值时： 借：库存现金 　　贷：其他业务成本
	出借包装物	收到残料价值时： 借：库存现金 　　贷：销售费用

4. 周转材料——低值易耗品的核算

	经济业务	账务处理
取得	取得低值易耗品	借：周转材料——低值易耗品 　　应交税费——应交增值税（进项税额） 　　贷：银行存款
领用及摊销	一次摊销法	借：制造费用 　　管理费用 　　贷：周转材料——低值易耗品
	五五摊销法	（1）领用低值易耗品时： 借：周转材料——低值易耗品——在用［全额］ 　　贷：周转材料——低值易耗品——在库［全额］ 同时，摊销价值的50%： 借：制造费用（管理费用） 　　贷：周转材料——低值易耗品——摊销 （2）报废低值易耗品时： 摊销其余的50%： 借：制造费用（管理费用） 　　贷：周转材料——低值易耗品——摊销 同时： 借：周转材料——低值易耗品——摊销［全额］ 　　贷：周转材料——低值易耗品——在用［全额］ 若有残料验收入库： 借：原材料 　　贷：制造费用（管理费用）
报废	报废低值易耗品	收回残料价值： 借：原材料——辅助材料 　　贷：制造费用 　　　　管理费用

5. 自制半成品的核算

	经济业务	账务处理
取得	自制半成品入库	借：自制半成品 　贷：生产成本
发出	生产领用	借：生产成本 　贷：自制半成品

6. 完工产品的核算

	经济业务	账务处理
取得	完工入库	借：库存商品 　贷：生产成本
发出	对外销售	借：主营业务成本 　贷：库存商品

7. 委托加工物资的核算

	经济业务	账务处理
发出材料	发出委托加工材料	借：委托加工物资 　贷：原材料
支付加工费用	支付加工费用	借：委托加工物资 　　应交税费——应交增值税（进项税额） 　贷：银行存款
缴纳的消费税	收回后直接用于销售的，计入成本	借：委托加工物资 　贷：银行存款／应付账款
	收回后用于连续生产应税消费品而不是直接对外销售的，则已纳消费税款按规定准予抵扣以后销售环节应缴纳的消费税	借：应交税费——应交消费税 　贷：银行存款
收回	加工完成回收加工物资	借：原材料 　贷：委托加工物资

8. 库存商品的核算

	经济业务	账务处理
数量进价 金额核算法	商品购进	借：商品采购 　　应交税费——应交增值税（进项税额） 　贷：银行存款 借：库存商品 　贷：商品采购

续表

经济业务		账务处理
数量进价金额核算法	商品销售实现	借：银行存款、应收账款、应收票据等 　　贷：主营业务收入 　　　　应交税费——应交增值税（销项税额）
	商品销售成本的计算和结转	借：商品销售成本 　　贷：库存商品
售价金额核算法	商品购进	借：商品采购 　　应交税费——应交增值税（进项税额） 　　贷：银行存款 借：库存商品 　　贷：商品进销差价 　　　　商品采购
	商品销售实现	借：银行存款 　　贷：主营业务收入 同时，按售价结转销售成本： 借：主营业务成本 　　贷：库存商品 月末，调整主营业务收入： 借：主营业务收入 　　贷：应交税费——应交增值税（销项税额）
	商品销售成本的计算与结转	借：商品进销差价 　　贷：主营业务成本

【典型题例分析】

（一）单项选择题

【例题1】甲企业采用月末一次加权平均法计算发出材料成本。2019年11月1日结存A材料50件，单位成本80元；11月10日购入A材料200件，单位成本85元；11月18日发出A材料180件；11月22日购入A材料220件，单位成本70元；11月28日发出A材料250件。11月份发出A材料成本为（　　）元。（加权平均单价保留4位小数。）

　　A. 33 464.83　　　　　B. 33 660　　　　　C. 33 302.12　　　　　D. 33 200

［答案］C

［解析］月末一次加权平均法下，存货单位成本＝［月初库存存货成本＋∑（当月各批进货的实际单位成本×当月各批进货的数量）］÷（月初库存存货的数量＋当月各批进货数量之和），A材料单位成本＝［50×80＋（200×85＋220×70）］÷（50＋200＋220）＝77.446 8（元）；本月发出存货的成本＝本月发出存货的数量×存货单位成本，11月份发出

A 材料成本 =（180 + 250）× 77.446 8 = 33 302.124（元）。

【例题2】某增值税一般纳税企业因管理不善毁损库存材料一批，该批原材料实际成本为10 000元，收回残料价值为1 000元，保险公司和责任人赔偿5 000元。该批毁损原材料造成的非常损失净额是（   ）元。

  A. 5 000 B. 5 700 C. 4 000 D. 9 000

  [答案] B

  [解析] 管理不善造成的材料损失需要做进项税额转出，因此该批毁损原材料造成的非常损失净额 = 10 000 + 10 000 × 17% − 1 000 − 5 000 = 5 700（元）。

（二）多项选择题

【例题3】企业委托外单位加工材料收回后用于连续生产应税消费品的，其发生的下列支出中，应计入委托加工物资成本的有（   ）。

  A. 加工费
  B. 发出材料和收回加工物资发生的运输费用
  C. 发出材料的实际成本
  D. 受托方代收代缴的消费税

  [答案] ABC

  [解析] 委托外单位加工完成的存货，其成本包括实际耗用的原材料或者半成品、加工费、装卸费、保险费、委托加工的往返运费及应计入成本的税费；需要缴纳消费税的委托加工物资，由受托方代收代缴的消费税，收回后用于继续加工的，记入"应交税费——应交消费税"账户。

【例题4】下列关于存货的表述中，正确的有（   ）。

  A. 随同商品出售而不单独计价的包装物，应按照其实际成本记入"其他业务成本"账户
  B. 采用分次摊销法摊销低值易耗品，低值易耗品在领用时摊销其账面价值的单次平均摊销额
  C. 资产负债表日，存货应当按照成本计量
  D. 已计提的存货跌价准备可在以后期间转回

  [答案] BD

  [解析] 随同商品出售而不单独计价的包装物，应按照其实际成本记入"销售费用"账户；采用分次摊销法摊销低值易耗品，低值易耗品在领用时摊销其账面价值的单次平均摊销额；资产负债表日，存货应当按照成本与可变现净值孰低计量；已计提的存货跌价准备可在以后期间转回，转回时，借记"存货跌价准备"账户，贷记"资产减值损失"账户。

（三）判断题

【例题5】企业领用的低值易耗品，在领用时均应记入"制造费用"账户。（   ）

  [答案] ×

  [解析] 低值易耗品如果是生产车间领用的，应计入制造费用，期末再进行分配计入生

产成本。如果是企业管理部门领用的，则应计入管理费用。

【例题6】企业采用计划成本进行材料日常核算时，月末分摊材料成本差异时，超支差异记入"材料成本差异"账户的借方，节约差异记入"材料成本差异"账户的贷方。（ ）

[答案] ×

[解析] 分摊材料成本差异时，超支差异记入"材料成本差异"账户的贷方，节约差异记入"材料成本差异"账户的借方。

【职业能力训练】

一、单项选择题

1. 下列各项中，不属于存货内容的是（   ）。
   A. 在产品   B. 低值易耗品
   C. 委托代销商品   D. 工程物资

2. 下列各项中，不构成委托加工存货成本的是（   ）。
   A. 实际耗用的原材料   B. 仓储费
   C. 加工费   D. 实际耗用的半成品

3. 乙企业原材料采用计划成本法核算。月初结存材料计划成本为100万元，材料成本差异为节约5万元。当月购入原材料的计划成本为80万元，实际成本为76万元，当月结存材料的计划成本为30万元，当月发出材料的实际成本为（   ）万元。
   A. 157.5   B. 150   C. 150.83   D. 142.5

4. 甲公司为一般纳税人，适用的增值税税率为13%，原材料按计划成本核算，2019年A材料单位计划成本为100元/件。9月3日购入A材料4 000件，增值税专用发票上注明的价款为38万元，增值税税额4.94万元，运杂费0.8万元，增值税税额0.072元，材料验收入库，款项以银行存款支付，A材料的采购成本为（   ）万元。
   A. 38.8   B. 42.94   C. 38.872   D. 43.812

5. 某商场采用毛利率法进行核算，B商品2019年7月1日期初成本为800万元，当月购货成本为600万元，当月销售收入为1 000万元，销售退回为200万元，上季度该商品毛利率为10%。本月库存B商品成本为（   ）万元。
   A. 700   B. 680   C. 600   D. 400

6. 甲公司委托乙公司加工一批A商品，发出材料的成本为50 000元，支付加工费2 000元，支付应当缴纳的消费税400元，A商品收回后直接对外销售。甲公司该批委托加工物资的成本是（   ）元。
   A. 50 000   B. 52 400   C. 52 000   D. 50 400

7. 某企业为增值税一般纳税人，2019年4月购入材料1 000千克，价款为300万元，增值税税额为39万元，该材料在运输途中发生1%的合理损耗（10千克），不合理损耗10%（100千克），在入库前发生挑选整理费2万元。该材料入库的实际单位成本为（   ）元。
   A. 3 056.18   B. 3 033.71   C. 3 000   D. 3 022.47

8. 某企业月初库存A商品180件，每件2 520元；月中又购进两批A商品，其中一次是54

件，每件 2 880 元，另一次是 180 件，每件 2 700 元。则月末 A 商品的加权平均单价为（   ）元。

　　A. 2 772　　　　　　B. 2 952　　　　　　C. 2 775　　　　　　D. 2 645.22

9. 某企业因火灾原因盘亏一批材料 200 000 元，该批材料的进项税额为 26 000 元。收到各种赔款 20 000 元，材料入库 5 000 元。报经批准后，应记入"营业外支出"账户的金额为（   ）元。

　　A. 201 000　　　　　B. 206 000　　　　　C. 226 000　　　　　D. 175 000

10. 下列原材料相关损失项目中，应计入营业外支出的是（   ）。
　　A. 计量差错引起的原材料盘亏　　　　B. 自然灾害造成的原材料损失
　　C. 原材料运输途中发生的合理损耗　　D. 人为责任造成的原材料损失

11. 原材料已经验收入库，月末结算凭证未到，可按材料合同价款入账，应作的会计分录为（   ）。
　　A. 借：材料采购　　　　　　　　　　B. 借：原材料
　　　　贷：应付账款　　　　　　　　　　　　贷：应付账款
　　C. 借：材料采购　　　　　　　　　　D. 借：原材料
　　　　贷：其他应付款　　　　　　　　　　　贷：在途物资

12. 某企业月初结存原材料的计划成本为 100 000 元，本月收入原材料的计划成本为 300 000 元，本月发出材料的计划成本为 160 000 元，原材料成本差异的月初数为 6 000 元（超支），本月收入材料成本差异为 1 000 元（节约）。则该企业月末结存原材料的实际成本为（   ）元。

　　A. 243 000　　　　　B. 240 000　　　　　C. 245 000　　　　　D. 250 000

13. 购进存货运输途中发生的合理损耗应（   ）。
　　A. 计入存货采购成本　　　　　　　　B. 由运输单位赔偿
　　C. 计入管理费用　　　　　　　　　　D. 由保险公司赔偿

14. 在（   ）情况下，应记入"销售费用"账户。
　　A. 随产品出售单独计价的包装物在其领用时
　　B. 随产品出售不单独计价的包装物在其领用时
　　C. 出租包装物摊销其成本时
　　D. 生产领用包装物时

15. 某公司期末存货成本 60 000 元，可变现净值 58 000 元，"存货跌价准备"账户贷方余额 1 500 元，则本期（   ）。
　　A. 补提存货跌价准备 500 元　　　　　B. 不进行账务处理
　　C. 须冲销存货跌价准备 500 元　　　　D. 提取存货跌价准备 2 000 元

16. 甲企业按实际成本进行低值易耗品的核算，低值易耗品的摊销采用五五摊销法。8 月份生产车间报废低值易耗品实际成本为 75 000 元，残料价值为 3 000 元，则 8 月份计入制造费用的金额为（   ）元。

　　A. 33 000　　　　　　B. 34 500　　　　　　C. 33 750　　　　　　D. 35 250

17. 某公司盘亏材料的实际成本为 5 万元，经查为管理不善所致，决定由责任人赔偿损失 3

万元，且增值税适用税率为 13%，则应记入"管理费用"账户的金额为（　　）万元。
   A. 5　　　　　　　B. 2　　　　　　　C. 2.65　　　　　　D. 2.26
18. 某企业采用毛利率法计算发出存货成本。该企业某年 1 月份实际毛利率为 30%，本年度 2 月 1 日的存货成本为 120 万元，2 月份购入存货成本为 280 万元，销售收入为 300 万元，销售退回为 30 万元。该企业 2 月末存货成本为（　　）万元。
   A. 130　　　　　　B. 190　　　　　　C. 211　　　　　　D. 220
19. 某公司对期末存货采用成本与可变现净值孰低法计价。12 月 31 日库存自制半成品的实际成本为 400 万元，预计进一步加工所需费用为 160 万元，预计销售费用及税金为 80 万元。该半成品加工完成后的产品预计销售价格为 600 万元。假定该公司以前年度未计提存货跌价准备。12 月 31 日该项存货应计提的跌价准备为（　　）万元。
   A. 0　　　　　　　B. 40　　　　　　　C. 160　　　　　　D. 200
20. 某企业为增值税小规模纳税人，本月购入甲材料 2 060 千克，每千克单价（含增值税）50 元，另外支付运杂费 3 500 元，运输途中发生合理损耗 60 千克，入库前发生挑选整理费用 620 元。该批材料入库的实际单位成本为每千克（　　）元。
   A. 50　　　　　　　B. 51.81　　　　　　C. 52　　　　　　　D. 53.56

二、多项选择题

1. "材料成本差异"账户借方核算的内容有（　　）。
   A. 入库材料成本节约差异
   B. 入库材料成本超支差异
   C. 结转发出材料应负担的节约差异
   D. 结转发出材料应负担的超支差异
2. 企业采用实际成本核算原材料，应设置的会计账户有（　　）。
   A. 原材料　　　　B. 材料采购　　　　C. 在途物资　　　　D. 材料成本差异
3. 下列属于企业存货的有（　　）。
   A. 为建造固定资产等各项工程而储备的各种材料
   B. 企业接受外来原材料加工制造的代制品
   C. 生产过程中的在产品
   D. 已经确认销售但尚未运离企业的存货
4. 企业进行材料清查时，对于盘亏的材料，应先记入"待处理财产损溢"账户，待期末或报经批准后，根据不同的原因可分别转入（　　）。
   A. 管理费用　　　　B. 资本公积　　　　C. 营业外支出　　　　D. 其他应收款
5. 下列税金中，应计入存货成本的有（　　）。
   A. 由受托方代收代缴的委托加工直接用于对外销售的商品负担的消费税
   B. 由受托方代收代缴的委托加工继续用于生产应纳消费税的商品负担的消费税
   C. 进口原材料缴纳的进口关税
   D. 小规模纳税人购买原材料支付的增值税
6. 下列应记入"其他业务成本"账户的有（　　）。

A. 随同产品出售单独计价的包装物成本
B. 出借包装物成本的摊销
C. 随同产品出售不单独计价的包装物成本
D. 出租包装物成本的摊销

7. 下列各项中，构成企业委托加工物资成本的有（　　）。
   A. 加工中实际耗用物资的成本
   B. 支付的加工费用和保险费
   C. 收回后直接销售物资的代收代缴消费税
   D. 收回后继续加工应税消费品的代收代缴消费税

8. 下列项目中，应计入工业企业存货成本的有（　　）。
   A. 进口原材料支付的关税
   B. 生产过程中发生的制造费用
   C. 原材料入库前的挑选整理费用
   D. 自然灾害造成的原材料净损益
   E. 为特定客户设计产品发生的、可直接确定的设计费用

9. 下列各项对包装物的会计处理中，说法正确的有（　　）。
   A. 随同商品出售但不单独计价的包装物，应将其实际成本计入其他业务成本
   B. 随同商品出售且单独计价的包装物，应将其实际成本计入其他业务成本
   C. 企业在第一次领用用来出租的新包装物时，应将其实际成本计入其他业务成本
   D. 企业在第一次领用用来出借的新包装物时，应将其实际成本计入销售费用

10. 小规模纳税企业委托其他单位加工材料收回后用于连续生产消费税应税产品的，其发生的下列支出中，应计入委托加工物资成本的有（　　）。
    A. 加工费
    B. 增值税
    C. 发出材料的实际成本
    D. 受托方代收代缴的消费税

11. 下列各项，构成企业外购存货入账价值的有（　　）。
    A. 买价
    B. 运杂费
    C. 运输途中的合理损耗
    D. 入库前的挑选整理费用

三、判断题

1. 企业采用计划成本对材料进行日常核算，应按月分摊发出材料应负担的成本差异，不应在季末或年末一次计算分摊。（　　）

2. 存货发生减值时，要提取存货跌价准备，提取存货跌价准备后，当存货的价值又得到恢复时，不能将提取的存货跌价准备转回。（　　）

3. 采用售价金额核算法核算库存商品时，期末结存商品的实际成本为本期商品销售收入乘以商品进销差价率。（　　）

4. 企业采用计划成本进行材料日常核算，月末分摊材料成本差异时，超支差异记入"材料成本差异"账户的借方，节约差异记入"材料成本差异"账户的贷方。（　　）

5. 股份有限公司在财产清查时发现的存货盘亏、盘盈，应当于年末结账前处理完毕，如

果确实尚未报经批准的，可先保留在"待处理财产损溢"账户中，待批准后再处理。（ ）

6. 属于非常损失造成的存货毁损，应按该存货的毁损净损失记入"营业外支出"账户。（ ）

7. 企业已完成销售手续但购买方在月末尚未提取的商品，应作为企业的库存商品核算。（ ）

8. 采用实际成本核算原材料时，主要设置"原材料""在途物资"等账户。（ ）

9. 委托加工物资收回后用于连续生产应税消费品的，委托方应将缴纳的消费税计入委托加工物资的成本。（ ）

10. 毛利率法，是根据本期销售净额乘以上期实际毛利率匡算本期销售毛利，并据以计算发出存货和期末存货成本的一种方法。（ ）

11. 存货范围的确认，应以企业对存货是否具有法定所有权和是否存放在本企业为依据。（ ）

12. 在不同行业的企业中，附带成本是否计入存货的成本，具体做法不尽相同。（ ）

13. 工业企业的包装材料和包装物都是为包装本企业产品而储备的材料，都应在"包装物"账户核算。（ ）

14. 购入材料在运输途中发生的合理损耗不需单独进行账务处理。（ ）

15. 企业可以采用不同的计价方法对发出材料进行计价，在选定一种计价方法后，可以随时更改其所选用的计价方法。（ ）

四、业务实训题

实 训 一

（一）目的：练习存货发出的先进先出法。

（二）资料：A公司甲材料发出的计价采用先进先出法，购入和发出存货如下表所示。

甲材料明细账

2018年		摘要	收入			发出			结存		
月	日		数量	单价	金额	数量	单价	金额	数量	单价	金额
3	1	期初存货							400	20.00	8 000
	5	购货	300	21.00	6 300						
	10	发货				500					
	14	购货	400	23.00	9 200						
	20	发货				250					
	28	购货	200	24.00	4 800						
	31	合计	900		20 300	750					

（三）要求：计算发出存货成本和结存存货成本。

实 训 二

（一）目的：练习存货发出的加权平均法。

（二）资料：B 公司乙材料发出的计价采用加权平均法，购入和发出存货如下表所示。

乙材料明细账

2018 年		凭证编号	摘 要	收入			发出			结存		
月	日			数量	单价	金额	数量	单价	金额	数量	单价	金额
5	1	略	月初结存							300	1 000	300 000
	10		购入	900	1 200	1 080 000				1 200		
	12		发出				800			400		
	15		购入	600	1 400	840 000				1 000		
	20		发出				800			200		
	24		购入	200	1 600	320 000				400		
	31		本期发生额及月末结存	1 700		2 240 000	1 600			400		

（三）要求：计算发出存货成本和结存存货成本。

实 训 三

（一）目的：练习存货发出的移动加权平均法。

（二）资料：B 公司乙材料发出的计价采用移动加权平均法，购入和发出存货如实训二所示。

（三）要求：计算发出存货成本和结存存货成本。

实 训 四

（一）目的：练习存货按实际成本计价的核算。

（二）资料：某企业为增值税一般纳税企业，材料按实际成本核算。该企业 2019 年 7 月份发生经济业务如下：

1. 1日，向丙企业采购 B 材料，材料买价共计为 30 000 元，增值税为 3 900 元，款项 33 900 元用银行本票存款支付，材料已验收入库。

2. 1日，将上月末已收料但尚未付款的暂估入账的材料，作相反的分录冲回，金额为 70 000 元。

3. 5日，向甲企业购入A材料，买价共计100 000元，增值税13 000元，甲企业代垫运费1 500元，增值税税额135元。企业签发并承兑一张票面金额为114 635元，2个月期限的商业汇票结算材料款项，材料已验收入库。

4. 8日，按照合同规定，向乙企业预付购料款80 000元，已开出转账支票支付。

5. 9日，上月已付款的在途A材料已验收入库，其实际成本为50 000元。

6. 12日，向丁企业采购A材料1 000千克，买价为120 000元，增值税税额为15 600元；丁企业已代垫运杂费2 000元，增值税税额180元。取得相应增值税专用发票。货款共137 780元，已通过托收承付结算方式支付，材料尚未运到。

7. 20日，向丁企业购买的A材料运达，验收入库950千克，短缺50千克，原因待查。

8. 25日，用预付货款方式向乙企业采购的B材料已验收入库，增值税专用发票上列明，材料价款70 000元，增值税9 100元，余款900收回存入银行。

9. 28日，A材料短缺50千克的原因已查明，系丁企业少发货所致，丁企业已同意退款，但款项尚未收到。

10. 31日，根据发料凭证汇总表，本月基本生产车间生产产品领用原材料425 000元，车间一般性消耗领用80 500元，厂部管理部门领用87 600元，销售部门领用52 800元。

11. 31日，向甲企业购买A材料，材料已验收入库，结算单据仍未到达，按暂估价60 000元入账。

（三）要求：根据上述资料编制会计分录。

实 训 五

（一）目的：练习存货按计划成本计价的核算。

（二）资料：某企业为增值税一般纳税企业，采用计划成本进行原材料的核算。2019年6月1日，该企业原材料账面计划成本为1 000 000元，材料成本差异的借方余额为20 000元。6月份该企业有关原材料的业务资料如下：

1. 4日，购入原材料一批，取得的增值税发票上注明的原材料价款为200 000元，增值税额为26 000元，外地运费为20 000元，增值税税率为9%，有关款项已通过银行存款支付。该批材料的计划成本为250 000元，材料已验收入库。

2. 15日，购入材料一批，材料已运到并验收入库，但发票等结算凭证尚未收到，货款尚未支付。该批材料的计划成本为70 000元。

3. 本月领用材料的计划成本为800 000元，其中：生产领用500 000元，车间管理部门领用80 000元，企业管理部门领用20 000元，在建设备安装工程领用200 000元。

（三）要求：

1. 计算并分摊该企业6月份的材料成本差异。
2. 根据上述资料编制有关的会计分录。

实 训 六

(一)目的:练习存货按计划成本计价的核算。

(二)资料:某企业为增值税一般纳税人,材料按计划成本核算。该企业7月初"原材料"账户余额135 000元,"材料成本差异"账户借方余额12 174.25元。7月份发生如下经济业务:

1. 4日,向乙企业采购A材料,买价为110 000元,增值税为14 300元,运费1 600元,增值税税率9%,货款共计126 044元,已用银行存款支付。材料已验收入库,计划成本为110 000元。

2. 12日,向甲企业购入A材料,买价150 000元,增值税19 500元,甲企业代垫运杂费2 000元(不含增值税),运费增值税税率9%。取得相应的增值税专用发票。企业签发并承兑一张票面金额为171 680元,一个月到期的商业承兑汇票结算材料款项。该批材料已验收入库,计划成本为160 000元。

3. 15日,向丙企业采购B材料4 000千克,买价150 000元,增值税19 500元,丙企业已代垫运杂费2 400元(不含增值税),运费增值税税率9%。取得相应的增值税专用发票。货款已用银行存款支付,材料尚未收到。

4. 25日,向丙企业购买的B材料已运到,实际验收入库3 930千克,短缺70千克(其中:20千克属定额内合理损耗,其余50千克原因待查)。B材料单位计划成本为38元。

5. 28日,向丙企业购买B材料,买价100 000元,增值税13 000元,丙企业代垫运杂费1 800元(不含增值税),运费增值税税率9%。取得相应的增值税专用发票。货款共计114 962元,已用银行汇票存款支付,材料尚未收到。

6. 28日,向乙企业采购A材料,发票等结算凭证尚未收到。材料已验收入库,计划成本为60 000元。

7. 经查明向丙企业购入的短缺的50千克B材料,属于运输部门的责任造成,由其赔偿。

8. 31日,根据发料凭证汇总表,本月领用材料的计划成本为538 000元,其中:生产产品领用396 000元,车间管理部门领用45 000元,企业管理部门领用67 000元,销售部门领用30 000元。

(三)要求:

1. 根据上述经济业务编制有关会计分录。
2. 计算7月份的材料成本差异率,并分摊差异。

实 训 七

(一)目的:练习周转材料——包装物的核算。

(二)资料:某企业包装物采用实际成本核算,领用时按一次摊销法。7月份发生如下经济业务:

1. 生产A产品从仓库领用包装物100个,成本360元。
2. 随同产品出售包装物一批,单独计价904元(含增值税,税率为13%),其实际成本 720 元，所收款项已存入银行。

3. 到期收回出租的包装物，扣取租金 585 元，以现金退回押金 425 元。

4. 企业出借给某企业包装物 500 个，每个成本 10 元，每个包装物押金 15 元。

（三）要求：根据上述资料编制有关的会计分录。

实 训 八

（一）目的：练习周转材料——低值易耗品的核算。

（二）资料：某企业低值易耗品采用实际成本法核算，其中，专用工具采用五五摊销法，办公用具采用分次摊销法，其余采用一次摊销法。7 月份发生如下经济业务：

1. 企业购入一批专用工具，买价 3 000 元，增值税 390 元，运杂费 120 元，款项以银行存款支付，专用工具已验收入库。

2. 生产车间领用专用工具一批，其实际成本 2 400 元。

3. 管理部门领用办公用具一批，成本 1 600 元，预计可使用 10 个月。

4. 生产车间报废低值易耗品一批，其实际成本 2 000 元，按五五摊销法核算，收回残料作价 40 元，可作原材料使用。

（三）要求：根据上述资料编制有关的会计分录。

实 训 九

（一）目的：练习委托加工物资的核算。

（二）资料：某企业 5 月份发生下列有关委托加工业务：

1. 4 日，发出材料一批，其实际成本 12 000 元，委托某加工厂加工成 A 材料。

2. 5 日，以现金支付发出材料运杂费共计 300 元，取得增值税普通发票一张。

3. 20 日，以银行存款支付加工费 1 000 元，增值税 130 元；取得增值税专用发票，不含税运费 500 元，增值税税率 9%。

4. 25 日，A 材料加工完毕，验收入库，同时收到余料，余料的实际成本 420 元，已验收入库。

（三）要求：根据上述资料编制有关的会计分录。

实 训 十

（一）目的：练习委托加工物资的核算。

（二）资料：A 公司将生产应税消费品甲产品所用原材料委托 B 公司加工。5 月 10 日 A 公司发出材料实际成本为 51 950 元，应付加工费为 7 000 元（不含增值税），消费税税率为 10%，A 公司收回后将用来加工应税消费品甲产品；5 月 25 日收回加工物资并验收入库，另支付往返运杂费共计 150 元，取得增值税普通发票一张。加工费及代扣代缴的消费税均未结算；5 月 28 日将所加工收回的物资投入生产甲产品。此外，生产甲产品过程中还发生工资费用 20 000 元，计提社会保险费等 2 800 元，分配制造费用 18 100 元。5 月 30 日甲产品全部完工验收入库。6 月 5 日销售甲产品一批，售价 200 000 元（不含增值税），甲产品消费税税率也为 10%，货款尚未收到。A 公司、B 公司均为一般纳税人，增值税税率为 13%。

（三）要求：编制 A 公司、B 公司有关会计分录，同时编制 A 公司缴纳消费税的会计分录。

实 训 十 一

（一）目的：练习库存商品的核算。

（二）资料：甲企业属于商品流通企业，为增值税一般纳税人，适用的增值税税率为 13%，售价中不含增值税。该企业只经营甲类商品并采用毛利率法对发出商品计价，季度内各月份的毛利率根据上季度实际毛利率确定。该企业 2019 年第一季度、第二季度甲类商品有关资料如下：

1. 2019 年第一季度累计销售收入为 1 600 万元，销售成本为 1 200 万元，3 月月末结存的库存商品实际成本为 800 万元。
2. 2019 年第二季度购进甲类商品成本 1 760 万元。
3. 2019 年 4 月份实现商品销售收入 600 万元。
4. 2019 年 5 月份实现商品销售收入 1 000 万元。
5. 假定 2019 年 6 月月末按一定方法计算出结存的库存商品实际成本为 840 万元。

（三）要求：根据上述资料计算下列指标。
1. 计算甲企业甲类商品 2019 年第一季度的实际毛利率。
2. 分别计算甲企业甲类商品 2019 年 4 月份到 6 月份的商品销售成本。

实 训 十 二

（一）目的：练习库存商品的售价金额核算法。

（二）资料：某商场为增值税一般纳税人，采用售价金额核算法进行核算。该商场 2019 年 2 月份期初库存日用百货的进价成本 30 万元，售价 40 万元。本期购入日用百货的进价成本 270 万元，售价 360 万元，本期销售收入 340 万元。

（三）要求：根据上述资料计算下列指标。
1. 该商场 2 月份的商品进销差价率。
2. 已销日用百货的实际成本。
3. 期末库存日用百货的实际成本。

实 训 十 三

（一）目的：练习存货期末计价的核算。

（二）资料：某公司期末存货采用成本与可变现净值孰低法计价。该公司各期期末存货账面实际成本和可变现净值如下：

存货账面实际成本和可变现净值　　　　　　　　　　　单位：元

时间	账面实际成本	可变现净值
第一期期末	250 000	235 000
第二期期末	300 000	260 000
第三期期末	320 000	310 000

（三）要求：计算各期期末存货跌价损失，并编制有关会计分录。

实 训 十 四

（一）目的：练习存货清查的核算。

（二）资料：某企业是增值税一般纳税人，税率为13%，原材料采用实际成本进行核算，月末对原材料进行盘点，盘点结果如下：

原材料盘点表　　　　　　　　　　　金额单位：元

存货类别	名称与规格	计量单位	结存数量		单价	盘盈		盘亏		原因
			账存	实存		数量	金额	数量	金额	
原材料	甲原料	千克	1 750	1 800	20	50	1 000			计量不足
	乙原料	吨	20	18	600			2	1 200	暴雨冲走
	丙原料	箱	10	9	150			1	150	管理不善
	丁原料	千克	2 000	1 980	10			20	200	管理人员过失
合计							1 000		1 550	

（三）要求：根据上述资料编制相关会计分录。

实 训 十 五

（一）目的：练习存货清查的核算。

（二）资料：某企业对存货进行清查，清查结果及批准处理情况如下。

1. 发现盘盈A低值易耗品5件，单位实际成本为300元。

2. 发现盘亏B原材料400千克，单位计划成本为100元，材料成本差异率为2%。其购进时的增值税进项税额为5 304元。

3. 发现毁损C产成品80件，单位实际成本为350元，其负担的增值税进项税额为2 750元。

4. 上述原因已查明，A低值易耗品盘盈是收发计量差错所致；B原材料短缺是管理制度不健全造成；C产成品毁损属意外事故造成，其残料价值500元，可获保险公司赔偿18 450

元。经管理层会议批准后,对上述清查结果作出处理。

(三)要求:根据上述资料编制有关的会计分录。

五、不定项选择题

不定项选择题一

(一)资料:A 企业按先进先出法计算材料的发出成本。2019 年 4 月 1 日结存甲材料 200 千克,每千克实际成本 100 元。本月发生如下有关业务:

(1)4 日,购入甲材料 100 千克,每千克实际成本 105 元,材料已验收入库。

(2)6 日,发出甲材料 160 千克。

(3)8 日,购入甲材料 140 千克,每千克实际成本 98 元,材料已验收入库。

(4)13 日,发出甲材料 260 千克。

(5)21 日,购入甲材料 160 千克,每千克实际成本 110 元,材料已验收入库。

(6)26 日,发出甲材料 60 千克。

(二)要求:根据上述资料,回答(1)~(2)小题。

(1)根据上述资料,下列有关发出存货成本的计算,正确的是(　　　)。

  A. 6 日发出存货的成本是 16 000 元

  B. 13 日发出存货的成本是 26 260 元

  C. 26 日发出存货的成本是 1 960 元

  D. 26 日发出存货的成本是 6 360 元

(2)根据上述资料,4 月末结存的材料成本是(　　　)元。

  A. 13 400   B. 12 100   C. 13 200   D. 12 200

不定项选择题二

(一)资料:乙公司属于商品流通企业,为增值税一般纳税人,售价中不含增值税。该公司只经营甲类商品并采用毛利率法对发出商品计价,季度内各月份的毛利率根据上季度实际毛利率确定。该公司 2019 年第一季度、第二季度甲类商品有关资料如下:

(1)2019 年第一季度累计销售收入为 600 万元,销售成本为 510 万元,3 月月末库存商品实际成本为 400 万元。

(2)2019 年第二季度购进甲类商品成本为 880 万元。

(3)2019 年 4 月份实现商品销售收入 300 万元。

(4)2019 年 5 月份实现商品销售收入 500 万元。

(5)假定 2019 年 6 月月末按一定方法计算的库存商品实际成本为 420 万元。

(二)要求:根据上述资料,回答(1)~(4)小题。

(1)乙公司甲类商品 2019 年第一季度的实际毛利率是(　　　)。

  A. 17.65%   B. 15%   C. 33.33%   D. 50%

（2）甲类商品 2019 年 4 月份的商品销售成本是（　　　）万元。
  A. 255   B. 247.05   C. 200.01   D. 150

（3）甲类商品 2019 年 5 月份的商品销售成本是（　　　）万元。
  A. 425   B. 411.75   C. 166.65   D. 250

（4）甲类商品 2019 年 6 月份的商品销售成本是（　　　）万元。
  A. 201.2   B. 493.34   C. 180   D. 460

不定项选择题三

（一）资料：甲公司为增值税一般纳税人，适用的增值税税率为 13%，材料按计划成本核算，2019 年 A 材料单位计划成本为 100 元/件，B 材料单位计划成本为 300 元/件。6 月初有关账户余额如下：

"材料采购——A 材料"账户余额为 42 万元；"原材料"账户余额为 30 万元（其中，A 材料为 10 万元，B 材料为 20 万元）；"材料成本差异"账户余额为贷方 0.1 万元（其中，A 材料为借方余额 0.2 万元，B 材料为贷方余额 0.3 万元）。本月发生下列有关业务：

（1）3 日，购入 A 材料 3 000 件，增值税专用发票上注明的价款为 28 万元，增值税税额 3.64 万元，运杂费 0.6 万元，增值税税额 0.054 万元，材料已验收入库，款项以银行存款支付。

（2）20 日，月初在途的 4 000 件 A 材料全部到达，材料已验收入库，货款已于上月支付。

（3）28 日，购入 B 材料 1 000 件，增值税专用发票上注明的价款为 30 万元，增值税税额 3.9 万元，运杂费 2.3 万元，增值税税额 0.207 万元，材料已验收入库，款项以银行存款支付。

（4）30 日，购入 A 材料 2 000 件，材料已验收入库，发票账单尚未收到，暂估入账。

（5）30 日，根据"发料凭证汇总表"的记录，6 月份材料发出情况如下：
生产车间生产领用 A 材料 3 000 件、B 材料 800 件；企业行政管理部门领用 A 材料 100 件。

（二）要求：根据上述资料，不考虑其他因素，分析回答（1）~（6）小题。

（1）下列各项中，关于"材料成本差异"账户表述正确的是（　　　）。
  A. 借方登记超支差异及发出材料应负担的节约差异
  B. 贷方登记节约差异及发出材料应负担的超支差异
  C. 借方余额反映库存材料的超支差异
  D. 贷方余额反映库存材料的节约差异

（2）根据资料（1），A 材料的采购成本为（　　　）万元。
  A. 28.6   B. 32.24   C. 32.294   D. 31.64

（3）根据材料（1）~（3），月末材料的成本差异率计算正确的有（　　　）。
  A. A 材料为 +1%   B. A 材料为 −1%
  C. B 材料为 +4%   D. B 材料为 −4%

（4）根据资料（4），月末 A 材料暂估入账，下列会计处理正确的是（　　　）。

  A. 借：材料采购   200 000
    贷：应付账款——暂估应付账款   200 000
  B. 借：原材料   200 000
    贷：应付账款——暂估应付账款   200 000
  C. 借：材料采购   200 000
      应交税费——应交增值税（进项税额）   26 000
    贷：应付账款——暂估应付账款   226 000
  D. 借：原材料   200 000
      应交税费——应交增值税（进项税额）   26 000
    贷：应付账款——暂估应付账款   226 000

（5）根据资料（1）～（5），本月各部门领用材料实际成本计算正确的有（   ）。
  A. 生产成本为 552 600 元 B. 生产成本为 552 800 元
  C. 管理费用为 9 900 元   D. 管理费用为 10 100 元

（6）根据资料（1）～（5），月末"材料采购"账户余额为（   ）万元。
  A. 20   B. 29   C. 0   D. 49

第五章 金融资产

【学习目标】

1. 掌握金融资产的分类及重分类；
2. 能正确地确认交易性金融资产，并能正确地进行交易性金融资产取得、持有期间利息收入或现金股利、期末计价的核算；
3. 能正确地确认债权投资，并能正确地进行债权投资的取得、持有期间利息收入、期末减值的核算；
4. 能正确地确认其他债权投资，并能正确地进行其他债权投资的取得、持有期间利息收入、期末公允价值变动的核算。
5. 能正确地确认其他权益工具投资，并能正确地进行其他权益工具投资的取得、持有期间股利收入、期末公允价值变动的核算。

【学习重点与难点】

1. 交易性金融资产的账务处理；
2. 债权投资的账务处理；
3. 其他债权投资的账务处理；
4. 其他权益工具投资的账务处理。

【主要经济业务处理】

1. 交易性金融资产的核算

经济业务		账务处理
取得	一般取得	借：交易性金融资产——成本［公允价值］ 贷：其他货币资金——存出投资款［公允价值］
	购入含有已到付息期但尚未领取利息的债券	借：交易性金融资产——成本［公允价值］ 　　应收利息［已到付息期但尚未领取的债券利息］ 贷：其他货币资金——存出投资款（实际支付价款）
	购入含有已经宣告发放但尚未发放现金股利的股票	借：交易性金融资产——成本［公允价值］ 　　应收股利［已经宣告发放但尚未发放的现金股利］ 贷：其他货币资金——存出投资款［实际支付价款］
	支付相关交易费用时	借：投资收益 　　应交税费——应交增值税（进项税额） 贷：其他货币资金——存出投资款
现金股利和利息	收到被投资单位宣告发放的现金股利	借：其他货币资金——存出投资款 贷：投资收益
	按分期付息、一次还本债券投资的票面利率计算的应计利息收入	借：应收利息 贷：投资收益
	收到利息或现金股利	借：其他货币资金——存出投资款 贷：应收利息（或应收股利）
期末计量	公允价值高于账面余额的差额	借：交易性金融资产——公允价值变动 贷：公允价值变动损益
	公允价值低于账面余额的差额	借：公允价值变动损益 贷：交易性金融资产——公允价值变动
处置	处置收益	借：其他货币资金——存出投资款［实收款项］ 贷：交易性金融资产［账面余额］ 贷或借：投资收益［差额］
	转让金融商品应交增值税	转让收益时：(卖出价 – 买入价）÷（1+6%）×6% 借：投资收益 　　贷：应交税费——转让金融商品应交增值税 转让损失时：做相反分录

2. 债权投资的核算

经济业务		账务处理
取得	一般取得	借：债权投资——成本［债券的面值］ 　　应交税费——应交增值税（进项税额） 贷：其他货币资金——存出投资款 借或贷：债权投资——利息调整［差额］
	购入价款中含有已到付息期但尚未领取的债券利息	借：债权投资——成本［债券的面值］ 　　应收利息［已到付息期但尚未领取的债券利息］ 贷：其他货币资金——存出投资款 借或贷：债权投资——利息调整［差额］

续表

经济业务		账务处理
期末计提债券利息	计算分期付息、一次还本的债券利息	借：应收利息［面值 × 票面利率］ 　　贷：投资收益［期初摊余成本 × 实际利率］ 借或贷：债权投资——利息调整［差额］
	收到分期付息、一次还本的债券利息	借：其他货币资金——存出投资款 　　贷：应收利息［面值 × 票面利率］
	计算到期一次还本付息的债券利息	借：债权投资——应计利息［面值 × 票面利率］ 　　贷：投资收益［期初摊余成本 × 实际利率］ 借或贷：债权投资——利息调整［差额］
期末计提减值准备	账面价值高于预计未来现金流量现值	借：信用减值损失 　　贷：债权投资减值准备
	转回时	借：债权投资减值准备 　　贷：信用减值损失
处置	未计提减值准备的	借：其他货币资金——存出投资款［实收价款］ 　　贷：债权投资——成本 　　　　　　　　——利息调整 　　　　　　　　——应计利息 贷或借：投资收益［差额］
	已计提减值准备的	借：其他货币资金——存出投资款［实收价款］ 　　债权投资减值准备［已计提减值准备］ 　　贷：债权投资——成本 　　　　　　　　——利息调整 　　　　　　　　——应计利息 贷或借：投资收益［差额］ 转让金融商品应交增值税，与转让交易性金融资产处理相同

3. 其他债权投资的核算

经济业务		账务处理
取得	其他债权投资	借：其他债权投资——成本［债券的面值］ 　　应收利息［已到付息期但尚未领取的债券利息］ 　　应交税费——应交增值税（进项税额） 　　贷：其他货币资金——存出投资款［实际支付的金额］ 借或贷：其他债权投资——利息调整［差额］
持有期间债券利息	债券利息（同债权投资账务处理相同）	分期付息、一次还本的债券利息： 借：应收利息［面值 × 票面利率］ 　　贷：投资收益［摊余成本 × 实际利率］ 借或贷：其他债权投资——利息调整［差额］
		分期付息、一次还本的债券利息： 借：其他货币资金——存出投资款 　　贷：应收利息［面值 × 票面利率］
	到期一次还本付息的债券利息	借：其他债权投资——应计利息［面值 × 票面利率］ 　　贷：投资收益［摊余成本 × 实际利率］ 借或贷：其他债权投资——利息调整［差额］

续表

经济业务		账务处理
期末计价	公允价值高于其账面余额	借：其他债权投资——公允价值变动 [差额] 　　贷：其他综合收益 [差额]
	公允价值低于其账面余额	作相反的会计分录
处置		借：其他货币资金——存出投资款 [实际收到的金额] 　　贷：其他债权投资——成本 　　　　　　　　　——公允价值变动 　　　　　　　　　——利息调整 　　　　　　　　　——应计利息 借或贷：其他综合收益 　　贷或借：投资收益 [差额] 转让金融商品应交增值税，与转让交易性金融资产处理相同

4. 其他权益工具投资

经济业务	账务处理
取得	借：其他权益工具投资——成本 [公允价值和支付的相关税费之和] 　　应收股利 [已宣告发放尚未领取的现金股利] 　　应交税费——应交增值税（进项税额） 贷：其他货币资金——存出投资款 [实际支付的金额]
持有期间现金股利	借：应收股利 　　贷：投资收益 实际收到时： 借：其他货币资金——存出投资款 　　贷：应收股利
期末计价	公允价值高于其账面余额 　借：其他权益工具投资——公允价值变动 　　　贷：其他综合收益——其他权益工具投资公允价值变动
	公允价值低于其账面余额 做相反的会计分录
处置	借：其他货币资金——存出投资款 　　贷：其他权益工具投资——成本 （借或贷）其他权益工具投资——公允价值变动 （借或贷）盈余公积——法定盈余公积 [10% 部分] （借或贷）利润分配——未分配利润 [90% 部分] 借：盈余公积——法定盈余公积 [10% 部分] 　　利润分配——未分配利润 [90% 部分] 　　贷：其他综合收益——其他权益工具投资公允价值变动 或者做相反的会计分录 计算转让金融商品应交增值税 借：投资收益 　　贷：应交税费——转让金融商品应交增值税

【典型题例分析】

（一）单项选择题

【例题1】 2019年1月1日，甲公司购入一批股票，作为交易性金融资产。实际支付价款100万元，其中包含已经宣告的现金股利1万元。另支付相关费用2万元，增值税税率6%，增值税0.12万元。均以银行存款支付。假定不考虑其他因素，该项交易性金融资产的入账价值为（　　）万元。

A. 100　　　　B. 102　　　　C. 99　　　　D. 103

［答案］C

［解析］交易性金融资产应按取得时的公允价值作为初始计量金额，取得交易性金融资产所支付的价款中，含有已经宣告发放但尚未发放的现金股利，应单独确认为应收项目。企业取得交易性金融资产所发生的交易费用，应当在发生时计入当期损益。

交易性金融资产的入账价值=100−1=99（万元）

【例题2】 下列各项中，关于交易性金额资产表述不正确的是（　　）。

A. 取得交易性金融资产所发生的相关交易费用应当在发生时计入投资收益
B. 资产负债表日交易性金融资产公允价值与账面余额的差额计入当期损益
C. 收到交易性金融资产购买价款中已到付息期尚未领取的债券利息计入当期损益
D. 出售交易性金融资产时应将其公允价值与账面余额之间的差额确认为投资收益

［答案］C

［解析］收到交易性金融资产购买价款中已到付息期尚未领取的债券利息记入"应收利息"账户，不计入当期损益，选项C错误。

（二）多项选择题

【例题3】 下列各项中，不构成交易性金融资产入账价值的有（　　）。

A. 买入价款
B. 已宣告但尚未发放的现金股利
C. 支付的手续费
D. 支付的印花税

［答案］BCD

［解析］买入价款应计入交易性金融资产的入账价值，购买时支付的手续费以及印花税等应计入当期损益，购买时已宣告但尚未发放的现金股利应记入"应收股利"账户。

【例题4】 核算债权投资，应设置的明细账有（　　）。

A. 成本　　　　　　　　　　B. 公允价值变动
C. 利息调整　　　　　　　　D. 应计利息

［答案］ACD

［解析］为了核算债权投资的情况，企业应设置"债权投资"账户，分别"成本""利息调整""应计利息"等账户进行明细核算。

（三）判断题

【例题 5】企业为取得交易性金融资产发生的交易费用应计入交易性金融资产初始确认金额。
（   ）

[答案] ×

[解析] 企业为取得交易性金融资产发生的交易费用应记入"投资收益"账户。

【例题 6】企业出售其他债权投资，应当将取得的价款与账面余额之间的差额作为投资损益进行会计处理，同时将原计入该金融资产的公允价值变动转出，由资本公积转为投资收益。
（   ）

[答案] ×

[解析] 企业出售其他债权投资，应当将取得的价款与账面余额之间的差额作为投资损益进行会计处理。同时将原计入该金融资产的公允价值变动转出，由其他综合收益转为投资收益。

【职业能力训练】

一、单项选择题

1. 1月3日，甲公司购入一批股票，作为交易性金融资产核算和管理。实际支付价款102万元，其中包含已经宣告的现金股利2万元。另支付相关费用2万元，增值税税率6%，增值税0.12万元。均以银行存款支付。假定不考虑其他因素，该项交易性金融资产的入账价值为（   ）万元。

   A. 98　　　　　　B. 100　　　　　　C. 102　　　　　　D. 103

2. 甲公司购入面值为500万元的债券，作为交易性金融资产，实际支付价款575万元，其中含手续费2万元，增值税税率6%，增值税0.12万元。已经到期尚未领取的利息23万元。该项债券投资应记入"交易性金融资产——成本"账户的金额为（   ）万元。

   A. 550　　　　　　B. 552　　　　　　C. 573　　　　　　D. 575

3. 交易性金融资产应当以公允价值进行后续计量，公允价值变动记入的账户是（   ）。

   A. 投资收益　　　　　　　　　　　B. 资本公积
   C. 营业外支出　　　　　　　　　　D. 公允价值变动损益

4. 甲公司将其持有的交易性金融资产全部出售，售价为3 000万元；出售前该金融资产的账面价值为2 800万元（其中成本2 500万元，公允价值变动300万元）。假定不考虑其他因素，甲公司对该交易应确认的投资收益为（   ）万元。

   A. 200　　　　　　B. -200　　　　　　C. 500　　　　　　D. -500

5. 甲公司2019年4月5日从证券市场购入甲公司发行在外的股票200万股作为其他权益工具投资，每股价款4元（含已宣告但尚未发放的现金股利0.5元），另支付相关费用12万元，增值税税率6%，增值税0.72万元，甲公司其他权益工具投资取得时的入账价值为（   ）万元。

   A. 700　　　　　　B. 712　　　　　　C. 800　　　　　　D. 812

6. 下列金融资产中，应按公允价值进行初始计量，且交易费用计入当期损益的是（　　）。
   A. 应收款项　　　　　　　　　　　　B. 债权投资
   C. 交易性金融资产　　　　　　　　　D. 其他债权投资

7. 甲公司 2019 年 7 月 1 日购入乙公司 2019 年 1 月 1 日发行的债券，支付价款为 2 100 万元（含已到付息期但尚未领取的债券利息 40 万元），另支付交易费用 15 万元。增值税税率 6%，增值税 0.9 万元。该债券面值为 2 000 万元，票面年利率为 4%（票面利率等于实际利率），每半年付息一次，甲公司将其划分为交易性金融资产。甲公司 2019 年度该项交易性金融资产应确认的投资收益为（　　）万元。
   A. 25　　　　　B. 40　　　　　C. 65　　　　　D. 80

8. 某公司 2019 年 5 月 1 日以每股 6 元的价格购进某股票 60 万股作为交易性金融资产，6 月 30 日该股票收盘价格为每股 6.5 元，7 月 15 日该公司以每股 7.5 元的价格将股票全部售出，则出售该交易性金融资产对 7 月份投资收益的影响金额为（　　）万元。
   A. 90　　　　　B. 60　　　　　C. 120　　　　D. 30

9. 资产负债表日，其他债权投资的公允价值高于其摊余成本的差额时，会计处理为：借记"其他债权投资"账户，贷记的账户是（　　）。
   A. 投资收益　　　　　　　　　　　　B. 信用减值损失
   C. 公允价值变动损益　　　　　　　　D. 其他综合收益

10. 处置其他权益工具投资时，应按实际收到的金额，借记"银行存款"等账户；按其账面余额，贷记"其他权益工具投资"账户；按应从所有者权益中转出的公允价值累计变动额，借记或贷记"其他综合收益"账户；按其差额，贷记或借记的账户是（　　）。
    A. 资本公积　　B. 投资收益　　C. 营业外支出　　D. 营业外收入

11. 甲企业于 2019 年 1 月 4 日以 560 万元的价格购进当日发行的面值为 600 万元的公司债券。其中债券的买价为 555 万元，相关税费为 5 万元。该公司债券票面利率为 4%，期限为 3 年，到期一次还本付息，实际利率为 5%，企业划分为以摊余成本计量的金融资产。则 2019 年 12 月 31 日该债权投资的摊余成本为（　　）万元。
    A. 584　　　　B. 588　　　　C. 556　　　　D. 650

12. M 公司于 2019 年 1 月 4 日从证券市场购入 N 公司发行在外的股票 30 000 股作为其他权益工具投资，每股支付价款 10 元，另支付相关费用 6 000 元。2019 年 12 月 31 日，这部分股票的公允价值为 320 000 元，2019 年 12 月 31 日，M 公司因此项其他权益工具投资记入"其他综合收益"账户的金额为（　　）元。
    A. 14 000　　　B. 15 000　　　C. 5 000　　　　D. 10 000

二、多项选择题

1. 下列各项中，不构成交易性金融资产初始计量成本的有（　　）。
   A. 支付价款中所含的已宣告发放但尚未发放的现金股利
   B. 支付价款中所含的已到期尚未发放的利息
   C. 支付的印花税
   D. 支付的手续费

2. 下列属于交易性金融资产的有（　　　　）。
   A. 以赚取差价为目的从二级市场购入的股票
   B. 以赚取差价为目的从二级市场购入的债券
   C. 以赚取差价为目的从二级市场购入的基金
   D. 不作为有效套期工具的衍生工具
3. 甲企业在 2019 年 11 月取得交易性金融资产时，其公允价值为 100 万元，2019 年 12 月 31 日时，其公允价值为 150 万元，这时的会计分录为（　　　　）。
   A. 借记"交易性金融资产"50 万元
   B. 贷记"债权投资"50 万元
   C. 借记"交易性金融资产——公允价值变动"50 万元
   D. 贷记"公允价值变动损益"50 万元
4. 以公允价值计量且其变动价值计入当期损益的金融资产核算账户是（　　　　）。
   A. 交易性金融资产
   B. 债权投资
   C. 其他权益工具投资
   D. 其他权益工具投资
5. 下列各项中，会引起债权投资账面价值发生增减变动的有（　　　　）。
   A. 计提债权投资减值准备
   B. 确认分期付息的利息
   C. 确认到期一次付息的利息
   D. 摊销利息调整

三、判断题

1. 以公允价值计量且其变动计入其他综合收益的金融资产可以划分为其他债权投资和其他权益工具投资。（　　）
2. 企业在初始确认时将某项金融资产划分为以公允价值计量且其变动计入当期损益的金融资产后，视情况变化可以将其重分类为其他类金融资产。（　　）
3. 以公允价值计量且其变动计入当期损益的金融资产就是交易性金融资产。（　　）
4. 企业取得交易性金融资产，按其公允价值及发生的交易费用，借记"交易性金融资产——成本"账户。（　　）
5. 企业为取得交易性金融资产发生的交易费用应计入交易性金融资产初始确认金额。（　　）
6. 企业取得交易性金融资产时实际支付的全部价款均应作为该投资的成本。（　　）
7. 企业持有交易性金融资产期间对于被投资单位发放的现金股利于收到股利时确认为投资收益。（　　）
8. 出售交易性金融资产，按实收的金额，借记"银行存款"等账户，按该金融资产的账面余额，贷记"交易性金融资产"账户，按其差额，贷记或借记"投资收益"账户。（　　）
9. 金融资产的分类是依据企业管理金融资产的业务模式，和金融资产的合同现金流量

特征划分的。   (   )
  10. 债权投资在持有期间应当按照摊余成本和票面利率计算确认利息收入。(   )
  11. 指定为以公允价值计量且其变动计入其他综合收益的金融资产，应在其他股权投资账户核算。   (   )
  12. 企业为取得其他债权投资发生的交易费用应计入当期损益，不应计入其初始确认金额。   (   )
  13. "其他债权投资"借方的期末余额，反映其他债权投资的公允价值。(   )
  14. 企业应当在资产负债表日对所有金融资产的账面价值进行检查，有客观证据表明该金融资产发生减值的，应当计提减值准备。   (   )

四、业务实训题

实 训 一

（一）目的：练习交易性金融资产的核算。

（二）资料：2019 年 1 月 4 日，齐鲁有限责任公司从证券市场以其他货币资金 610 000 元（含已到付息期但尚未领取的利息 10 000 元）购入 A 公司发行的债券，另发生交易费用 10 000 元。增值税税率 6%，增值税 600 元。该债券面值 600 000 元，票面年利率为 4%，每半年付息一次，剩余期限 2 年，齐鲁有限责任公司将其划分为交易性金融资产。其他资料如下：

  1. 2019 年 1 月 5 日，收到该债券 2018 年下半年利息 10 000 元。
  2. 2019 年 6 月 30 日，该债券公允价值为 650 000 元（不含利息）。

（三）要求：根据以上资料编制相应的会计分录。

实 训 二

（一）目的：练习交易性金融资产的核算。

（二）资料：甲上市公司 2019 年 3—5 月发生的交易性金融资产业务如下：

  1. 3 月 1 日，向 D 证券公司划出投资款 1 000 万元，款项已通过开户行转入 D 证券公司银行账户。
  2. 3 月 2 日，委托 D 证券公司购入 A 上市公司股票 100 万股，每股 8 元，另发生相关的交易费用 2 万元，增值税税率 6%，增值税 0.12 万元。并将该股票划分为交易性金融资产。
  3. 3 月 31 日，该股票在证券交易所的收盘价格为每股 7.70 元。
  4. 4 月 30 日，该股票在证券交易所的收盘价格为每股 8.10 元。
  5. 5 月 10 日，将所持有的该股票全部出售，所得价款 825 万元，款项已收妥入账。假定不考虑相关税费。

（三）要求：逐笔编制甲上市公司上述业务的会计分录。（会计账户要求写出明细账户，答案中的金额单位用万元表示。）

实 训 三

（一）目的：练习交易性金融资产的核算。

（二）资料：2018年9月1日，甲企业购入乙公司10万股股票，每股市价10.5元（包含已宣告发放的现金股利每股0.5元），交易费用1万元，增值税税率6%，增值税0.06万元。甲企业将其划分为交易性金融资产。

2018年9月16日，收到最初支付价款中所包含的现金股利5万元。

2018年12月31日，该股票公允价值为112万元。

2019年3月6日，乙公司宣告发放股利，每股0.3元。

2019年3月16日，收到现金股利3万元。

2019年6月8日，将该股票处置，每股市价12.1元，交易费用1万元。增值税税率6%，增值税0.06万元。

（三）要求：编制甲企业交易性金融资产的相关会计分录。

实 训 四

（一）目的：练习债权投资的核算。

（二）资料：甲股份有限公司（下称甲公司）于2018年1月5日以其他货币资金41 700万元购入乙股份有限公司（下称乙公司）当日发行的面值总额为40 000万元的公司债券，另支付相关税费30.8万元。增值税税率6%，增值税1.848万元。乙公司债券的期限为5年，票面年利率为6%，每年付息一次，从2019年起每年1月5日支付上一年度的债券利息，到期还本及最后一年利息。甲公司根据管理金融资产的业务模式和金融资产的合同现金流量特征将其划分为以摊余成本计量的金融资产。假定甲公司计算确定的实际利率为5%，并于每年年末计提利息（假定不考虑所得税、减值损失等因素）。

（三）要求：编制甲公司从取得债券至债券到期时上述有关业务的会计分录。

实 训 五

（一）目的：练习其他债权投资的核算。

（二）资料：2018年1月1日，甲公司支付价款10 000万元（含交易费用1万元）从活跃市场上购入某公司同日发行的5年期债券，面值为12 500万元，票面利率为4.72%，每年支付利息一次，甲公司划分为以公允价值计量且其变动计入其他综合收益的金融资产。通过计算，该债券实际利率为10%。

（三）要求：作出该项其他债权投资购入、每年年末计息及进行利息调整和到期时的相关会计处理。

实 训 六

（一）目的：练习其他权益工具投资的核算。

（二）资料：甲公司于 2018 年 12 月 3 日以 200 万元从证券市场上购入乙公司发行的股票，并将其指定为以公允价值计量，且其变动计入其他综合收益的金融资产。该股票当年年末的公允价值为 206 万元。2019 年 6 月 30 日，该股票的公允价值为 192 万元。假定 2019 年 12 月 31 日由于乙公司盈利能力下降，股价持续下跌，根据测算，其价值为 160 万元。2020 年 3 月 26 日，甲公司出售该股票，取得净收入 190 万元。

（三）要求：编制甲公司取得投资、年末公允价值变动及出售该股票时的会计分录。

五、不定项选择题

不定项选择题一

（一）资料：甲公司为一家上市公司，2018—2019 年对外投资有关资料如下：

（1）2018 年 4 月 17 日，甲公司委托证券公司从二级市场购入 B 公司股票，并将其划分为交易性金融资产。支付价款 1 600 万元（其中包含已宣告但尚未发放的现金股利 40 万元），另支付相关交易费用 4 万元，增值税税率 6%，增值税 0.24 万元。

（2）2018 年 5 月 5 日，甲公司收到 B 公司发放的现金股利 40 万元并存入银行。

（3）2018 年 12 月 31 日，甲公司持有 B 公司股票的公允价值下跌为 1 480 万元。

（4）2019 年 4 月 2 日，甲公司确认应收股利 50 万元；

（5）2019 年 5 月 6 日，甲公司收到现金股利存入银行；

（6）2019 年 7 月 15 日，甲公司持有的 B 公司股票全部出售，售价为 1 640 万元，款项存入银行，不考虑相关税费。假定除上述资料外，不考虑其他相关因素。

（二）要求：根据上述资料，回答（1）～（3）小题。

（1）该项交易性金融资产的入账价值为（　　　　）万元。

    A. 1 560　　　　B. 1 600　　　　C. 1 604　　　　D. 1 604.24

（2）甲公司针对 2018 年的处理，下列说法正确的有（　　　　）。

    A. 收到 B 公司发放的现金股利 40 万元确认投资收益

    B. 2018 年期末确认公允价值变动损失 80 万元

    C. 2018 年期末该项交易性金融资产的账面价值为 1 480 万元

    D. 该项投资对 2018 年损益的影响金额为 -84 万元

（3）甲公司针对 2019 年的处理，下列说法正确的有（　　　　）。

    A. 甲公司将 B 公司宣告派发的股利 50 万元确认为投资收益

    B. 2019 年应确认的投资收益为 130 万元

    C. 2019 年出售 B 公司股票获得的投资收益为 80 万元

    D. 该项投资总计赚取了 126 万元

不定项选择题二

（一）资料：甲公司 2019 年有关交易性金融资产的业务如下：

（1）4 月 1 日，甲公司以银行存款购入 A 公司股票，市场价值为 1 500 万元，甲公司将其划分为交易性金融资产，支付价款 1 550 万元，其中，包含 A 公司已宣告但尚未发放的现金股利 50 万元，另支付交易费用 10 万元。增值税税率 6%，增值税 0.6 万元。

（2）4 月 15 日，甲公司收到该现金股利 50 万元。

（3）4 月 30 日，该股票的市价为 1 520 万元。甲公司每月进行一次公允价值变动的调整。

（4）5 月 15 日，甲公司出售了所持有的 A 公司股票，售价为 1600 万元。

（二）要求：根据上述资料，回答（1）~（4）小题。

（1）4 月 1 日，甲公司取得 A 公司股票时，该交易性金融资产的入账价值为（   ）万元。

  A. 1 500   B. 1 510   C. 1 550   D. 1 560

（2）4 月 15 日，甲公司收到现金股利，在进行会计处理时，可能涉及的会计账户有（   ）。

  A. 银行存款   B. 投资收益   C. 应收股利   D. 应付股利

（3）4 月 30 日，甲公司应确认的公允价值变动损益为（   ）万元。

  A. 20   B. −20   C. −30   D. −40

（4）5 月 15 日，甲公司处置 A 公司股票时应确认的投资收益为（   ）万元。

  A. 20   B. 60   C. 80   D. 100

不定项选择题三

（一）资料：甲公司为一家上市公司，2018 年发生对外投资业务如下：

（1）1 月 1 日，甲公司委托证券公司购入乙公司当日发行的面值总额为 600 万元、3 年期、票面利率为 6% 的不可赎回债券；该债券按年付息到期还本，实际利率为 3.77%；甲公司实际支付价款 660 万元，另支付交易费用 6 万元，增值税税率为 6%，增值税 0.036 万元。并将该债券划分为以摊余成本计量的金融资产，按年确认投资收益。同日甲公司购入丙公司面值总额为 400 万元的债券，实际支付价款 440 万元，另支付交易费用 4 万元，增值税税率 6%，增值税 0.24 万元。将其划分为交易性金额资产。

（2）6 月 30 日，甲公司持有的丙公司债券公允价值为 480 万元。

（3）7 月 10 日，为筹集生产线扩建所需资金，甲公司将持有的丙公司债券的 50% 予以出售，取得价款 250 万元。

（4）12 月 31 日，甲公司确认应收乙公司债券利息 36 万元，按照实际利率与摊销成本确认的实际利息收入为 25.11 万元。

（5）12 月 31 日，经减值测试，甲公司持有乙公司债券的预计未来现金流量现值为 600

万元。

（二）要求：根据上述资料，不考虑其他因素，分析回答（1）～（5）小题。

（1）根据资料（1），下列各项中，甲公司会计处理结果正确的是（　　）。
    A. 购买丙公司债券应冲减投资收益的金额为 4 万元
    B. 购买丙公司债券应冲减投资收益的金额为 44 万元
    C. 债权投资账面价值为 666 万元
    D. 交易性金融资产账面价值为 444 万元

（2）根据资料（1）～（3），下列各项中，甲公司会计处理结果正确的是（　　）。
    A. 7 月 10 日贷记"投资收益"账户 30 万元
    B. 7 月 10 日贷记"交易性金融资产——成本"账户 220 万元
    C. 6 月 30 日借记"交易性金融资产——公允价值变动"账户 40 万元
    D. 6 月 30 日贷记"公允价值变动损益"账户 40 万元

（3）根据资料（4），下列各项中，甲公司会计处理结果正确的是（　　）。
    A. 投资收益增加 25.11 万元
    B. 应收利息增加 36 万元
    C. 债权投资减少 10.89 万元
    D. 债权投资增加 10.89 万元

（4）根据资料（5），下列各项中，说法正确的是（　　）。
    A. 未计提减值前，债权投资的摊余成本为 655.11 万元
    B. 债权投资需要计提减值准备
    C. 债权投资不需计提减值准备
    D. 债权投资确认的资产减值损失为 55.11 万元

（5）根据资料（1）～（5），下列各项中，甲公司会计处理结果正确的是（　　）。
    A. 债权投资计提的减值准备以后年度可以转回
    B. 债权投资计提的减值准备以后年度不得转回
    C. 本年确认投资收益为 55.11 万元
    D. 本年确认投资收益为 51.11 万元

第六章 长期股权投资

【学习目标】

1. 掌握长期股权投资的内容，能正确区分成本法和权益法的核算范围；
2. 掌握长期股权投资成本法的概念和适用范围，能正确进行长期股权投资成本法下取得、持有期间现金股利的核算；
3. 掌握长期股权投资权益法的概念和适用范围，能正确进行长期股权投资权益法下取得、持有期间现金股利、被投资企业实现净损益的核算。

【学习重点与难点】

1. 长期股权投资成本法与权益法的适用范围；
2. 长期股权投资成本法的账务处理；
3. 长期股权投资权益法的账务处理；
4. 长期股权投资减值的账务处理；
5. 长期股权投资处置的账务处理。

【主要经济业务处理】

1. 长期股权投资的成本法

经济业务		账务处理
取得	取得长期股权投资	借：长期股权投资［价款＋各种税费］ 　　应交税费——应交增值税（进项税额） 贷：其他货币资金——存出投资款［实际支付价款］
	购买价款含有已宣告发放但尚未发放的现金股利	借：长期股权投资［价款＋各种税费－已宣告发放但尚未发放的现金股利］ 　　应交税费——应交增值税（进项税额） 　　应收股利［已宣告发放但尚未发放的现金股利］ 贷：其他货币资金——存出投资款［实际支付价款］
现金股利和利息	持有期间被投资单位宣告分派的现金股利或利润	借：应收股利 贷：投资收益
	收到现金股利	借：其他货币资金——存出投资款 贷：应收股利

2. 长期股权投资的权益法

经济业务		账务处理
取得	取得长期股权投资	借：长期股权投资［价款＋各种税费］ 　　应交税费——应交增值税（进项税额） 贷：其他货币资金——存出投资款［实际支付价款］
	购买价款含有已宣告发放但尚未发放的现金股利	借：长期股权投资［价款＋各种税费－已宣告发放但尚未发放的现金股利］ 　　应交税费——应交增值税（进项税额） 　　应收股利［已宣告发放但尚未发放的现金股利］ 贷：其他货币资金——存出投资款［实际支付价款］
	初始投资成本大于投资时应享有被投资企业可辨认净资产公允价值份额	其差额，不调整长期股权投资的初始投资成本
	初始投资成本小于投资时应享有被投资企业可辨认净资产公允价值份额	其差额，调整长期股权投资的初始投资成本 借：长期股权投资——成本 贷：营业外收入
持有期间被投资单位实现净损益	被投资单位实现净利润	借：长期股权投资——损益调整 贷：投资收益
	被投资单位发生净亏损	借：投资收益 贷：长期股权投资——损益调整 ［应以长期股权投资账户的账面价值减记至零为限］
持有期间被投资单位宣告分派的现金股利或利润	被投资单位宣告分派的现金股利或利润	借：应收股利 贷：长期股权投资——损益调整
	收到被投资单位发放的现金股利	借：其他货币资金——存出投资款 贷：应收股利
持有期间被投资企业其他综合收益变动	被投资单位其他综合收益增加	借：长期股权投资——其他综合收益 贷：其他综合收益
	被投资单位其他综合收益减少	借：其他综合收益 贷：长期股权投资——其他综合收益

续表

	经济业务	账务处理
持有期间被投资企业除净损益、其他综合收益以及利润分配以外的其他所有者权益变动	被投资单位除净损益以外所有者权益的增加	借：长期股权投资——其他权益变动 　　贷：资本公积——其他资本公积
	被投资单位除净损益以外所有者权益的减少	借：资本公积——其他资本公积 　　贷：长期股权投资——其他权益变动

3. 长期股权投资的减值与处置

	经济业务	账务处理
长期股权投资的减值	在资产负债表日存在可能发生减值的迹象时	借：资产减值损失——计提的长期股权投资减值准备 　　贷：长期股权投资减值准备 一经计提不允许转回
长期股权投资的处置	成本法下处置	借：其他货币资金——存出投资款 [实际出售价款] 　　长期股权投资减值准备 [已计提的减值准备] 　　贷：长期股权投资 [账面余额] 　　　　应收股利 [尚未领取的现金股利或利润] 贷或借：投资收益 [其差额] 转让金融商品应交增值税，与转让交易性金融资产处理相同
	权益法下处置	借：其他货币资金——存出投资款 [实际出售价款] 　　长期股权投资减值准备 [已计提的减值准备] 　　贷：长期股权投资——成本 [初始计量] 　　　　　　　　　　　——损益调整 [账面价值，也可能在借方] 　　　　　　　　　　　——其他综合收益 [也可能在借方] 　　　　　　　　　　　——其他权益变动 [也可能在借方] 　　　　应收股利 [尚未领取的现金股利或利润] 贷或借：投资收益 [其差额] 同时，结转投资损益： 借或贷：资本公积——其他资本公积 　　　　其他综合收益 贷或借：投资收益 转让金融商品应交增值税，与转让交易性金融资产处理相同

【典型题例分析】

（一）单项选择题

【例题1】采用权益法核算长期股权投资时，对于被投资企业因可供出售金融资产公允价值变动影响其他综合收益增加，期末因该事项投资企业应按所拥有的表决权资本的比例计算应享有的份额，将其计入（　　）。

A. 其他综合收益　　B. 投资收益　　　　C. 其他业务收入　　D. 营业外收入

[答案] A

[解析] 采用权益法核算长期股权投资时，对于被投资企业因可供出售金融资产公允价值变动影响其他综合收益增加，期末因该事项投资企业应按所拥有的表决权资本的比例计算应享有的份额，将其计入其他综合收益。

【例题2】下列各项中，应确认投资损益的是（　　）。

A. 取得持有至到期投资发生的相关交易费用
B. 为取得长期股权投资发生的相关交易费用
C. 采用成本法核算的长期股权投资处置时实际取得的价款与其账面价值的差额
D. 采用权益法核算的长期股权投资持有期间收到被投资方宣告发放的股票股利

[答案] C

[解析] 选项A，计入持有至到期投资的初始投资成本；选项B，计入长期股权投资的初始投资成本；选项D，不作账务处理。

（二）多项选择题

【例题3】下列情况下，投资方应采用权益法核算长期股权投资的有（　　）。

A. 控制
B. 重大影响
C. 无重大影响
D. 共同控制

[答案] BD

[解析] 企业对被投资单位实施控制的长期股权投资，应采用成本法核算。企业对被投资单位具有共同控制或者重大影响的长期股权投资，应当采用权益法核算。

【例题4】下列关于长期股权投资会计处理的表述中，正确的有（　　）。

A. 对子公司长期股权投资应采用成本法核算
B. 处置长期股权投资时应结转其已计提的减值准备
C. 成本法下，按被投资方实现净利润应享有的份额确认投资收益
D. 成本法下，按被投资方宣告发放现金股利应享有的份额确认投资收益

[答案] ABD

[解析] 成本法下，被投资方实现净利润时，投资单位不作会计处理。

（三）判断题

【例题5】在权益法下，"长期股权投资"账面价值始终反映该项投资的初始投资成本。（　　）

[答案] ×

[解析] 在权益法下，长期股权投资的账面价值随被投资企业所有者权益的变动而进行调整。

【例题6】企业对长期股权投资计提的减值准备，在该长期股权投资价值回升期间应当转回，但转回的金额不应超过原计提的减值准备。（　　）

[答案] ×

[解析] 长期股权投资计提的减值准备是不可以转回的。

【职业能力训练】

一、单项选择题

1. 投资企业能够对被投资单位实施控制的,被投资单位为其( )。
   A. 子公司　　　　B. 母公司　　　　C. 联营企业　　　　D. 合营企业
2. 投资企业对子公司的长期股权投资应当采用成本法核算,编制合并财务报表时进行调整,采用的方法是( )。
   A. 成本法　　　　　　　　　　　　B. 初始投资成本
   C. 权益法　　　　　　　　　　　　D. 公允价值
3. 当投资企业直接拥有被投资单位20%或以上至50%的表决权资本时,一般认为投资企业对被投资单位具有( )。
   A. 控制　　　　　　　　　　　　　B. 共同控制
   C. 无影响　　　　　　　　　　　　D. 重大影响
4. 甲公司长期持有乙公司60%的股权,采用成本法核算。2019年1月1日,该项投资账面价值为1300万元。2019年度乙公司实现净利润2000万元,宣告发放现金股利1200万元。假定不考虑其他因素,2019年12月31日,甲公司该项投资账面价值为( )万元。
   A. 1300　　　　　B. 1480　　　　　C. 2500　　　　　D. 3220
5. 2019年1月1日,甲公司以1600万元购入乙公司30%的股份,另支付相关费用8万元,增值税税率6%,增值税0.48万元,采用权益法核算。取得投资时,乙公司所有者权益的账面价值为5000万元(与可辨认净资产的公允价值相同),乙公司2019年度实现净利润300万元。假定不考虑其他因素,甲公司该长期股权投资2019年12月31日的账面余额为( )万元。
   A. 1590　　　　　B. 1598　　　　　C. 1608　　　　　D. 1698
6. 权益法下,投资企业确认被投资单位发生的净亏损,应当以长期股权投资的账面价值以及其他实质上构成对被投资单位净投资的长期权益减记至( )为限(未减记的长期股权投资应在备查记录中登记),投资企业负有承担额外损失义务的除外。
   A. 零　　　　　　　　　　　　　　B. 初始投资成本
   C. 1　　　　　　　　　　　　　　 D. 被投资单位发生的净亏损乘持股比例
7. 长期股权投资减值损失一经确定,在以后会计期间( )。
   A. 不变　　　　　B. 可以转回　　　C. 随意变化　　　D. 不得转回
8. 权益法下,投资企业对于被投资单位除净损益以外所有者权益的其他变动,在持股比例不变的情况下,投资企业按照持股比例计算应享有或承担的部分,调整长期股权投资的账面价值,同时增加或减少( )。
   A. 资本公积　　　B. 股本　　　　　C. 投资收益　　　D. 未分配利润
9. 下列各项中,应当确认为投资损益的是( )。
   A. 长期股权投资减值损失
   B. 长期股权投资处置净损益

C. 期末交易性金融资产公允价值变动的金额
D. 支付与取得长期股权投资直接相关的费用

10. 甲公司2019年1月5日支付价款2 000万元购入乙公司30%的股份,准备长期持有,另支付相关税费20万元,增值税专用发票表明增值税税率6%,增值税1.2万元。购入时乙公司可辨认净资产公允价值为12 000万元。甲公司取得投资后对乙公司具有重大影响。假定不考虑其他因素,甲公司因确认投资而影响利润的金额为( )万元。
   A. -20   B. 0   C. 1 580   D. 1 600

11. 2019年1月5日,甲公司以银行存款1 200万元取得对乙公司的长期股权投资,所持有的股份占乙公司有表决权股份的60%,另支付相关税费5万元。增值税0.3万元。甲公司采用成本法核算该长期股权投资。2019年3月10日,乙公司宣告发放2018年度现金股利共200万元。假设不考虑其他因素,甲公司2019年3月末该项长期股权投资的账面余额为( )万元。
   A. 1 000   B. 1 195   C. 1 200   D. 1 205

二、多项选择题

1. 控制一般存在于( )的情况。
   A. 投资企业直接拥有被投资单位50%以上的表决权资本
   B. 投资企业虽然直接拥有被投资单位50%的表决权资本,但不具有实质的控制权
   C. 投资企业虽然直接拥有被投资单位50%或以下的表决权资本,但具有实质的控制权
   D. 投资企业虽然直接拥有被投资单位50%或以下的表决权资本,但不具有实质的控制权

2. 成本法下,被投资单位宣告分派现金股利,投资企业可能涉及的账户有( )。
   A. 不处理   B. 应收股利
   C. 投资收益   D. 长期股权投资

3. 投资企业对被投资单位具有( )的长期股权投资,应当采用权益法核算。
   A. 控制   B. 共同控制
   C. 无影响   D. 重大影响

4. 权益法下,长期股权投资的初始投资成本大于投资时应享有被投资单位可辨认净资产公允价值份额的,该部分差额( ),而是构成( )的成本。
   A. 不进行调整   B. 商誉
   C. 进行调整   D. 长期股权投资

5. 采用成本法核算长期股权投资,下列各项中,不会导致长期股权投资账面价值发生增减变动的有( )。
   A. 长期股权投资发生减值损失
   B. 持有长期股权投资期间被投资单位实现净利润
   C. 收到取得投资时被投资单位已宣告但未派发的现金股利
   D. 持有期间被投资单位宣告发放的现金股利

6. 长期股权投资采用权益法核算时,下列各项中,能引起长期股权投资账面价值减少的有( )。

A. 被投资单位发生净亏损　　　　　　B. 被投资单位宣告发放现金股利
C. 被投资单位偿还长期借款　　　　　D. 被投资单位计提盈余公积

7. 下列各项中，权益法下会导致长期股权投资账面价值发生增减变动的有（　　）。
A. 确认长期股权投资减值损失
B. 投资持有期间被投资单位实现净利润
C. 投资持有期间被投资单位提取盈余公积
D. 投资持有期间被投资单位宣告发放现金股利

8. 采用成本法核算长期股权投资，下列各项中，会导致长期股权投资账面价值发生增减变动的有（　　）。
A. 长期股权投资发生减值损失
B. 持有长期股权投资期间被投资企业实现净利润
C. 被投资企业宣告分派属于投资企业投资前实现的净利润
D. 被投资企业宣告分派属于投资企业投资后实现的净利润

9. 权益法下，长期股权投资的初始投资成本小于投资时应享有被投资单位可辨认净资产公允价值份额的，按其差额，应借记（　　）账户，贷记（　　）账户。
A. 长期股权投资　　　　　　　　　　B. 营业外收入
C. 资本公积　　　　　　　　　　　　D. 投资收益

10. 企业计提长期股权投资减值准备时，按应减记的金额，借记（　　）账户，贷记（　　）账户。
A. 长期股权投资　　　　　　　　　　B. 投资收益
C. 资产减值损失　　　　　　　　　　D. 长期股权投资减值准备

三、判断题

1. 当投资企业直接拥有被投资单位20%以上的表决权资本时，一般认为对被投资单位具有重大影响。（　　）
2. 以发行权益性证券取得的长期股权投资，为发行权益性证券支付的手续费、佣金等应计入长期股权投资初始投资成本。（　　）
3. 企业进行长期股权投资的唯一目的是控制被投资单位。（　　）
4. 凡投资者投入的长期股权投资，都按照投资合同或协议约定的价值作为初始投资成本。（　　）
5. 投资企业能够对被投资单位实施控制的长期股权投资，应运用成本法核算。（　　）
6. 成本法核算长期股权投资，被投资单位宣告分派的现金股利或利润，都应确认为当期投资收益。（　　）
7. 处置长期股权投资时，其账面价值与实际取得价款的差额，应当计入当期损益，并应同时结转已计提的长期股权投资减值准备。（　　）
8. 权益法核算长期股权投资，长期股权投资的初始投资成本大于投资时应享有被投资单位可辨认净资产公允价值份额的，该部分差额需要进行调整。（　　）
9. 股权投资采用成本法核算，因被投资企业除净损益、其他综合收益以及利润分配以

外的所有者权益的其他变动，投资企业应按其享有份额增加或减少资本公积。（　　）

四、业务实训题

实 训 一

（一）目的：练习长期股权投资成本法的核算。

（二）资料：甲公司2018年5月10日购买长信股份有限公司发行的股票5 000 000股准备长期持有，采用成本法核算。该股票每股买入价为6元，长信股份有限公司已于当年4月25日宣告将于5月15日发放每股0.2元的现金股利。另外，公司购买该股票时发生有关税费5 000元，增值税税率6%，增值税300元。款项已由银行存款支付。5月15日收到长信股份有限公司发放的现金股利。2019年3月20日，长信股份宣告将于当年4月15日发放每股0.32元的现金股利。

（三）要求：编制甲公司的有关会计分录。

实 训 二

（一）目的：练习长期股权投资权益法的核算。

（二）资料：甲公司2018年1月20日购买东方股份有限公司发行的股票500万股准备长期持有，占东方股份有限公司股份的30%，每股买入价为6元。另外，购买该股票时发生有关税费50万元，增值税税率6%，增值税3万元，款项已由其他货币资金支付。2017年12月31日，东方股份有限公司的所有者权益的账面价值（与其公允价值不存在差异）10 000万元。2018年东方股份有限公司实现净利润1 000万元。甲公司按照持股比例确认投资收益300万元。2019年5月15日，东方股份有限公司已宣告发放现金股利，每10股派3元，甲公司可分派到150万元。2019年6月15日，甲公司收到东方股份有限公司分派的现金股利。

（三）要求：编制甲公司的有关会计分录。

实 训 三

（一）目的：练习长期股权投资权益法及交易性金融资产的核算。

（二）资料：M公司为一家上市公司，2019年对外投资有关资料如下：

1. 1月20日，M公司以银行存款购买A公司发行的股票200万股准备长期持有，实际支付价款10 000万元，另支付相关税费120万元，增值税税率6%，增值税7.2万元。占A公司有表决权股份的40%，能够对A公司施加重大影响。投资时A公司可辨认净资产公允价值为30 000万元（各项可辨认资产、负债的公允价值与账面价值相同）。

2. 4月17日，M公司委托证券公司从二级市场购入B公司股票，并将其划分为交易性金融资产。支付价款1 600万元（其中包含已宣告但尚未发放的现金股利40万元），另支付相关交易费用4万元。增值税税率6%，增值税0.24万元。

3. 5月5日，M公司收到B公司发放的现金股利40万元并存入银行。
4. 6月30日，M公司持有B公司股票的公允价值下跌为1480万元。
5. 7月15日，M公司持有的B公司股票全部出售，售价为1640万元，款项存入银行，不考虑相关税费。
6. A公司2019年实现净利润5000万元。
7. A公司2019年年末因出售可供出售金融资产，增加其他综合收益700万元，增值税税率6%。

假定除上述资料外，不考虑其他相关因素。

（三）要求：根据上述资料，逐笔编制M公司相关会计分录。

五、不定项选择题

不定项选择题一

（一）资料：

（1）2019年1月10日，A公司购买甲公司股票100万股作为长期股权投资，占甲公司股份的60%，采用成本法核算，每股买入价10元，其中含有已宣告未派发的现金股利0.3元/股，另支付2万元相关税费。增值税税率6%，增值税0.12万元。

（2）2019年度甲公司实现净利润3000万元，宣告分配现金股利1500万元，假设不考虑其他因素。

（3）A公司将其作为长期股权投资持有的甲公司100万股股票，以每股10元的价格卖出，支付相关税费1万元，增值税税率6%，增值税0.06万元。取得价款999万元，款项已由银行收妥。该长期股权投资账面价值为972万元，假定没有计提减值准备。

（二）要求：根据上述资料，回答（1）~（3）小题。

（1）根据资料（1），A公司在取得该项长期股权投资时的初始投资成本为（　　）万元。

  A. 1010 B. 1000 C. 972 D. 980

（2）根据资料（2），A公司应确认的投资收益为（　　）万元。

  A. 900 B. 1800 C. 600 D. 3000

（3）根据资料（3），A公司应作会计处理的是（　　）。

  A. 借记"其他货币资金"999万元
  B. 贷记"长期股权投资"972万元
  C. 贷记"投资收益"27万元
  D. 借记"投资收益"27万元

不定项选择题二

（一）资料：2018年至2019年甲公司发生的有关业务资料如下：

（1）2018年1月5日，甲公司从上海证券交易所购买乙公司的股票2 000万股准备长期持有，占乙公司股份的25%，能够对乙公司施加重大影响，每股买入价为9.8元。另发生相关税费总额为30万元，增值税税率6%，增值税1.8万元。款项已支付。当日，乙公司可辨认净资产的账面价值为80 000万元（与公允价值一致）。

（2）2018年乙公司实现净利润4 000万元。

（3）2018年3月20日，乙公司宣告发放现金股利，每10股派发0.3元，甲公司应分得现金股利60万元。2018年4月20日，甲公司收到乙公司分派的现金股利。

（4）2019年3月31日，乙公司其他金融工具投资的公允价值下降了200万元（未出现减值迹象）并入账。

（5）2019年4月30日，甲公司将持有的乙公司股份全部售出，每股售价为12元。

（二）要求：根据上述资料，不考虑其他因素，分析回答（1）~（5）小题。（答案中的金额单位用万元表示。）

（1）根据资料（1），下列各项中，关于股权投资的处理表述正确的是（　　）。

　　A. 确认长期股权投资的初始投资成本19 630万元

　　B. 确认长期股权投资的初始投资成本20 000万元

　　C. 应确认营业外收入400万元

　　D. 应确认营业外收入370万元

（2）根据资料（2）~（5），下列各项处理正确的是（　　）。

　　A. 2018年度乙公司实现净利润时：
　　　借：长期股权投资——损益调整　　　　　　　　　1 000
　　　　　贷：投资收益　　　　　　　　　　　　　　　　　　1 000

　　B. 2018年4月20日，甲公司收到乙公司分派的现金股利时：
　　　借：其他货币资金——存出投资款　　　　　　　　60
　　　　　贷：应收股利　　　　　　　　　　　　　　　　　　　60

　　C. 2018年3月20日，乙公司宣告发放现金股利时：
　　　借：应收股利　　　　　　　　　　　　　　　　　60
　　　　　贷：投资收益　　　　　　　　　　　　　　　　　　　60

　　D. 2019年3月31日，乙公司其他金融工具投资公允价值下降时：
　　　借：其他综合收益　　　　　　　　　　　　　　　50
　　　　　贷：长期股权投资——其他综合收益　　　　　　　　　50

（3）根据资料（4），下列各项中，甲公司会计处理结果正确的有（　　）。

　　A. "长期股权投资——其他综合收益"账户贷方登记50万元

　　B. "其他综合收益"账户借方登记50万元

　　C. "长期股权投资——其他权益变动"账户贷方登记50万元

　　D. "资本公积——其他资本公积"账户借方登记50万元

（4）根据资料（1）~（4），2019年3月31日甲公司长期股权投资的账面价值是（　　）万元。

　　A. 21 000　　　　B. 20 000　　　　C. 20 950　　　　D. 20 890

（5）根据资料（1）~（5），下列各项中，甲公司出售长期股权投资的处理结果正确的是（　　）。

  A. 投资收益增加 3 060 万元　　　B. 长期股权投资减少 20 000 万元
  C. 其他综合收益增加 50 万元　　　D. 资本公积增加 50 万元

不定项选择题三

（一）资料：甲公司资料如下。

（1）2018 年 5 月 2 日，以 11 000 万元购入乙公司 80% 的股权，对其实施控制，当日乙公司的净资产账面价值为 15 000 万元（与其公允价值相等）。

（2）2018 年 6 月 15 日，以 9 000 万元购入丙公司 30% 的股权，对丙公司有重大影响，当日丙公司的净资产账面价值为 25 000 万元（与其公允价值相等）。

（3）2018 年 12 月 31 日，乙公司实现净利润 5 000 万元。丙公司实现净利润 3 000 万元。

（4）2018 年 12 月 31 日，甲公司能够从乙公司分得股利 200 万元，从丙公司分得股利 100 万元。

（5）2018 年年度，丙公司发生资本公积增加 1 000 万元。

（6）2019 年 1 月，甲公司将持有的丙公司股份全部出售，取得价款 11 000 万元。

（二）要求：根据上述资料，分析回答（1）~（4）小题。

（1）根据资料（1）、（2），以下说法正确的是（　　）。
  A. 对乙公司投资按照权益法核算
  B. 对丙公司投资按照权益法核算
  C. 对乙公司投资按照成本法核算
  D. 对丙公司投资按照成本法核算

（2）根据资料（1）、（2），以下账务处理正确的是（　　）。

  A. 借：长期股权投资——乙公司　　　　　　　　11 000
     贷：银行存款　　　　　　　　　　　　　　　　　11 000

  B. 借：长期股权投资——乙公司　　　　　　　　12 000
     贷：银行存款　　　　　　　　　　　　　　　　　11 000
      营业收入　　　　　　　　　　　　　　　　　　1 000

  C. 借：长期股权投资——丙公司　　　　　　　　9 000
     贷：银行存款　　　　　　　　　　　　　　　　　9 000

  D. 借：长期股权投资——丙公司　　　　　　　　7 500
      投资收益　　　　　　　　　　　　　　　　　　1 500
     贷：银行存款　　　　　　　　　　　　　　　　　9 000

（3）根据资料（3）~（5），以下账务处理正确的是（　　）。

  A. 借：应收股利　　　　　　　　　　　　　　　　200
     贷：投资收益——乙公司　　　　　　　　　　　　200

  B. 借：长期股权投资——丙公司——损益调整　　　900

    贷：投资收益   900
  C. 借：应收股利   100
    贷：长期股权投资——丙公司——损益调整   100
  D. 借：长期股权投资——丙公司——其他权益变动   300
    贷：其他综合收益   300
（4）根据资料（6），甲公司销售丙公司股票产生的投资收益为（　　）万元。
  A. 900   B. 1 200   C. 1 000   D. 1 400

第七章 固定资产及投资性房地产

【学习目标】

1. 掌握固定资产的概念与特征，能正确地确认固定资产，掌握其初始计量方法；
2. 能对外购、建造及其他方式取得的固定资产正确地进行计量，并能正确地进行固定资产取得核算；
3. 掌握折旧的计算方法，熟练地运用四种方法计提固定资产折旧额，能正确地进行固定资产折旧的核算；
4. 能正确地进行区分资本化支出和费用化支出并进行核算；
5. 能正确地进行出售、报废、毁损固定资产的核算；
6. 能正确地进行盘盈、盘亏固定资产的核算，正确确认固定资产减值并进行核算；
7. 掌握投资性房地产的范围，能正确地进行成本计量模式下、公允价值计量模式下的投资性房地产的核算。

【学习重点与难点】

1. 以外购、自行建造等方式取得固定资产的核算；
2. 不同折旧方法下固定资产折旧的核算；
3. 固定资产后续支出的核算；
4. 固定资产出售、报废、处置等的核算；
5. 投资性房地产的核算，成本计量模式与公允价值计量模式下的处理。

【主要经济业务处理】

1. 固定资产的核算

经济业务		账务处理
取得	外购不需要安装固定资产	借：固定资产 ［买价＋运杂费＋相关税费］ 　　应交税费——应交增值税（进项税额） 　贷：银行存款
	外购需要安装固定资产	（1）购入时： 借：在建工程 ［买价＋运杂费＋相关税费＋安装费］ 　　应交税费——应交增值税（进项税额） 　贷：银行存款 （2）安装完工： 借：固定资产 　贷：在建工程——设备安装工程
	自行建造	（1）购入工程物资时： 借：工程物资——自营工程 　　应交税费——应交增值税（进项税额） 　贷：银行存款 （2）领用工程物资时： 借：在建工程——自营工程 　贷：工程物资 （3）领用本企业生产的商品时： 借：在建工程——自营工程 　贷：库存商品 （4）分配工程应负担的职工薪酬时： 借：在建工程——自营工程（车间） 　贷：应付职工薪酬 （5）工程领用本企业原材料时： 借：在建工程——自营工程 　贷：原材料 （6）以银行存款支付其他费用时： 借：在建工程——自营工程（车间） 　贷：银行存款 （7）达到预定可使用状态时： 借：固定资产 　贷：在建工程
	出包工程	（1）预付工程价款时： 借：在建工程——出包工程 　　应交税费——应交增值税（进项税额） 　贷：银行存款 （2）补付价款时： 借：在建工程——出包工程 　　应交税费——应交增值税（进项税额） 　贷：银行存款 （3）达到预定可使用状态时： 借：固定资产 　贷：在建工程——出包工程

续表

经济业务		账务处理
固定资产折旧	计提折旧时	借：制造费用 　　管理费用 　　销售费用 　贷：累计折旧
固定资产的后续支出	资本化后续支出	（1）注销原值、已提折旧、减值准备时： 借：在建工程［固定资产净值］ 　　累计折旧［已计提数额］ 　　固定资产减值准备［已计提数额］ 　贷：固定资产 （2）改扩建过程中发生相关支出时： 借：在建工程 　贷：工程物资 借：在建工程［工程人员薪酬］ 　贷：应付职工薪酬 借：在建工程 　　应交税费——应交增值税（进项税额） 　贷：银行存款 （3）改扩建完成时： 借：固定资产［改扩建后的实际成本］ 　贷：在建工程
	费用化后续支出	借：管理费用 　贷：原材料 　　　应付职工薪酬
固定资产处置	固定资产出售、报废、毁损时	（1）注销固定资产的原价和已提折旧额，转入清理时： 借：固定资产清理 　　累计折旧 　贷：固定资产——非生产用固定资产 （2）清理中发生清理费用时： 借：固定资产清理 　　应交税费——应交增值税（进项税额） 　贷：应付职工薪酬 　　　银行存款 （3）取得残料价值和变价收入时： 借：原材料 　　银行存款 　贷：固定资产清理 　　　应交税费——应交增值税（销项税额） （4）结转清理的净损益时： 借：营业外支出（或资产处置损益） 　贷：固定资产清理 或 借：固定资产清理 　贷：营业外收入（或资产处置损益） 注：正常报废或处置时，记入"资产处置损益"

续表

经济业务		账务处理
固定资产清查与减值	固定资产盘盈	（1）盘盈固定资产时： 借：固定资产——生产经营用固定资产 　　贷：以前年度损益调整 （2）结转为留存收益时： 借：以前年度损益调整 　　贷：盈余公积——法定盈余公积 　　　　利润分配——未分配利润
	固定资产盘亏	（1）盘亏时： 借：待处理财产损溢——待处理固定资产损溢 　　累计折旧 　　贷：固定资产 （2）处理时： 借：营业外支出 　　贷：待处理财产损溢——待处理固定资产损溢
	固定资产减值	借：资产减值损失——计提的固定资产减值准备 　　贷：固定资产减值准备　［固定资产账面价值低于固定资产可收回金额］

2. 投资性房地产的核算

经济业务		账务处理
采用成本模式计量的投资性房地产	外购投资性房地产	借：投资性房地产 　　应交税费——应交增值税（进项税额） 　　贷：银行存款
	自行建造	借：投资性房地产 　　贷：在建工程 借：投资性房地产——已出租土地使用权 　　贷：无形资产——土地使用权
	投资性房地产后续计量	（1）计提折旧时： 借：其他业务成本 　　贷：累计折旧——投资性房地产 （2）确认租金时： 借：银行存款（或其他应收款） 　　贷：其他业务收入 　　　　应交税费——应交增值税（销项税额） （3）计提减值准备时： 借：资产减值损失 　　贷：投资性房地产减值准备

续表

经济业务		账务处理
采用成本模式计量的投资性房地产	投资性房地产处置	（1）收到处置收入时： 借：银行存款 　　贷：其他业务收入 　　　　应交税费——应交增值税（销项税额） （2）结转处置成本时： 借：其他业务成本 　　累计折旧——投资性房地产 　　贷：投资性房地产
采用公允价值模式计量的投资性房地产	外购投资性房地产	借：投资性房地产——成本 　　应交税费——应交增值税（进项税额） 　　贷：银行存款
	自行建造	借：投资性房地产——成本 　　贷：在建工程 借：投资性房地产——已出租土地使用权［成本］ 　　贷：无形资产——土地使用权
	转换取得	借：投资性房地产——成本［转换日的公允价值］ 　　累计折旧 　　公允价值变动损益［借方余额情况下］ 　　固定资产减值准备 　　贷：固定资产 　　　　其他综合收益［贷方余额情况下］
	投资性房地产后续计量	借：投资性房地产——公允价值变动 　　贷：公允价值变动损益 或相反
	投资性房地产处置	（1）收到处置收入时： 借：银行存款 　　贷：其他业务收入 　　　　应交税费——应交增值税（销项税额） （2）结转处置成本时： 借：其他业务成本 　　贷：投资性房地产——成本 　　　　　　　　　　——公允价值变动 （3）结转投资性房地产累计公允价值变动时： 借：公允价值变动损益 　　贷：其他业务成本 或相反

【典型题例分析】

（一）单项选择题

【例题1】某增值税一般纳税企业自建一间仓库，购入工程物资200万元，增值税税额为26万元，已全部用于建造仓库；耗用库存材料50万元，应负担的增值税税额为6.5万元；支付建筑工人工资36万元。该仓库建造完成并达到预定可使用状态，其入账价值为（　　）万元。

　　A. 250　　　　B. 282.5　　　　C. 286　　　　D. 318.5

　　[答案] C

　　[解析] 仓库的入账价值 =200+50+36=286（万元）。

【例题2】甲公司将其出租的一栋写字楼确认为投资性房地产，采用公允价值模式计量。租赁期满后，将其出售给乙公司，合同价款200万元。出售时，该栋写字楼的成本为150万元，公允价值变动为借方金额20万元。假定不考虑相关税费的影响，出售时甲公司应计入当期损益的金额是（　　）万元。

　　A. 20　　　　B. 30　　　　C. 50　　　　D. 70

　　[答案] C

　　[解析] 出售时甲公司应计入当期损益的金额 =200-150=50（万元）。

（二）多项选择题

【例题3】下列各项中，应计提固定资产折旧的有（　　）。

　　A. 经营租入的设备
　　B. 融资租入的办公楼
　　C. 已投入使用但未办理竣工决算的厂房
　　D. 已达到预定可使用状态但未投产的生产线

　　[答案] BCD

　　[解析] 企业应当对所有的固定资产计提折旧，但是已经提足折旧仍然继续使用的固定资产和单独计价入账的土地除外。企业对经营租入的设备不具有所有权，因此不对其计提折旧。

【例题4】下列各项中，属于投资性房地产的有（　　）。

　　A. 房地产企业持有的待售商品房
　　B. 以经营租赁方式出租的商用房
　　C. 以经营租赁方式出租的土地使用权
　　D. 以经营租赁方式租入后再转租的建筑物

　　[答案] BC

　　[解析] 选项A属于存货；选项D企业没有所有权，不作为自有资产核算。

（三）判断题

【例题5】固定资产的后续支出应全部计入当期损益。　　　　　　　　　　　　（　　）

　　[答案] ×

[解析]固定资产的后续支出，如果符合固定资产确认条件的要计入固定资产成本中，只有不符合固定资产确认条件的才计入当期损益。

【例题6】投资性房地产采用公允价值模式进行后续计量的，应按资产负债表日该资产的公允价值调整其账面价值。（　　）

[答案]√

[解析]投资性房地产采用公允价值模式进行后续计量的，不计提折旧和摊销，资产负债表日按照公允价值调整其账面价值。

【职业能力训练】

一、单项选择题

1. 下列各项中，应计入产品成本的是（　　）。
   A. 固定资产报废净损失
   B. 支付的矿产资源补偿费
   C. 预计产品质量保证损失
   D. 基本生产车间设备计提的折旧费

2. 企业建造厂房领用企业原材料一批，实际成本100 000元，增值税税率13%，计入在建工程成本的是（　　）万元。
   A. 100 000　　B. 113 000　　C. 107 800　　D. 105 200

3. 某设备的账面原价为900万元，预计使用年限为5年，预计净残值为15万元，按年数总和法计提折旧。该设备在第3年应计提的折旧额为（　　）万元。
   A. 150　　B. 160　　C. 177　　D. 189

4. 某设备的账面原价为1 000万元，预计使用年限为5年，预计净残值为20万元，采用双倍余额递减法计提折旧。该设备在第2年应计提的折旧额为（　　）万元。
   A. 200　　B. 240　　C. 300　　D. 360

5. 某大型生产线达到预定可使用状态前进行联合试车发生的费用，应记入的会计账户是（　　）。
   A. 长期待摊费用
   B. 营业外支出
   C. 在建工程
   D. 管理费用

6. 甲公司出售一台设备，取得收入1 600万元，该固定资产账面原价为3 600万元，累计折旧为2 000万元，已计提减值准备150万元。不考虑相关税费，该固定资产的出售净收益为（　　）万元。
   A. 120　　B. 140　　C. 150　　D. 188

7. 甲公司2020年2月1日购入需要安装的设备一台，取得的增值税专用发票上注明的设备价款为100万元，增值税为13万元。购买过程中，以银行存款支付运杂费等费用2万元，增值税税额0.18万元。安装时，领用生产用材料28万元，支付安装工人薪酬2万元。该设备2020年3月30日达到预定可使用状态。甲公司对该设备采用年限平均法计提折旧，预计使用年限为10年，净残值为零。假定不考虑其他因素，2020年该设备应计提的折旧额为（　　）。
   A. 9万元　　B. 9.9万元　　C. 11万元　　D. 13.2万元

8. 下列有关固定资产使用寿命、预计净残值和折旧方法的说法中，错误的是（ ）。
   A. 固定资产使用寿命的改变应当作为会计估计变更
   B. 固定资产预计净残值的改变应当作为会计估计变更
   C. 固定资产折旧方法的改变应当作为会计估计变更
   D. 固定资产折旧方法的改变应当作为会计政策变更

9. 2019年3月31日，甲公司采用出包方式对某固定资产进行改良，该固定资产账面原价为3600万元，预计使用年限为5年，已使用3年，预计净残值为零，采用年限平均法计提折旧。甲公司支付出包工程款96万元。2019年8月31日，改良工程达到预定可使用状态并投入使用，预计尚可使用4年，预计净残值为零，采用年限平均法计提折旧。2019年度，该固定资产应计提的折旧为（ ）万元。
   A. 128   B. 180   C. 308   D. 384

10. 一般纳税人甲公司购入设备安装某生产线。该设备购买价格为2500万元，增值税税额为325万元，支付保险、装卸费用25万元。该生产线安装期间，领用生产用原材料的实际成本为100万元，发生安装工人工资等费用33万元。该原材料的增值税税率为13%。假定该生产线达到预定可使用状态，其入账价值为（ ）万元。
    A. 2625   B. 2658   C. 2996   D. 2671

11. 某企业2017年1月1日购入一台设备交付使用，价值63万元，采用年数总和法计提折旧，预计使用4年，预计净残值3万元。该台设备2019年应计提折旧（ ）万元。
    A. 12   B. 12.5   C. 18   D. 6.5

12. 某企业2018年11月1日购入一项固定资产。该固定资产原价为498万元，预计使用年限为5年，预计净残值为5万元，按双倍余额递减法计提折旧。该固定资产2019年应计提的折旧额是（ ）万元。
    A. 98.6   B. 119.52   C. 185.92   D. 192.56

13. 某企业为增值税一般纳税人，适用的增值税税率为13%，2019年6月建造厂房领用材料实际成本20 000元，计税价格为24 000元，该项业务应计入在建工程成本的金额为（ ）元。
    A. 20 000   B. 22 600   C. 24 000   D. 23 120

14. 某企业2014年12月15日购入并交付使用的设备，原价960万元，预计残值率为4%，采用平均年限法按8年计提折旧。该设备2018年12月31日计提固定资产减值准备124.2万元，计提资产减值准备后，其预计残值为15万元。2019年6月30日企业将该设备出售，出售时收取价款340万元存入银行，并以存款支付相关税费20万元。则企业出售该设备应确认的净损失为（ ）万元。
    A. 10   B. 18   C. 32   D. 45

15. 2018年12月31日，甲公司购入一台设备并投入使用，其成本为25万元，预计使用年限5年，预计净残值1万元，采用双倍余额递减法计提折旧。假定不考虑其他因素，2019年度该设备应计提的折旧为（ ）万元。
    A. 4.8   B. 8   C. 9.6   D. 10

16. 甲公司为增值税一般纳税人，2019年12月31日购入不需安装的生产设备一台，当日投入使用。该设备价款为 360 万元，增值税税额为 46.8 万元，预计使用寿命为 5 年，预计净残值为零，采用年数总和法计提折旧。该设备 2019 年应计提的折旧为（　　）万元。

　　A. 72　　　　　　　　B. 120　　　　　　　　C. 140.4　　　　　　　　D. 168.48

17. A 公司 2017 年 3 月 20 日外购一幢建筑物。该建筑物的买价（含税）为 800 万元，预计使用年限为 10 年，净残值为 80 万元，款项以银行存款支付。该建筑物购买后立即用于出租，租期 3 年，租金总额 300 万元。2019 年应收取的租金为 75 万元。该企业对投资性房地产采用公允价值模式进行后续计量。2019 年 12 月 31 日，该建筑物的公允价值为 830 万元。不考虑其他因素，则该项投资性房地产对 2019 年度损益的影响金额为（　　）万元。

　　A. 105　　　　　　　　B. 56　　　　　　　　C. 21　　　　　　　　D. 75

18. 某企业 2018 年 12 月 31 日购入一台设备，入账价值为 200 万元，预计使用寿命为 10 年，预计净残值为 20 万元，采用年限平均法计提折旧。2019 年 12 月 31 日该设备存在减值迹象，经测试预计可收回金额为 120 万元。2019 年 12 月 31 日该设备账面价值应为（　　）万元。

　　A. 120　　　　　　　　B. 160　　　　　　　　C. 180　　　　　　　　D. 182

19. 投资性房地产采用公允价值计量的企业将作为存货的房地产转换为投资性房地产，转换日存货公允价值大于原账面价值的差额应计入（　　）。

　　A. 营业外收入　　　　　　　　B. 其他业务收入
　　C. 公允价值变动损益　　　　　D. 其他综合收益

20. 2019 年 10 月 5 日，甲公司将一项投资性房地产出售给乙公司，该项投资性房地产的成本为 2 000 万元，已计提折旧 1 100 万元，出售价款为 1 500 万元，增值税税率 9%，甲公司该项投资性房地产采用成本模式计量，不考虑其他因素，则甲公司处置该投资性房地产对其 2019 年度营业利润的影响为（　　）万元。

　　A. 600　　　　　　　　B. -500　　　　　　　　C. 1 500　　　　　　　　D. 765

21. 企业 2019 年 4 月购入一台不需要安装的生产设备，买价 1 000 万元，增值税税额为 130 万元，支付的运杂费为 10 万元，增值税税额为 0.9 万元，款项以银行存款支付。则该企业的会计处理为（　　）。

　　A. 借：固定资产　　　　　　　　　　　　　　　　　　　1 140.9
　　　　　贷：银行存款　　　　　　　　　　　　　　　　　　　　1 140.9
　　B. 借：固定资产　　　　　　　　　　　　　　　　　　　1 000
　　　　　应交税费——应交增值税（进项税额）　　　　　　130
　　　　　销售费用　　　　　　　　　　　　　　　　　　　10.9
　　　　　贷：银行存款　　　　　　　　　　　　　　　　　　　　1 140.9
　　C. 借：固定资产　　　　　　　　　　　　　　　　　　　1 010
　　　　　应交税费——应交增值税（进项税额）　　　　　　130.9
　　　　　贷：银行存款　　　　　　　　　　　　　　　　　　　　1 140.9
　　D. 借：固定资产　　　　　　　　　　　　　　　　　　　1 130
　　　　　贷：银行存款　　　　　　　　　　　　　　　　　　　　1 130

22. 下列不属于投资性房地产的是（　　）。
    A. 房地产开发企业将作为存货的商品房以经营租赁方式出租
    B. 企业持有并准备增值后转让的土地使用权
    C. 企业拥有并自行经营的旅店
    D. 企业开发完成后用于出租的房地产

23. 下列项目不属于投资性房地产的是（　　）。
    A. 已出租的建筑物
    B. 持有并准备增值后转让的土地使用权
    C. 已出租的土地使用权
    D. 持有并准备增值后转让的建筑物

24. 企业对成本模式进行后续计量的投资性房地产摊销时，应该借记（　　）账户。
    A. 投资收益   B. 其他业务成本
    C. 营业外收入   D. 管理费用

25. 投资性房地产不论是成本模式计量还是公允价值模式计量，取得的租金收入均通过（　　）账户核算。
    A. 营业外收入   B. 投资收益
    C. 其他业务成本   D. 其他业务收入

二、多项选择题

1. 下列有关固定资产初始计量的表述，正确的有（　　）。
   A. 投资者投入固定资产的成本，应当按照投资合同或协议约定的价值确定，但合同或协议约定价值不公允的除外
   B. 融资租入的固定资产，承租人应当将租赁开始日租赁资产原账面价值与最低租赁付款额现值两者中较低者作为租入资产的入账价值
   C. 与固定资产有关的经济利益预期实现方式有重大改变的，应当调整固定资产使用寿命
   D. 以一笔款项购入多项没有单独标价的固定资产，应当按照各项固定资产公允价值比例对总成本进行分配，分别确定各项固定资产的成本

2. 下列各项中，属于投资性房地产的有（　　）。
   A. 房地产企业持有的待售商品房
   B. 以经营租赁方式出租的商用房
   C. 以经营租赁方式出租的土地使用权
   D. 以经营租赁方式租入后再转租的建筑物

3. 下列固定资产不应计提折旧的有（　　）。
   A. 融资租入的固定资产   B. 已提足折旧继续使用的固定资产
   C. 未提足折旧提前报废的固定资产 D. 未使用的固定资产

4. 采用自营方式建造固定资产的情况下，下列项目中应计入固定资产取得成本的有（　　）。
   A. 建设期间发生的工程物资盘亏、报废及毁损净损失

B. 在建工程的职工薪酬
C. 工程领用本企业的商品实际成本
D. 工程达到预定可使用状态前因进行负荷联合试车所发生的净支出

5. 下列有关固定资产折旧的会计处理中，不符合会计准则规定的有（   ）。
    A. 因固定资产改良而停用的生产设备应继续计提折旧
    B. 因固定资产改良而停用的生产设备应停止计提折旧
    C. 自行建造的固定资产应自办理竣工决算时开始计提折旧
    D. 自行建造的固定资产应自达到预定可使用状态时开始计提折旧

6. 下列各项，应通过"固定资产清理"账户核算的有（   ）。
    A. 盘亏的固定资产　　　　　　B. 出售的固定资产
    C. 报废的固定资产　　　　　　D. 毁损的固定资产

7. 下列有关固定资产后续支出的会计处理中，说法正确的有（   ）。
    A. 企业生产车间发生的固定资产修理费用等后续支出，不符合固定资产确认条件的，应当在发生时计入当期的制造费用
    B. 企业行政管理部门发生的固定资产修理费用等后续支出，不符合固定资产确认条件的，应当在发生时计入当期的管理费用
    C. 企业发生的与专设销售机构相关的固定资产修理费用等后续支出，不符合固定资产确认条件的，应当在发生时计入当期的销售费用
    D. 企业对外经营性出租固定资产发生的修理费用等后续支出，不符合固定资产确认条件的，应当在发生时计入当期的其他业务成本

8. 不满足固定资产确认条件的固定资产日常维护支出，可能记入的会计账户有（   ）。
    A. 长期待摊费用　　B. 管理费用　　C. 在建工程　　D. 销售费用

9. 企业计提固定资产折旧时，下列会计分录正确的有（   ）。
    A. 计提行政管理部门固定资产折旧：
       借记"管理费用"账户；贷记"累计折旧"账户
    B. 计提生产车间固定资产折旧：
       借记"制造费用"账户；贷记"累计折旧"账户
    C. 计提专设销售机构固定资产折旧：
       借记"销售费用"账户；贷记"累计折旧"账户
    D. 计提自建工程使用的固定资产折旧：
       借记"在建工程"账户；贷记"累计折旧"账户

10. 下列各项中，影响固定资产清理净损益的有（   ）。
    A. 清理固定资产发生的税费　　　　B. 清理固定资产的变价收入
    C. 清理固定资产的账面价值　　　　D. 清理固定资产耗用的材料成本

11. 下列各项中，影响固定资产折旧的因素有（   ）。
    A. 固定资产原价　　　　　　　　B. 固定资产的预计使用寿命
    C. 固定资产预计净残值　　　　　D. 已计提的固定资产减值准备

12. 下列关于投资性房地产核算的表述中，不正确的有（   ）。

A. 采用成本模式计量的投资性房地产不需要确认减值损失
B. 已经计提减值准备的投资性房地产，其减值损失在以后的会计期间可以转回
C. 采用成本模式计量的投资性房地产，其折旧摊销额应计入管理费用
D. 采用成本模式计量的投资性房地产，符合条件时可转换为公允价值模式计量

13. 下列各项中，可能对固定资产处置损益产生影响的因素有（　　　）。
A. 累计折旧　　　　　　　　B. 增值税
C. 固定资产减值准备　　　　D. 清理费用

14. 关于投资性房地产的后续计量，下列说法中正确的有（　　　）。
A. 企业通常应当采用成本模式对投资性房地产进行后续计量，也可采用公允价值模式对投资性房地产进行后续计量
B. 企业选择采用公允价值模式对投资性房地产进行后续计量的，以后期间也可采用成本模式对投资性房地产进行后续计量
C. 投资性房地产的后续计量模式一经确定不得随意变更
D. 企业只能采用公允价值模式对投资性房地产进行后续计量

15. 下列事项中，影响利润表中营业利润的是（　　　）。
A. 对投资性房地产计提的折旧费　　B. 购入投资性房地产支付的相关税费
C. 对投资性房地产计提的减值准备　　D. 投资性房地产取得的租金收入

16. 下列事项中，影响当期损益的有（　　　）。
A. 采用公允价值模式计量的投资性房地产期末公允价值高于账面价值
B. 采用公允价值模式计量的投资性房地产期末公允价值低于账面价值
C. 采用成本模式计量的投资性房地产期末可收回金额高于账面价值
D. 采用成本模式计量的投资性房地产期末可收回金额低于账面价值

17. 关于投资性房地产，下列说法中正确的有（　　　）。
A. 投资性房地产是指为赚取租金或资本增值，或者两者兼有而持有的房产、地产和机器设备等
B. 已出租的建筑物是指从租赁期开始日以经营租赁方式出租的建筑物，包括自行建造完成后用于出租的房地产
C. 用于出租的建筑物是指企业拥有产权的建筑物
D. 一项房地产，部分用于赚取租金或资本增值，部分用于生产商品、提供劳务或经营管理，即使用于赚取租金或资本增值的部分能够单独计量和出售的，也不可以确认为投资性房地产

18. 关于投资性房地产的后续计量，下列说法中正确的有（　　　）。
A. 采用公允价值模式计量的，对投资性房地产计提折旧或进行摊销
B. 采用公允价值模式计量的，不应对投资性房地产计提折旧或进行摊销
C. 已采用公允价值模式计量的投资性房地产，不得从公允价值模式转为成本模式
D. 已采用成本模式计量的投资性房地产，不得从成本模式转为公允价值模式

19. 下列选项中，属于投资性房地产的有（　　　）。
A. 企业经营租赁方式出租的厂房

B. 企业自行建造后用于出租的房地产
C. 企业生产经营用的土地使用权
D. 企业经营租赁方式出租的酒店

20. 投资性房地产采用公允价值模式进行计量需要设置的账户有（　　　　）。
    A. 投资性房地产累计折旧　　　　B. 投资性房地产累计摊销
    C. 投资性房地产　　　　　　　　D. 公允价值变动损益

21. 摊销投资性房地产可能贷记的账户是（　　　　）。
    A. 资产减值准备　　　　　　　　B. 投资性房地产累计折旧
    C. 投资性房地产减值准备　　　　D. 投资性房地产累计摊销

22. 下列项目中，属于投资性房地产的是（　　　　）。
    A. 已出租的建筑物
    B. 持有并准备增值后转让的房屋建筑物
    C. 已出租的土地使用权
    D. 持有并准备增值后转让的土地使用权

三、判断题

1. 固定资产的各组成部分具有不同使用寿命或者以不同方式为企业提供经济利益，适用不同折旧率或折旧方法的，此时仍然应该将该资产作为一个整体考虑。（　　）
2. 以一笔款项购入多项没有单独标价的固定资产，应当按照各项固定资产的账面价值比例对总成本进行分配，分别确定各项固定资产的成本。（　　）
3. 在建工程项目达到预定可使用状态前，试生产产品对外出售取得的收入应冲减工程成本。（　　）
4. 采用出包方式自行建造固定资产工程时，预付承包单位的工程价款应通过"预付账款"账户核算。（　　）
5. 已达到预定可使用状态但在年度内尚未办理竣工决算手续的固定资产，应按估计价值暂估入账，并计提折旧，办理竣工决算手续后，如果与原暂估入账的金额不等，需要调整"固定资产"账户的金额，同时调整已经计提的累计折旧金额。（　　）
6. 企业接受投资者投入的固定资产按照双方确认的价值作为入账价值。（　　）
7. 按照企业会计制度规定，对于融资租入的固定资产，能够合理确定租赁期满时将会取得租赁资产所有权的，应当按照固定资产预计可使用年限计提折旧，其发生的修理费用，也应比照自有固定资产的修理费用处理。（　　）
8. 对于固定资产借款发生的利息支出，在竣工决算前发生的，应予资本化，将其计入固定资产的建造成本；在竣工决算后发生的，则应作为当期费用处理。（　　）
9. 企业对经营租入的固定资产和融资租入的固定资产均应按照自有资产对其计提折旧。（　　）
10. 固定资产提足折旧后，不论能否继续使用，均不再计提折旧；提前报废的固定资产，也不再补提折旧。（　　）
11. 固定资产出售、报废以及由于各种不可抗拒的自然灾害而产生的毁损、处置固定资产的净损益，均记入"资产处置损益"账户。   （   ）

12. 采用成本模式进行后续计量的投资性房地产，其后续计量原则与固定资产或无形资产相同。   （   ）

13. 固定资产的各组成部分具有不同使用寿命、适用不同折旧率的，应当分别将各组成部分确认为单项固定资产。   （   ）

14. 固定资产减值损失一经确认，在以后会计期间不得转回。   （   ）

15. 企业购入不需要安装的生产设备，购买价款超过正常信用条件延期支付、实质具有融资性质的，应当以购买价款的现值为基础确定其成本。   （   ）

16. 企业出租的建筑物或土地使用权，只有能够单独计量和出售的才能确认为投资性房地产。   （   ）

17. 当投资性房地产被处置，或者永久退出使用且预计不能从其处置中取得经济利益时，应当终止确认该项投资性房地产。   （   ）

18. 按照国家有关规定认定的闲置土地属于企业的投资性房地产。   （   ）

19. 企业自行建造房地产达到预定可使用状态后一段时间准备用于资本增值的，应当先将自行建造的房地产确认为固定资产，自用于资本增值之日开始从固定资产转换为投资性房地产。   （   ）

20. 投资性房地产的计量模式由成本模式转为公允价值模式应当作为会计估计变更，采用未来适用法进行处理。   （   ）

21. 采用公允价值模式计量的投资性房地产，由于已经采用公允价值计量并将公允价值变动损益计入损益，所以不再进行减值测试，不计提减值准备。   （   ）

22. 投资性房地产的计量模式一经确定，不得随意变更，只有存在确凿证据表明其公允价值能够持续可靠取得的，才允许采用公允价值计量模式。   （   ）

23. 已采用公允价值模式计量的投资性房地产，不得从公允价值模式转为成本模式。
                                                                        （   ）

24. 企业可随意选择成本模式或公允价值模式对投资性房地产进行后续计量。   （   ）

25. 只有能够单独计量和出售的房地产，才能划分为投资性房地产。   （   ）

四、业务实训题

实　训　一

（一）目的：练习固定资产取得的核算。

（二）资料：某企业为增值税一般纳税人，增值税税率为13%，某日购入一台需要安装的设备，设备价款40 000元，增值税税额为5 200元，支付运费1 000元，增值税税额90元。安装设备时，领用库存商品一批，该批商品的进价1 000元，售价1 500元（不含增值税）。以存款支付安装费1 200元，增值税税额108元。

（三）要求：编制相应会计分录。

实 训 二

（一）目的：练习自行建造固定资产的核算。

（二）资料：某企业自行建造仓库一座，购入为工程准备的各种物资 200 000 元，支付的增值税税额为 26 000 元，实际领用工程物资 196 000 元，剩余物资转作企业存货；另外还领用了企业生产用的原材料一批，实际成本为 30 000 元；应付工程人员工资 50 000 元，工程完工交付使用。

（三）要求：编制相应会计分录。

实 训 三

（一）目的：练习固定资产取得及折旧计提的核算。

（二）资料：甲企业为增值税一般纳税人，增值税税率为 13%。2020 年发生固定资产业务如下：

1. 1 月 20 日，企业管理部门购入一台不需要安装的 A 设备，取得的增值税专用发票上注明的设备价款为 550 万元，增值税为 71.5 万元，另发生运输费 4.5 万元，增值税税额 0.405 万元，款项均以银行存款支付。

2. A 设备经过调试后，于 1 月 22 日投入使用，预计使用 10 年，净残值为 35 万元，决定采用双倍余额递减法计提折旧。

3. 7 月 15 日，企业生产车间购入一台需要安装的 B 设备，取得的增值税专用发票上注明的设备价款为 600 万元，增值税为 78 万元，另发生保险费 8 万元，款项均以银行存款支付。

4. 8 月 19 日，将 B 设备投入安装，以银行存款支付安装费 3 万元，增值税税额 0.27 万元。B 设备于 8 月 25 日达到预定可使用状态，并投入使用。

5. B 设备采用工作量法计提折旧，预计净残值为 35.65 万元，预计总工时为 5 万小时。9 月，B 设备实际使用工时为 720 小时。

假设除上述资料外，不考虑其他因素。

（三）要求：

1. 编制甲企业 1 月 20 日购入 A 设备的会计分录。
2. 计算甲企业 2 月 A 设备的折旧额并编制会计分录。
3. 编制甲企业 7 月 15 日购入 B 设备的会计分录。
4. 编制甲企业 8 月安装 B 设备及其投入使用的会计分录。
5. 计算甲企业 9 月 B 设备的折旧额并编制会计分录。

实 训 四

（一）目的：练习固定资产折旧的核算。

（二）资料：某企业有不同的固定资产，采用不同的折旧方法。

1. 企业有厂房一栋，原价为 500 000 元，预计可使用 20 年，按有关规定，该厂房报废时的净残值率为 2%。
2. 企业的一辆运货卡车的原价为 60 000 元，预计总行驶里程为 500 000 千米，其报废时的残值率为 5%，本月行驶 4 000 千米。
3. 企业一项固定资产的原价为 10 000 元，预计使用年限为 5 年，预计净残值 400 元。
4. 某项固定资产的原价为 50 000 元，预计使用年限为 5 年，预计净残值 2 000 元。

（三）要求：
1. 采用直线法计算该厂房的折旧率和折旧额。
2. 采用工作量法计算卡车当月应提折旧额。
3. 请按双倍余额递减法计算年折旧额。
4. 请按年数总和法计算年折旧额。

实 训 五

（一）目的：练习自行建造固定资产、固定资产折旧、固定资产处置的核算。

（二）资料：甲企业为增值税一般纳税人。2020 年 1 月，甲企业因生产需要，决定用自营方式建造一间材料仓库。相关资料如下：

1. 2020 年 1 月 5 日，购入工程用专项物资 20 万元，增值税税额为 2.6 万元，该批专项物资已验收入库，款项用银行存款付讫。
2. 领用上述专项物资，用于建造仓库。
3. 领用本单位生产的水泥一批用于工程建设，该批水泥成本为 2 万元。
4. 领用本单位外购原材料一批用于工程建设，原材料实际成本为 1 万元，应负担的增值税税额为 0.13 万元。
5. 2020 年 1—3 月，应付工程人员工资 2 万元，用银行存款支付其他费用 0.92 万元。
6. 2020 年 3 月 31 日，该仓库达到预定可使用状态，预计可使用 20 年，预计净残值为 2 万元，采用直线法计提折旧。
7. 2025 年 12 月 31 日，该仓库突遭火灾焚毁，残料估计价值 5 万元，验收入库，用银行存款支付清理费用 2 万元。经保险公司核定的应赔偿损失为 7 万元，尚未收到赔款。甲公司确认了该仓库的毁损损失。

（三）要求：
1. 计算该仓库的入账价值。
2. 计算 2020 年度该仓库应计提的折旧额。
3. 编制甲企业 2020 年度与上述业务相关的会计分录。
4. 编制甲企业 2025 年 12 月 31 日清理该仓库的会计分录。（"应交税费"账户要求写出明细账户和专栏名称。）

实 训 六

（一）目的：练习投资性房地产的核算。

（二）资料：2019 年 4 月，A 公司与 B 公司的一项厂房经营租赁合同即将到期。该厂房按成本模式进行后续计量，原价 2 000 万元，已提折旧 600 万元。为了提高租金收入，A 公司决定在租赁期满后对厂房进行改扩建，并与 C 企业签订了经营租赁合同。4 月 15 日，与 B 公司的租赁合同到期，厂房随即进入改扩建工程。10 月 20 日，厂房改扩建工程完工，共发生支出 200 万元，即日按合同租给 C 企业。

（三）要求：编制 A 公司相关的会计分录。

实 训 七

（一）目的：练习投资性房地产后续支出的核算。

（二）资料：2020 年 1 月 25 日，甲公司对所属某建筑物（属于投资性房地产，采用成本法核算）进行装修，发生如下有关支出：领用生产用原材料 10 000 元，购进该批原材料时支付的增值税进项税额为 1 300 元；辅助生产车间为建筑物装修工程提供的劳务支出为 14 660 元；计提有关人员工资 26 000 元、福利费 3 640 元。2020 年 12 月 26 日，建筑物装修完工，达到预定可使用状态交付使用，甲公司预计下次装修时间为 2031 年 12 月。假定该建筑物装修支出符合后续支出资本化条件；采用直线法计提折旧；不考虑其他因素。

（三）要求：编制上述装修业务及摊销的有关会计分录。

实 训 八

（一）目的：练习投资性房地产转换的核算。

（二）资料：A 公司将一幢自用的厂房作为投资性房地产对外出租并采用公允价值模式对其进行后续计量。该厂房的账面原值为 1 500 万元，已计提折旧 400 万元，已计提减值准备 100 万元。

（三）要求：

1. 假定转换当日该厂房的公允价值为 480 万元，编制相关的会计分录；
2. 假定转换当日该厂房的公允价值为 1 030 万元，编制相关的会计分录。

实 训 九

（一）目的：练习投资性房地产的后续计量、投资性房地产的转换、投资性房地产处置的核算。

（二）资料：东大股份有限公司（以下简称东大公司）注册地在上海市，为增值税一般纳税企业，适用的增值税税率为 13%。不考虑除增值税以外的其他税费。东大公司对投性房地产采用公允价值模式计量。东大公司有关房地产的相关业务资料如下：

1. 2020年1月，东大公司自行建造办公大楼。在建造期间，东大公司购进为工程准备的一批物资，价款为1 400万元。增值税为182万元。该批物资已验收入库，款项以银行存款支付。该批物资全部用于办公楼工程项目。东大公司为建造工程，领用本企业生产的库存商品一批，成本160万元，计税价格200万元，另支付在建工程人员薪酬362万元。

2. 2020年8月，该办公楼的建设达到了预定可使用状态并投入使用。该办公楼预计使用寿命为20年，预计净残值为90万元，采用直线法计提折旧。

3. 2021年12月，东大公司与丙公司签订了租赁协议，将该办公大楼经营租赁给丙公司，租赁期为10年，年租金为240万元，租金于每年年末结清。租赁期开始日为2021年12月31日。

4. 与该办公大楼同类的房地产在2021年年末的公允价值为2 200万元，2022年年末的公允价值为2 400万元。

5. 2023年1月，东大公司与丙公司达成协议并办理过户手续，以2 500万元的价格将该项办公大楼转让给丙公司，全部款项已收到并存入银行。

（三）要求：
1. 编制东大公司自行建造办公大楼的有关会计分录。
2. 计算东大公司该项办公大楼2020年年末累计折旧的金额，并编制会计分录。
3. 编制东大公司将该项办公大楼停止自用改为出租的有关会计分录。
4. 编制东大公司该项办公大楼有关2022年年末后续计量的有关会计分录。
5. 编制东大公司该项办公大楼有关2022年租金收入的会计分录。
6. 编制东大公司2023年处置该项办公大楼的有关会计分录。

五、不定项选择题

不定项选择题一

（一）资料：甲公司为增值税一般纳税人，适用的增值税税率为13%，公司发生的有关固定资产业务如下：

（1）甲公司2019年4月自建厂房一栋，购入为工程准备的各种物资40万元，支付的增值税税额为5.2万元，这些物资全部用于工程建设。当月领用本企业生产的水泥一批，实际成本为10万元，市场销售价格为12万元；施工过程中支付工程人员工资7万元，支付其他费用9万元。8月份工程完工并达到预定可使用状态，厂房作为基本生产车间使用。该厂房预计可使用20年，预计报废时的净残值率为5%，甲公司采用平均年限法计提折旧。

（2）甲公司拥有公车一辆，该公车为2017年年底购买，原价为33万元，预计可使用5年，预计报废时的净残值率为5%，甲公司采用年数总和法计提折旧。

（3）2019年8月，甲公司对现有的一台管理用设备进行日常修理，修理过程中支付的维修人员的工资为5 000元。

（4）甲公司4月份出售小型仓库一幢，原价为3万元，已计提折旧2.5万元，预计净残值率为 5%，未计提减值准备。实际出售价格为 0.8 万元，价款已通过银行收取（出售不动产适用的增值税税率为 9%）。

（5）2019 年 12 月，甲公司在财产清查过程中发现短缺一台笔记本电脑，电脑原价为 5 000 元，已计提折旧 3 000 元。经查实，应由过失人赔偿金额 1 500 元。

（二）要求：根据上述资料，不考虑其他因素，分析回答（1）~（6）小题。

（1）根据资料（1），下列表述正确的是（　　）。
   A. 购入工程物资时应借记"工程物资"45.2 万元
   B. 领用工程物资时应借记"在建工程"40 万元
   C. 领用本企业生产水泥应当借记"在建工程"13.56 万元
   D. 领用本企业生产水泥应当贷记"应交税费——应交增值税（销项税额）"1.3 万元

（2）根据资料（1），下列说法正确的有（　　）。
   A. 自建厂房的应计折旧总额为 66 万元
   B. 自建厂房的预计净残值为 3.3 万元
   C. 计提折旧时，应计入其他生产成本
   D. 2019 年，自建厂房应提折旧额为 1.045 万元

（3）根据资料（2），甲公司公车各年折旧额计算正确的有（　　）。
   A. 2018 年 10.45 万元　　　　B. 2019 年 8.36 万元
   C. 2020 年 6.27 万元　　　　　D. 2021 年和 2022 年均为 3.135 万元

（4）根据资料（3），关于固定资产后续支出，下列说法正确的有（　　）。
   A. 固定资产的更新改造支出，满足固定资产确认条件的，应当计入固定资产成本
   B. 固定资产发生的可资本化的后续支出，通过"在建工程"账户核算
   C. 企业生产车间和行政管理部门等发生的固定资产修理费用等后续支出，借记"在建工程"账户
   D. 甲公司对管理用设备进行日常修理支付的维修人员工资 5 000 元，记入"管理费用"账户借方

（5）根据资料（4），下列关于出售不动产的账务处理，正确的有（　　）。
   A. 出售不动产应交增值税记入"应交税费——应交增值税（销项税额）"账户贷方
   B. 企业出售转出的固定资产，按其账面价值，借记"固定资产清理"账户
   C. 甲公司 3 月份出售小型仓库一幢，计入资产处置损益的金额为 0.3 万元
   D. 甲公司 3 月份出售小型仓库一幢，计入资产处置损益的金额为 0.26 万元

（6）根据资料（5），下列关于盘亏固定资产表述正确的有（　　）。
   A. 盘亏的固定资产，报经批准处理前应先通过"以前年度损益调整"账户核算
   B. 盘亏的固定资产，报经批准处理前应先通过"待处理财产损溢"账户核算
   C. 盘亏的固定资产，报经批准后按可收回的保险赔偿或过失人赔偿，借记"其他应收款"账户
   D. 甲公司 12 月盘亏笔记本电脑，应记入"营业外支出"账户的金额为 500 元

不定项选择题二

（一）资料：甲公司发生的有关固定资产业务如下：

（1）2019年12月20日，甲公司向乙公司一次购进三台不同型号且具有不同生产能力的A设备、B设备和C设备，共支付价款4 000万元，增值税税额为520万元，包装费及运输费30万元，增值税税额2.7万元，另支付A设备安装费18万元，增值税税率9%，B、C设备不需要安装，同时，支付购置合同签订、差旅费等相关费用2万元，全部款项已由银行存款支付。

（2）2019年12月28日，三台设备均达到预定可使用状态，三台设备的公允价值分别为2 000万元、1 800万元和1 200万元。该公司按每台设备公允价值的比例对支付的价款进行分配，并分别确定其入账价值。

（3）三台设备预计的使用年限均为5年，预计净残值率为2%，使用双倍余额递减法计提折旧。

（4）2020年3月份，支付A设备、B设备和C设备日常维修费用分别为1.2万元、0.5万元和0.3万元。

（5）2020年12月31日，对固定资产进行减值测试，存在减值迹象，其预计可收回金额低于账面价值的差额为120万元，其他各项固定资产未发生减值迹象。

（二）要求：根据上述资料，不考虑其他因素，分析回答（1）~（6）小题。

（1）根据资料（1）、（2），下列各项中，关于固定资产取得会计处理表述正确的是（　　　）。

  A. 固定资产应按公允价值进行初始计量
  B. 支付的相关增值税税额不应计入固定资产的取得成本
  C. 固定资产取得成本与其公允价值差额应计入当期损益
  D. 购买价款、包装费、运输费、安装费等费用应计入固定资产的取得成本

（2）根据资料（1）、（2），下列各项中，计算结果正确的是（　　　）。

  A. A设备的入账价值为1 612万元
  B. B设备的入账价值为1 450.8万元
  C. C设备的入账价值为967.2万元
  D. A设备分配购进固定资产总价款的比例为40%

（3）根据资料（1）、（2），固定资产购置业务引起的相应账户增减变动，正确的是（　　　）。

  A. "银行存款"减少4 050万元
  B. "管理费用"增加2万元
  C. "制造费用"增加2万元
  D. "应交税费——应交增值税（进项税额）"增加520万元

（4）根据资料（3），下列各项中，关于甲公司固定资产折旧表述正确的是（　　　）。

  A. 前3年计提折旧所使用的折旧率为40%

B. A 设备 2020 年度应计提折旧额为 652 万元
C. B 设备 2020 年度应计提折旧额为 580.32 万元
D. 计提前 3 年折旧额时不需要考虑残值的影响

（5）根据资料（4），甲公司支付设备日常维修费引起下列账户变动正确的是（　　）。

A."固定资产"增加 2 万元　　B."管理费用"增加 2 万元
C."在建工程"增加 2 万元　　D."营业外支出"增加 2 万元

（6）根据资料（5），甲公司计提资产减值准备对其利润表项目的影响是（　　）。

A. 资产减值损失增加 120 万元　　B. 营业利润减少 120 万元
C. 利润总额减少 120 万元　　　　D. 净利润减少 120 万元

不定项选择题三

（一）资料：甲公司为增值税一般纳税人，适用的增值税税率为 13%，公司发生的有关固定资产业务如下：

（1）2019 年 6 月购入一台需要安装的 A 设备，增值税专用发票上的价款为 100 万元，增值税税额为 13 万元，以银行存款支付安装费 5 万元，领用生产用材料成本 2 万元，安装人员工资 3 万元，当月设备安装完工。预计可使用年限 10 年，预计净残值率 5%，采用双倍余额递减法计提折旧。

（2）甲公司拥有一辆经营性出租用运货卡车，其原价为 60 万元，预计总行驶里程为 800 000 千米，预计报废时的净残值率为 5%。2019 年 7 月行驶 8 000 千米，采用工作量法计提折旧。

（3）甲公司出售一座建筑物，原价为 500 万元，已计提折旧 300 万元，未计提减值准备，实际出售价格为 300 万元，按规定适用的增值税税率为 9%。

（4）甲公司一台 B 设备由于性能等原因决定提前报废，原价为 30 万元，已计提折旧 25 万元，预计净残值率为 5%，未计提减值准备。报废时的残值变价收入为 0.8 万元，报废清理过程中发生清理费用 0.3 万元。有关收入、支出均通过银行办理结算。

（5）甲公司在财产清查过程中发现 2018 年 12 月份购入的一台设备尚未入账，重置成本为 4.5 万元（假定与其计税基础不存在差异）。甲公司按净利润的 10% 提取法定盈余公积，不考虑相关税费及其他因素的影响。

（二）要求：根据上述资料，不考虑其他因素，分析回答（1）~（6）小题。

（1）根据资料（1），下列表述正确的有（　　）。

A. A 设备自 2019 年 7 月开始计提折旧
B. 固定资产的使用寿命、预计净残值一经确定，不得随意变更
C. A 设备采用双倍余额递减法计提折旧，折旧额逐月递减
D. A 设备采用双倍余额递减法计提折旧，最后两年不需要考虑预计净残值

（2）根据资料（1）、（2），下列说法正确的有（　　）。

A. A 设备的预计净残值为 5.5 万元

B. A 设备的应计折旧总额为 110 万元

C. 运货卡车计提折旧时，应计入其他业务成本

D. 2019 年 7 月，运货卡车应提折旧额为 5 700 元

（3）根据资料（1），A 设备各年折旧额计算正确的有（　　）。

A. 第一年 22 万元　　　　　B. 第二年 17.6 万元

C. 第三年 14.08 万元　　　　D. 第四年和第五年均为 11.264 万元

（4）根据资料（3），确认转让不动产应交增值税，下列账务处理正确的是（　　）。

A. 记入"固定资产清理"账户借方 270 000 元

B. 记入"固定资产清理"账户借方 180 000 元

C. 记入"应交税费——应交增值税（销项税额）"账户贷方 270 000 元

D. 记入"应交税费——应交增值税（销项税额）"账户贷方 180 000 元

（5）根据资料（4），B 设备提前报废，下列各项表述正确的有（　　）。

A. B 设备提前报废，未提足折旧不再补提

B. B 设备提前报废，未提足折旧报废时一并补提

C. 给企业带来的净损失为 4.5 万元

D. 给企业带来的净损失为 1 万元

（6）根据资料（5），下列关于盘盈固定资产表述正确的有（　　）。

A. 盘盈的固定资产，报经批准处理前应先通过"以前年度损益调整"账户核算

B. 盘盈的固定资产，报经批准处理前应先通过"待处理财产损溢"账户核算

C. 盘盈的固定资产，应按重置成本确定其入账价值

D. 盘盈设备应调增盈余公积 0.45 万元，调增未分配利润 4.5 万元

不定项选择题四

（一）资料：某企业为增值税一般纳税人，适用的增值税税率为 13%，原材料采用实际成本法计算，月末采用一次加权平均法计算发出甲材料的成本。2019 年 5 月发生有关交易或事项如下：

（1）月初结存甲材料 2 000 千克，每千克实际成本 300 元，10 日购入甲材料 500 千克，每千克实际成本为 320 元，25 日发出甲材料 1 800 千克，其中用于仓库日常维修 500 千克，财务部房屋日常维修 300 千克，其余材料用于产品生产。

（2）月末，计提固定资产折旧费 1 650 000 元，其中车间管理用设备折旧 100 000 元、企业总部办公大楼折旧 800 000 元、行政管理部门用汽车折旧 50 000 元、专设销售机构房屋折旧 700 000 元。

（3）本月发生生产车间固定资产维修费 42 120 元，增值税 5 475.6 元，全部款项以银行存款支付。

（4）31 日，对记入"待处理财产损溢"账户的资产盘亏原因进行了查实，其中，原材料盘盈 30 000 元属于收发计量错误，固定资产盘亏净损失 100 000 元属于偶发性意外事项，现金短缺 10 000 元无法查明原因。

（二）要求：根据上述资料，分析回答（1）~（5）小题。
（1）根据资料（1），该企业发出甲材料的实际单位成本为每千克（　　　）元。
　　　A. 310　　　　B. 304　　　　C. 320　　　　D. 300
（2）根据资料（1），下列各项中，领用甲材料的会计处理结果正确的是（　　　）。
　　　A. 计入管理费用 243 200 元　　B. 计入生产成本 304 000 元
　　　C. 计入财务费用 91 200 元　　　D. 计入在建工程 152 000 元
（3）根据资料（2），下列各项中，该企业计提固定资产折旧的会计处理正确的是（　　　）。
　　　A. 制造费用增加 100 000 元　　B. 管理费用增加 950 000 元
　　　C. 销售费用增加 700 000 元　　D. 管理费用增加 850 000 元
（4）根据资料（3），下列各项中，关于生产车间发生固定资产日常维修费的处理正确的是（　　　）。
　　　A. 借：在建工程　　　　　　　　　　　　　　　　　42 120
　　　　　　贷：银行存款　　　　　　　　　　　　　　　　　　42 120
　　　B. 借：管理费用　　　　　　　　　　　　　　　　　42 120
　　　　　　贷：银行存款　　　　　　　　　　　　　　　　　　42 120
　　　C. 借：生产成本　　　　　　　　　　　　　　　　　42 120
　　　　　　应交税费——应交增值税（进项税额）　　　5 475.60
　　　　　　贷：银行存款　　　　　　　　　　　　　　　　　　47 595.60
　　　D. 借：管理费用　　　　　　　　　　　　　　　　　42 120
　　　　　　应交税费——应交增值税（进项税额）　　　5 475.60
　　　　　　贷：银行存款　　　　　　　　　　　　　　　　　　47 595.60
（5）根据资料（4），下列各项中正确的有（　　　）。
　　　A. 原材料盘盈记入贷方"管理费用"账户
　　　B. 固定资产盘亏净损失记入借方"管理费用"账户
　　　C. 现金短缺记入借方"管理费用"账户
　　　D. 固定资产盘亏净损失记入借方"营业外支出"账户

第八章 无形资产及其他资产

【学习目标】

1. 掌握无形资产的概念、特征、分类;
2. 掌握无形资产的计价及取得、摊销、出售与出租、减值业务的会计处理;
3. 了解长期待摊费用的内容及会计处理。

【学习重点与难点】

1. 无形资产的计价;
2. 无形资产取得的核算;
3. 无形资产出售的核算。

【主要经济业务处理】

1. 无形资产的核算

经济业务		账务处理
取得	购入	借:无形资产 　　应交税费——应交增值税(进项税额) 　贷:银行存款
	自创	研究阶段: (1)研究阶段支出。 借:研发支出——费用化支出 　　应交税费——应交增值税(进项税额) 　贷:银行存款等

续表

经济业务		账务处理
取得	自创	（2）研究阶段结束。 借：管理费用 　　贷：研发支出 开发阶段： （1）开发阶段满足资本化条件的支出。 借：研发支出——资本化支出 　　应交税费——应交增值税（进项税额） 　　贷：银行存款等 （2）研发完成并形成无形资产。 借：无形资产 　　贷：研发支出——资本化支出
	接受投资转入	借：无形资产 　　应交税费——应交增值税（进项税额） 　　贷：实收资本
摊销	使用寿命有限的无形资产应进行摊销	借：管理费用（等） 　　贷：累计摊销
出租	取得租金收入	借：银行存款 　　贷：其他业务收入 　　　　应交税费——应交增值税（销项税额）
	摊销无形资产成本	借：其他业务成本 　　贷：累计摊销
处置	处置无形资产	（1）取得处置净收益时： 借：银行存款 　　累计摊销 　　贷：无形资产 　　　　资产处置损益 　　　　应交税费——应交增值税（销项税额） （2）发生处置净损失时： 借：银行存款 　　累计摊销 　　资产处置损益 　　贷：无形资产 　　　　应交税费——应交增值税（销项税额）
减值	发生减值	借：资产减值损失——计提的无形资产减值准备 　　贷：无形资产减值准备

2. 长期待摊费用的核算

经济业务		账务处理
发生	发生长期待摊费用	借：长期待摊费用 　　贷：原材料 　　　　银行存款

续表

经济业务		账务处理
摊销	摊销长期待摊费用	借：管理费用 　　销售费用 　贷：长期待摊费用

【典型题例分析】

（一）单项选择题

【例题 1】某企业 2017 年 1 月 1 日以 60 000 元购入一项专利权，摊销年限为 6 年，采用直线法进行摊销。2019 年 1 月 1 日，企业将该专利权以 48 000 元（不含税）对外出售，增值税税率为 6%。出售该专利权实现的资产处置损益为（　　）元。

　　A. 10 880　　　　　B. 8 000　　　　　C. 8 480　　　　　D. 48 000

　　[答案] A

　　[解析] 出售专利权征收增值税，增值税税率为 6%，因此出售该专利权实现的资产处置损益 =48 000+48 000×6%−（60 000−60 000/6×2）=10 880（元）。

【例题 2】下列各项中，关于无形资产摊销表述不正确的是（　　）。

　　A. 使用寿命不确定的无形资产不应摊销

　　B. 出租无形资产的摊销额应计入管理费用

　　C. 使用寿命有限的无形资产处置当月不再摊销

　　D. 无形资产的摊销方法应当考虑其经济利益的实现方式

　　[答案] B

　　[解析] 出租无形资产的摊销额应记入"其他业务成本"账户。

（二）多项选择题

【例题 3】企业对使用寿命有限的无形资产进行摊销时，其摊销额应根据不同情况分别计入（　　）。

　　A. 管理费用　　　B. 制造费用　　　C. 主营业务成本　　D. 其他业务成本

　　[答案] ABD

　　[解析] 无形资产的摊销额一般计入管理费用，但出租的无形资产的摊销额计入其他业务成本，如果无形资产专门用于产品的生产，无形资产的摊销计入制造费用中。

【例题 4】下列各项中，关于企业无形资产的表述正确的有（　　）。

　　A. 无形资产应按照取得成本进行初始计量

　　B. 无形资产成本均包括买价和税费

　　C. 无形资产持有期间均需要分期计提折旧或摊销

　　D. 无形资产期末需要进行减值测试，出现减值迹象时需要计提减值损失，且一经计提均不得转回

　　[答案] ABD

[解析] 选项 C，使用寿命不确定的无形资产不需要进行摊销，因此选项 C 的表述不正确。

（三）判断题

【例题 5】企业转让无形资产使用权的收入应通过"营业外收入"账户核算。（   ）

[答案] ×

[解析] 企业转让无形资产使用权的收入应通过"其他业务收入"账户核算。

【例题 6】企业自行研发无形资产，研究阶段的支出应费用化，期末一并计入当期损益。（   ）

[答案] √

[解析] 企业自行研发无形资产，研究阶段的支出应费用化，开发阶段应资本化。

【职业能力训练】

一、单项选择题

1. 甲公司出售一项无形资产，取得收入 400 万元，增值税税率 6%。该无形资产取得时的实际成本为 420 万元，已摊销 70 万元，已计提减值准备 20 万元。甲公司出售该项无形资产应计入当期损益的金额为（   ）万元。
   A. 0   B. 20   C. 50   D. 70

2. 企业摊销自用的无形资产时，借记"管理费用"等账户，贷记的账户是（   ）。
   A. 无形资产   B. 累计摊销
   C. 累计折旧   D. 无形资产减值准备

3. 某企业转让一项专利权，与此有关的资料如下：该专利权的账面余额 50 万元，已摊销 20 万元，计提资产减值准备 5 万元，取得转让价款 28 万元，转让专利权免征增值税。假设不考虑其他因素，该企业应确认的转让无形资产净收益为（   ）万元。
   A. −2   B. 1.6   C. 3   D. 8

4. 无形资产计提减值准备时，借记的账户是（   ）。
   A. 资产减值损失   B. 管理费用
   C. 其他业务成本   D. 营业外支出

5. 企业出售无形资产所有权取得的净收益，应当（   ）。
   A. 记入营业外收入   B. 记入其他业务收入
   C. 记入资产处置损益   D. 冲减管理费用

6. 企业自行开发研制的无形资产，应当（   ）。
   A. 在开发阶段，将有关支出资本化计入无形资产成本
   B. 按有关部门评估确认的价值入账
   C. 按发生的申请费用等作为无形资产的价值入账
   D. 按现行市场可销售价值入账

7. 甲企业于 2018 年 7 月 1 日以 50 000 元的价格购入一项摊销期限为 5 年的专利权。2019 年 7 月 1 日，甲企业将其转让，取得转让收入 70 000 元，应交增值税 4 200 元。则转让

该项专利权所实现的所得税税前利润为（　　）元。

A. 24 200　　　　B. 20 000　　　　C. 30 000　　　　D. 34 200

8. 某企业一项专利权取得时的成本为 40 万元，按 10 年摊销，三年后出售时取得收入 40 万元，转让专利权暂免征收增值税。不考虑城市维护建设税和教育费附加，则出售该项专利权时影响当期损益的金额为（　　）万元。

A. 10　　　　　　B. 12　　　　　　C. 30　　　　　　D. 32

9. 接受投资者投入的无形资产，按（　　）入账。

A. 同类无形资产的价格

B. 该无形资产可能带来的未来现金流量之和

C. 投资各方确认的价值

D. 该无形资产账面价值

10. 甲公司 2014 年 1 月 1 日购入一项无形资产。该无形资产的实际成本为 500 万元，摊销年限为 10 年。2018 年 12 月 31 日，该无形资产发生减值，预计可收回金额为 180 万元，计提减值准备后，该无形资产原摊销年限不变。2019 年 12 月 31 日，该无形资产的账面价值为（　　）万元。

A. 270　　　　　B. 214　　　　　C. 200　　　　　D. 144

11. A 公司于 2018 年 1 月 5 日购入专利权支付价款 225 万元。该无形资产预计使用年限为 5 年。2019 年 12 月 31 日，由于与该无形资产相关的经济因素发生不利变化，致使其发生减值，A 公司估计可收回金额为 90 万元。则 2020 年摊销额为（　　）万元。

A. 30　　　　　　B. 45　　　　　　C. 18　　　　　　D. 32.141 4

12. 企业出租无形资产取得的收入，应当记入（　　）账户。

A. 主营业务收入　　　　　　B. 其他业务收入

C. 资产处置损益　　　　　　D. 营业外收入

13. 转让无形资产的所有权时，其核算与（　　）账户无关。

A. 其他业务收入　　　　　　B. 资产处置损益

C. 无形资产减值准备　　　　D. 无形资产

14. 自创并经法律程序申请取得的无形资产，其研发过程的支出应记入（　　）账户。

A. 管理费用　　B. 无形资产　　C. 其他业务支出　　D. 研发支出

15. 甲公司 2019 年 12 月 31 日无形资产的账面原值为 1 600 万元，摊销年限为 10 年，预计净残值为 0，采用直线法摊销，已摊销年限为 5 年。12 月 31 日经减值测试，该专利技术的可收回金额为 760 万元。假设不考虑其他因素，2019 年 12 月 31 日计提的无形资产减值准备为（　　）万元。

A. 800　　　　　B. 40　　　　　　C. 760　　　　　D. 1 560

二、多项选择题

1. 下列各项中，属于无形资产的特征的有（　　）。

A. 不具有实物形态　　　　　B. 具有可辨认性

C. 不具有可辨认性　　　　　D. 属于非货币性长期资产

2. 下列关于无形资产会计处理的表述中，正确的有（   ）。
   A. 无形资产均应确定预计使用年限并分期摊销
   B. 有偿取得的自用土地使用权应确认为无形资产
   C. 内部研发项目开发阶段支出应全部确认为无形资产
   D. 无形资产减值损失一经确认在以后会计期间不得转回
3. 企业的下列资产中，可以单独作价对外转让的有（   ）。
   A. 专利权   B. 商标权   C. 土地使用权   D. 土地
4. 下列各项中，会引起无形资产账面价值发生增减变动的有（   ）。
   A. 对无形资产计提减值准备   B. 发生无形资产后续支出
   C. 摊销无形资产成本   D. 转让无形资产所有权
5. 出售无形资产时发生的成本费用包括（   ）。
   A. 出售无形资产的洽谈费用和差旅费
   B. 出售无形资产取得的收入
   C. 出售无形资产的摊余价值
   D. 出售无形资产时应缴纳的税费
6. 下列项目中，可在"长期待摊费用"账户核算的有（   ）。
   A. 摊销期限在1年以上（不含1年）的固定资产大修理支出
   B. 摊销期限在1年以上（不含1年）的租入固定资产的改良支出等
   C. 应当由本期负担的长期借款利息
   D. 按面值发行股票，支付的金额较大的手续费或佣金等相关费用
7. 对于使用寿命有限的无形资产，下列说法中正确的有（   ）。
   A. 其应摊销金额应当在使用寿命内系统、合理地摊销
   B. 其摊销期限应当自无形资产可供使用时起至不再作为无形资产确认时止
   C. 其摊销期限应当自无形资产可供使用的下一个月起至不再作为无形资产确认时止
   D. 无形资产的应摊销金额为其成本扣除预计残值后的金额
8. 某个项目要确认为无形资产，应符合无形资产定义，并同时满足（   ）条件。
   A. 与该无形资产有关的经济利益很可能流入企业
   B. 该无形资产的成本能够可靠地计量
   C. 完成该无形资产以使其能够使用或出售在技术上具有可行性
   D. 具有完成该项无形资产并使用或出售的意图
9. 与无形资产处置相关的账户有（   ）。
   A. 累计摊销   B. 无形资产减值准备
   C. 资产处置损益   D. 无形资产
10. 下列各项支付，应计入无形资产成本的有（   ）。
    A. 购入专利权发生的支出   B. 申请专利权发生的支出
    C. 取得土地使用权发生的支出   D. 研究开发新技术发生的支出

三、判断题

1. 企业出售无形资产和出租无形资产取得的收益，均应作为营业外收入。（   ）
2. 企业自行研发无形资产，研究阶段的支出应费用化，期末一并计入当期损益。（   ）
3. 无形资产是指企业拥有或控制的没有实物形态的可辨认的非货币性资产。（   ）
4. 企业的无形资产所能提供的未来经济利益具有一定的不确定性。（   ）
5. 企业接受捐赠的无形资产，如果捐赠方提供了有关凭据的，应按凭据上标明的金额加上应支付的相关税费确定其入账价值。（   ）
6. 无形资产的后续支出，金额较大的应增加无形资产的价值，金额较小的可确认为发生的费用。（   ）
7. 对自行开发并按法律程序申请取得的无形资产，按在研究与开发过程中发生的材料费用，直接参与开发人员的工资及福利费，开发过程中发生的租金、借款费用，以及注册费、聘请律师费等费用均先记入"研发支出"账户。（   ）
8. 企业的无形资产摊销时，应区分不同的使用单位分别核算，生产部门使用的无形资产（如专有技术），摊销时应记入"生产成本"账户，管理部门使用的无形资产（如商标权）摊销时应记入"管理费用"账户。（   ）
9. 按现行会计准则规定，已经计入各期费用的研究与开发费用，在该项无形资产获得成功并依法申请取得专利权时，应将原已计入费用的研究与开发费用资本化。（   ）
10. 对自创的无形资产，为了稳健和简化核算，一般将自创过程中发生的费用都作为技术研究费用，计入当期损益。（   ）
11. 企业出售无形资产所有权的净收益应记入"资产处置损益"账户。（   ）

四、业务实训题

实 训 一

（一）目的：练习无形资产取得、摊销、出租的核算。

（二）资料：某企业发生有关无形资产的业务如下：

1. 接受 A 公司以商标权向本企业投资，双方作价 300 000 元（不含税），增值税税率 6%，使用期为 5 年。该商标权已投入使用。
2. 购入某项专有技术，双方议定结算价格为 600 000 元（不含税），增值税税率 6%，以转账支票付款。该项专有技术购入后即投入使用，摊销期限为 10 年。
3. 企业出租给乙企业一项专有技术，收取租金（含税）12 000 元，增值税税率 6%，存入银行。

（三）要求：根据以上资料编制会计分录。

实 训 二

（一）目的：练习自行研发无形资产的核算。

（二）资料：A企业研制成功一项专有技术，研制过程中实际发生的研究开发费用计60 000元，技术申请专利登记费20 000元，律师费30 000元，款项全部以银行存款支付。

（三）要求：根据以上资料编制相关的会计分录。

实 训 三

（一）目的：练习无形资产取得、摊销、转让的核算。

（二）资料：A企业2017年1月1日从B企业购入一项商标的所有权，以银行存款支付买价55 000元（不含税），增值税税率6%，另支付有关费用5 000元。该专利的法定有效期限为10年，合同规定的法定有效期限为8年，假定A企业每月摊销一次。2019年1月15日，A企业将该项专利权出售给C企业，取得收入50 000元（不含税）存入银行，该项收入适用的增值税税率为6%（不考虑其他税费）。

（三）要求：
1. 编制A企业购入专利权的会计分录。
2. 计算该项专利权的月摊销额并编制有关会计分录。
3. 计算转让该项专利权的净损益，编制与该项专利权转让有关的会计分录。

实 训 四

（一）目的：练习无形资产取得、摊销、转让的核算。

（二）资料：某公司以21 500元购入有效期为15年的某项专利权，在购买过程中支付的咨询费、公证费共计1 000元，款项均通过银行支付。5年后，该公司以16 000元（不含税）将此专利权的所有权有偿转让（转让专利权增值税税率6%）。

（三）要求：
1. 编制取得专利权时的会计分录。
2. 计算并作出每月摊销的分录。
3. 作出转让专利权时的相关会计分录。

实 训 五

（一）目的：练习无形资产取得、摊销、转让的核算。

（二）资料：企业2017年1月1日购入一项专利权，实际支付的买价及相关费用共计48万元。该专利权的摊销年限为5年，2019年4月1日，企业将该专利权的所有权对外转让，取得价款20万元（不含税），增值税税率6%。假定不考虑无形资产减值准备。

（三）要求：
1. 编制企业购入专利权的会计分录。
2. 计算该项专利权的年摊销额并编制有关会计分录。
3. 计算转让该项专利权的净损益，编制与该项专利权转让有关的会计分录。

实 训 六

（一）目的：练习无形资产取得、出租、转让的核算。

（二）资料：某企业有关无形资产业务如下：

1. 企业购买一项商标权，支付价款 150 000 元（不含税），增值税税率 6%，有效期限 10 年。

2. 若买入 3 年后将其使用权出租给另一企业，使用期限 2 年，一次性收费 40 000 元（不含税），增值税税率 6%。

3. 若买入 3 年后将其所有权转让给某一企业，收取价款 120 000 元（不含税）。增值税税率为 6%。

（三）要求：根据以上资料，计算有关内容及作出相关分录。

实 训 七

（一）目的：练习长期待摊费用的核算。

（二）资料：甲企业有关长期待摊费用业务如下：

1. 企业在筹建期间发生开办费 28 000 元，以银行存款支付。

2. 企业本月正式投入生产经营，一次摊销上述开办费 28 000 元。

3. 企业自行对经营租入发电设备进行大修理，经核算共发生大修理支出 24 000 元，修理间隔期为 4 年。

4. 上述大修理费用按修理间隔期 4 年平均摊销，每月摊销 500 元。

（三）要求：根据上述资料编制有关的会计分录。

五、不定项选择题

不定项选择题一

（一）资料：甲股份有限公司（以下简称甲公司）有关无形资产的业务如下：

（1）甲公司 2016 年年初开始自行研究开发一项新产品专利技术，在研究开发过程中发生人工工资 400 万元，其他费用 50 万元，共计 450 万元，其中，符合资本化条件的支出为 300 万元；2017 年 1 月专利技术获得成功，达到预定用途。对于该项专利权，相关法律规定该专利权的有效年限为 10 年，甲公司估计该专利权的预计使用年限为 12 年，并采用直线法摊销该项无形资产。

（2）2018 年 12 月 31 日，由于市场发生不利变化，致使该专利权发生减值，甲公司预计其可收回的金额为 150 万元。

（3）2019 年 5 月 20 日，甲公司出售该专利权，收到价款 120 万元，存入银行。

（二）要求：根据上述资料，回答（1）~（2）小题。
（1）根据资料（1），甲公司下列处理不正确的是（　　　）。
　　A. 2016 年年末费用化支出应结转到"管理费用"账户的金额为 150 万元
　　B. 发生的人工工资 400 万元应直接记入"研发支出——资本化支出"账户中
　　C. 2017 年 1 月该专利权作为无形资产的入账价值为 300 万元
　　D. 2017 年度应摊销无形资产 30 万元计入制造费用
（2）根据资料（2）和（3），下列会计处理和表述正确的是（　　　）。
　　A. 2018 年 12 月 31 日应计提无形资产减值准备 90 万元
　　B. 计提减值准备后的账面价值等于可收回金额 150 万元
　　C. 2019 年度（1—4 月）无形资产摊销金额为 20 万元
　　D. 处置该专利权时确认处置损失 29.75 万元，增值税应记入"应交税费——应交增值税"账户

不定项选择题二

（一）资料：乙公司自行研制开发一项技术，经申请获得专利权。有关资料如下：
（1）2018 年 5 月以银行存款支付研发支出 200 000 元，其中符合资本化条件的是 165 000 元。
（2）2018 年 12 月 1 日无形资产研发成功并申请专利，以银行存款支付律师费 10 000 元，注册费 5 000 元。
（3）企业按规定在 5 年内平均分摊，并于每月月末摊销。
（4）2019 年 12 月 1 日，企业以 49 500 元将此专利出售给 A 公司，款项已存入银行，出售该专利权征收的增值税税率为 6%。
（二）要求：根据上述资料，回答（1）~（4）小题。
（1）关于企业研发期间的会计处理，表述正确的是（　　　）。
　　A. 费用化的研发支出 35 000 元期末转入管理费用
　　B. 资本化的研发支出 165 000 元在研发成功时转入无形资产成本
　　C. 无形资产研发成功时入账成本是 165 000 元
　　D. 无形资产研发成功时入账成本是 180 000 元
（2）2018 年该无形资产应计提的摊销额为（　　　）元。
　　A. 36 000　　　B. 3 000　　　C. 0　　　D. 1 000
（3）2019 年 12 月 1 日，无形资产的处置损失是（　　　）元。
　　A. 144 000　　　B. 91 200　　　C. 94 500　　　D. 97 800
（4）2019 年该无形资产应计提的摊销额为（　　　）元。
　　A. 3 000　　　B. 0　　　C. 36 000　　　D. 33 000

第九章 流动负债

【学习目标】

　　1. 掌握短期借款的内容，正确进行短期借款借入、计提利息、支付利息、归还本金的核算；
　　2. 掌握应付票据的内容，正确进行带息和不带息应付票据的核算；
　　3. 掌握应付账款的内容，正确进行应付账款发生、归还的核算；
　　4. 掌握应付职工薪酬的内容，正确进行应付职工薪酬确认、分配、发放的核算；
　　5. 掌握应交税费的内容，正确进行应交增值税、消费税及其他应交税费的核算；
　　6. 掌握其他应付款的内容，正确进行其他应付款的核算。

【学习重点与难点】

　　1. 短期借款的取得、利息的计提；
　　2. 应付账款的核算，现金折扣、商业折扣的会计处理；
　　3. 应付职工薪酬的分配、发放，社会保险的计提与缴纳的处理；
　　4. 增值税、消费税等应交税费的核算；
　　5. 其他应付款的核算。

【主要经济业务处理】

1. 短期借款的核算

经济业务	账务处理
取得借款	借：银行存款 贷：短期借款
按月支付利息	借：财务费用 贷：银行存款
按月预提利息	借：财务费用 贷：应付利息
按月预提，按季支付利息时	借：应付利息 贷：银行存款
偿还本金	借：短期借款 贷：银行存款

2. 应付票据的核算

经济业务		账务处理
不带息票据的核算	签发商业汇票时	借：材料采购 　　应交税费——应交增值税（进项税额） 贷：应付票据
	票据到期支付货款时	借：应付票据 贷：银行存款
带息票据的核算	签发商业汇票时	借：材料采购 　　应交税费——应交增值税（进项税额） 贷：应付票据［面值］
	计提票据利息时	借：财务费用 贷：应付票据
	票据到期支付票款时	借：应付票据［面值 + 已计提利息］ 　　财务费用 贷：银行存款
票据到期无力支付票据款	采用商业承兑汇票结算时	借：应付票据 贷：应付账款
	采用银行承兑汇票结算时	借：应付票据 贷：短期借款

3. 应付账款的核算

	经济业务	账务处理
总价法下应付账款的核算	不含现金折扣金额入账	借：原材料 　　应交税费——应交增值税（进项税额） 贷：应付账款［买价 + 运杂费 + 增值税］
	享受现金折扣，偿还欠款	借：应付账款 贷：银行存款 　　财务费用
	不享受现金折扣，偿还欠款	借：应付账款 贷：银行存款
应付账款的转销		借：应付账款 贷：营业外收入

4. 预收账款的核算

	经济业务	账务处理
设置"预收账款"账户的核算	收取款项时	借：银行存款 贷：预收账款
	销售实现时	借：预收账款 贷：主营业务收入 　　应交税费——应交增值税（销项税额）
	补收不足款项时	借：银行存款 贷：预收账款
	退还多余款项时	借：预收账款 贷：银行存款
不设"预收账款"账户的核算	收取款项时	借：银行存款 贷：应收账款
	销售实现时	借：应收账款 贷：主营业务收入 　　应交税费——应交增值税（销项税额）
	补收不足款项时	借：银行存款 贷：应收账款
	退还多余款项时	借：应收账款 贷：银行存款

5. 应付职工薪酬的核算

经济业务		账务处理
货币性职工薪酬	确认	
	分配工资、奖金、津贴和补贴时	借：生产成本 　　制造费用 　　管理费用 　　销售费用 　贷：应付职工薪酬——工资、奖金、津贴和补贴
	计提分配"五险一金"等社会保险费时	借：生产成本 　　制造费用 　　管理费用 　　销售费用 　贷：应付职工薪酬——社会保险费（医疗保险费） 　　　　　　　　　——社会保险费（工伤保险） 　　　　　　　　　——社会保险费（生育保险） 　　　　　　　　　——住房公积金 　　　　　　　　　——设定提存计划（养老保险） 　　　　　　　　　——设定提存计划（失业保险）
	计提分配工会经费和职工教育经费时	借：生产成本 　　制造费用 　　管理费用 　　销售费用 　贷：应付职工薪酬——工会经费和职工教育经费（工会经费） 　　　　　　　　　——工会经费和职工教育经费（职工教育经费）
	计提分配职工福利费时	借：生产成本 　　制造费用 　　管理费用 　　销售费用 　贷：应付职工薪酬——职工福利费
	发放	
	发放职工薪酬时	借：应付职工薪酬——工资、奖金、津贴和补贴 　贷：银行存款
	代扣个人所得税及实际缴纳时	代扣个人所得税时： 借：应付职工薪酬——工资、奖金、津贴和补贴 　贷：应交税费——应交个人所得税 实际交纳个人所得税时： 借：应交税费——应交个人所得税 　贷：银行存款
	缴纳"五险一金"等社会保险费时	借：应付职工薪酬——工资、奖金、津贴和补贴 　　应付职工薪酬——社会保险费（医疗保险费） 　　　　　　　　　——社会保险费（工伤保险） 　　　　　　　　　——社会保险费（生育保险） 　　　　　　　　　——住房公积金 　　　　　　　　　——设定提存计划（养老保险） 　　　　　　　　　——设定提存计划（失业保险） 　贷：银行存款
	缴纳工会经费、职工教育经费时	借：应付职工薪酬——工会经费和职工教育经费（工会经费） 　　　　　　　　　——工会经费和职工教育经费（职工教育经费） 　贷：银行存款

续表

经济业务			账务处理
货币性职工薪酬	发放	缴纳住房公积金时	借：应付职工薪酬——工资、奖金、津贴和补贴 　　应付职工薪酬——住房公积金 贷：银行存款
		支付职工福利费时	借：应付职工薪酬——职工福利费 贷：库存现金（银行存款）
非货币性职工薪酬		分配职工薪酬时	借：生产成本 　　制造费用 　　管理费用 贷：应付职工薪酬——非货币性福利
		给企业管理人员提供非货币性福利时	借：管理费用 贷：应付职工薪酬——非货币性福利
		给企业管理人员提供免费住房、汽车等固定资产计提折旧时	借：应付职工薪酬——非货币性福利 贷：累计折旧
		以本企业产品发放福利	借：应付职工薪酬——非货币性福利 贷：主营业务收入 　　应交税费——应交增值税（销项税额） 借：主营业务成本 贷：库存商品
短期带薪缺勤		短期带薪缺勤确认	借：制造费用 　　管理费用 　　销售费用 贷：应付职工薪酬——短期带薪缺勤[累积、带薪缺勤]

6. 应交税费的核算

经济业务		账务处理
一般纳税人增值税的核算	采购商品和接受应税劳务	借：材料采购 　　应交税费——应交增值税（进项税额） 贷：银行存款
	管理不善等原因造成的外购存货非正常损失	借：待处理财产损溢——待处理流动资产损溢 贷：原材料 　　应交税费——应交增值税（进项税额转出）
	销售商品或者提供应税劳务	借：应收账款 贷：主营业务收入 　　应交税费——应交增值税（销项税额）

续表

经济业务		账务处理
一般纳税人增值税的核算	视同销售行为	借：长期股权投资 　贷：库存商品 　　　应交税费——应交增值税（销项税额）
	缴纳当月应交增值税	借：应交税费——应交增值税（已交税金） 　贷：银行存款
	月末转出应交未交增值税	借：应交税费——应交增值税（转出未交增值税） 　贷：应交税费——未交增值税
	月末转出多交增值税	借：应交税费——未交增值税 　贷：应交税费——应交增值税（转出多交增值税）
	缴纳上月应交增值税	借：应交税费——未交增值税 　贷：银行存款
	转让无形资产	借：银行存款 　贷：无形资产——专利权 　　　应交税费——应交增值税 借或贷：资产处置损益
	转让不动产	借：固定资产清理 　贷：应交税费——应交增值税
小规模纳税人增值税的处理	实现收入时	借：银行存款 　贷：主营业务收入 　　　应交税费——应交增值税
	上缴增值税时	借：应交税费——应交增值税 　贷：银行存款
应交消费税的核算	实现销售时	借：银行存款 　贷：主营业务收入 　　　应交税费——应交增值税（销项税额） 借：税金及附加 　贷：应交税费——应交消费税
	委托加工应税消费品，发出材料	借：委托加工物资 　贷：原材料
	支付委托加工应税消费品加工费及受托方代扣代缴消费税	借：委托加工物资 　　应交税费——应交增值税（进项税额） 　　　　　　——应交消费税［连续加工应税消费品］ 　贷：银行存款
	自产自用应税消费品	用于在建工程时： 借：在建工程 　贷：库存商品 　　　应交税费——应交消费税 用于集体福利时： 借：应付职工薪酬 　贷：主营业务收入 　　　应交税费——应交增值税（销项税额） 　　　　　　——应交消费税

续表

经济业务		账务处理
其他应交税费	应交资源税	对外销售应税产品应交资源税： 借：税金及附加 　　贷：应交税费——应交资源税 自用时： 借：生产成本 　　贷：应交税费——应交资源税
	自用应税产品应交资源税	缴纳资源税时： 借：应交税费——应交资源税 　　贷：银行存款
	应交城市维护建设税、教育费附加	借：税金及附加 　　贷：应交税费——应交城市维护建设税 　　　　　　　——应交教育费附加
	应交土地增值税	借：固定资产清理 　　贷：应交税费——应交土地增值税
	应交房产税、土地使用税、车船税、印花税	借：税金及附加 　　贷：应交税费——应交房产税 　　　　　　　——应交车船税 　　　　　　　——应交土地使用税 　　　　　　　——印花税
	应交个人所得税	（1）代扣个人所得税时： 借：应付职工薪酬——工资、奖金、津贴和补贴 　　贷：应交税费——应交个人所得税 （2）缴纳个人所得税： 借：应交税费——应交个人所得税 　　贷：银行存款

【典型题例分析】

（一）单项选择题

【例题1】企业发生赊购商品业务，下列各项中不影响应付账款入账金额的是（　　）。

　　A. 商品价款　　　　　　　　B. 增值税进项税额
　　C. 现金折扣　　　　　　　　D. 销货方代垫运杂费
　　［答案］C
　　［解析］商品的价款、增值税的进项税额及销货方代垫的运杂费应该计入应付账款的入账价值。现金折扣发生在支付账款时，而不是发生在企业进行赊销业务的时候。

【例题2】某企业为增值税一般纳税人，2019年应交各种税费为：增值税350万元，消费税150万元，城市维护建设税35万元，房产税10万元，车船税5万元，所得税250万元。上述各项税费应计入税金及附加的金额为（　　）万元。

　　A. 5　　　　　　B. 200　　　　　　C. 50　　　　　　D. 185
　　［答案］B

[解析]"税金及附加"账户核算企业经营活动发生的消费税、城市维护建设税、资源税、教育费附加、房产税、车船税、土地使用税、印花税等相关税费。因此应计入税金及附加中的金额＝150+35+10+5=200（万元）。

【例题3】下列各项中，增值税一般纳税人需要转出进项税额的有（　　）。
　　A. 自制产成品用于职工福利
　　B. 自制产成品用于对外投资
　　C. 外购的生产用原材料因管理不善发生霉烂变质
　　D. 外购的生产用原材料改用于自营设备安装工程
　　[答案] C
　　[解析] 自制产成品用于职工福利、对外投资应视同销售，计算增值税的销项税额；而外购的生产用原材料由于管理不善造成的霉烂变质进项税额不能抵扣，应将增值税进项税额转出。外购的生产用原材料改用于设备安装工程，进项税额可以抵扣。

（二）多项选择题

【例题4】下列各项中，应确认为应付职工薪酬的有（　　）。
　　A. 非货币性福利　　　　　　B. 社会保险费和辞退福利
　　C. 职工工资、福利费　　　　D. 工会经费和职工教育经费
　　[答案] ABCD
　　[解析] 应付职工薪酬包括短期薪酬、带薪缺勤、离职后福利、辞退福利和其他长期职工薪酬，其中，短期薪酬包括职工工资、资金、津贴和补贴，职工福利费，医疗保险费、工伤保险费和生育保险费社会保险费，住房公积金，工会经费和职工教育经费；短期带薪缺勤，短期利润分享计划；非货币性福利；其他短期薪酬。因此这四项均通过应付职工薪酬账户核算。

（三）判断题

【例题5】企业购进按固定资产核算的不动产支付的增值税，应全额记入"应交税费——应交增值税（进项税额）"账户。　　　　　　　　　　　　　　　　　　（　　）
　　[答案] √
　　[解析] 企业2019年4月1日后购进按固定资产核算的不动产支付的增值税金额抵扣。

【例题6】记入"税金及附加"账户的有增值税、城市维护建设税、教育费附加。（　　）
　　[答案] ×
　　[解析] 增值税不通过"税金及附加"账户核算，城市维护建设税、教育费附加应通过"税金及附加"账户核算。

【职业能力训练】

一、单项选择题

1. 短期借款所发生的利息，一般应记入的账户是（　　）。
　　A. 管理费用　　　B. 营业外支出　　　C. 财务费用　　　D. 投资收益

2. 下列项目中，不属于流动负债项目的是（　　）。
   A. 应交税费　　　B. 应付利润　　　C. 应付账款　　　D. 应付债券
3. 某企业因采购商品开出 3 个月期限的商业汇票一张，票面价值为 400 000 元，票面利率为 10%。该商业汇票到期，企业应支付的金额为（　　）元。
   A. 400 000　　　B. 440 000　　　C. 410 000　　　D. 415 000
4. 企业开出并承兑的商业汇票到期时，如无力支付票款，应进行的账务处理是（　　）。
   A. 转作应付账款　　　　　　B. 转作短期借款
   C. 不进行处理　　　　　　　D. 转作其他应付款
5. 企业开出并经银行承兑的商业汇票到期时，如无力支付票款，应进行的账务处理是（　　）。
   A. 转作应付账款　　　　　　B. 转作短期借款
   C. 不进行处理　　　　　　　D. 转作其他应付款
6. 企业购进货物用于对外投资时，该货物负担的增值税税额应当计入（　　）。
   A. 应交税费——应交增值税（进项税额）
   B. 货物的采购成本
   C. 营业外支出
   D. 管理费用
7. 某一般纳税企业从其他企业购入原材料一批，价款为 100 000 元，支付增值税税额为 13 000 元，对方代垫运杂费 3 000 元，增值税税额 270 元，该原材料已验收入库。该购买业务所产生的应付账款的入账价值为（　　）元。
   A. 113 000　　　B. 100 000　　　C. 103 000　　　D. 116 270
8. 小规模纳税企业购入原材料取得的增值税专用发票上注明：价款 20 000 元，增值税 2 600 元。在购入原材料的过程中另支付运费 600 元，增值税 54 元，则该企业原材料的入账价值为（　　）元。
   A. 22 600　　　B. 20 600　　　C. 23 200　　　D. 23 254
9. 某一般纳税企业于 8 月份销售商品一批，含税销售收入为 28 928 元，增值税税率为 13%，该企业 8 月份增值税的销项税额为（　　）元。
   A. 3 328　　　B. 3 760.64　　　C. 3 876.95　　　D. 504
10. 下列项目中，不属于"应付职工薪酬"核算内容的是（　　）。
    A. 从费用中提取的社会保险费　　B. 支付职工生活困难补助
    C. 从净利润中提取的福利费　　　D. 支付厂部幼儿园职工工资
11. 下列各项中，与企业（一般纳税人）损益无关的税费是（　　）。
    A. 所得税费用　　　　　　　B. 消费税
    C. 印花税　　　　　　　　　D. 购进存货发生的增值税
12. 企业发生的下列税费，能计入固定资产价值的是（　　）。
    A. 房产税　　　B. 车船税　　　C. 土地使用税　　　D. 车辆购置税
13. 预收货款不多的企业，可不单设"预收账款"账户，若发生预收货款业务，其核算账户应为（　　）。

A. 应付账款　　　B. 应收账款　　　C. 其他应付款　　　D. 其他应收款

14. 下列各项中，属于企业经营过程中因购买材料和接受劳务供应而发生的债务是（　　）。

    A. 应付账款　　　B. 预收账款　　　C. 其他应付款　　　D. 长期工程

15. 带息应付票据的利息支出应计入（　　）。

    A. 财务费用　　　B. 管理费用　　　C. 销售费用　　　D. 制造费用

16. 委托加工应纳消费税物资（非金银首饰）收回后用于连续生产应税消费品，其由受托方代扣代缴的消费税，应记入（　　）账户。

    A. 管理费用　　　　　　　　　　B. 委托加工物资
    C. 税金及附加　　　　　　　　　D. 应交税费——应交消费税

17. 企业缴纳的下列税款，可以不通过"应交税费"账户核算的是（　　）。

    A. 消费税　　　B. 印花税　　　C. 土地增值税　　　D. 资源税

18. 企业的应付账款确实无法支付，经确认后转作（　　）。

    A. 营业外收入　　　B. 补贴收入　　　C. 其他业务收入　　　D. 资本公积

19. 企业当月缴纳当月增值税时，应通过（　　）账户核算。

    A. 应交税费——应交增值税（转出未交增值税）
    B. 应交税费——未交增值税
    C. 应交税费——应交增值税（转出多交增值税）
    D. 应交税费——应交增值税（已交税金）

20. 企业当月缴纳上月应交增值税时，应通过（　　）账户核算。

    A. 应交税费——应交增值税（转出未交增值税）
    B. 应交税费——未交增值税
    C. 应交税费——应交增值税（转出多交增值税）
    D. 应交税费——应交增值税（已交税金）

21. 企业收取包装物押金及其他各种暂收款项时，应贷记的账户是（　　）。

    A. 营业外收入　　　B. 其他业务收入　　　C. 其他应付款　　　D. 其他应收款

22. 某增值税一般纳税企业因暴雨毁损库存原材料一批，该批原材料实际成本为20 000元，收回残料价值800元，保险公司赔偿11 600元。该企业购入材料的增值税税率为13%，该批毁损原材料造成的非常损失净额是（　　）元。

    A. 7 600　　　B. 18 800　　　C. 8 400　　　D. 10 200

23. 增值税一般纳税企业在月份终了，对本月应交未交的增值税的会计处理方法是（　　）。

    A. 将其转入"未交增值税"明细账户的贷方
    B. 保留在"应交增值税"明细账户的借方
    C. 保留在"应交增值税"明细账户的贷方
    D. 将其转入"未交增值税"明细账户的借方

24. 委托加工应纳消费税产品收回后直接对外销售的，其由受托方代扣代缴的消费税，应（　　）。

    A. 记入"管理费用"账户　　　　　B. 计入委托加工产品的成本
    C. 记入"主营业务成本"账户　　　D. 记入"应交税费——应交消费税"账户的借方

25. 企业实际支付职工福利费时，应借记（　　）账户。
    A. 管理费用　　　B. 销售费用　　　C. 应付职工薪酬　　D. 财务费用
26. 2019 年 2 月 1 日某企业购入原材料一批，开出一张面值为 116 000 元、期限为 3 个月的不带息的商业承兑汇票。2019 年 5 月 1 日该企业无力支付票款时，下列会计处理正确的是（　　）。
    A. 借：应付票据　　　　　　　　　　　　　　　　　　　　　116 000
    　　贷：短期借款　　　　　　　　　　　　　　　　　　　　　116 000
    B. 借：应付票据　　　　　　　　　　　　　　　　　　　　　116 000
    　　贷：其他应付款　　　　　　　　　　　　　　　　　　　　116 000
    C. 借：应付票据　　　　　　　　　　　　　　　　　　　　　116 000
    　　贷：应付账款　　　　　　　　　　　　　　　　　　　　　116 000
    D. 借：应付票据　　　　　　　　　　　　　　　　　　　　　116 000
    　　贷：预付账款　　　　　　　　　　　　　　　　　　　　　116 000
27. 短期借款利息核算不会涉及（　　）账户。
    A. 短期借款　　　B. 应付利息　　　C. 财务费用　　　D. 银行存款
28. 企业缴纳的下列税款，不应计入税金及附加的是（　　）。
    A. 房产税　　　B. 车船税　　　C. 车辆购置税　　　D. 印花税
29. 某企业适用的城市维护建设税税率为 7%，2019 年 8 月份该企业应缴纳增值税 200 000 元、土地增值税 30 000 元、消费税 150 000 元、资源税 20 000 元，8 月份该企业应记入"应交税费——应交城市维护建设税"账户的金额为（　　）元。
    A. 16 100　　　B. 24 500　　　C. 26 600　　　D. 28 000
30. 企业代扣代缴个人所得税时，应借记的账户是（　　）。
    A. 应交税费——应交个人所得税
    B. 所得税费用
    C. 管理费用
    D. 应付职工薪酬——工资、奖金、津贴和补贴
31. 某饮料生产企业为增值税一般纳税人，年末将本企业生产的一批饮料发放给职工作为福利。该批饮料市场售价为 12 万元（不含增值税），增值税适用税率为 13%，实际成本为 10 万元。假定不考虑其他因素，该企业应确认的应付职工薪酬为（　　）万元。
    A. 10　　　B. 11.3　　　C. 12　　　D. 13.56
32. 甲公司为增值税一般纳税人，委托外单位加工一批应交消费税的商品，以银行存款支付加工费 200 万元、增值税 26 万元、消费税 30 万元，该加工商品收回后将直接用于销售。甲公司支付上述相关款项时，应编制的会计分录是（　　）。
    A. 借：委托加工物资　　　　　　　　　　　　　　　　　　　2 620 000
    　　贷：银行存款　　　　　　　　　　　　　　　　　　　　　2 620 000
    B. 借：委托加工物资　　　　　　　　　　　　　　　　　　　2 300 000
    　　　应交税费——应交增值税（进项税额）　　　　　　　　　　260 000
    　　贷：银行存款　　　　　　　　　　　　　　　　　　　　　2 560 000

C. 借：委托加工物资　　　　　　　　　　　　　　　2 000 000
　　　应交税费　　　　　　　　　　　　　　　　　　560 000
　　贷：银行存款　　　　　　　　　　　　　　　　　2 560 000
D. 借：委托加工物资　　　　　　　　　　　　　　　2 560 000
　　贷：银行存款　　　　　　　　　　　　　　　　　2 000 000
　　　应交税费　　　　　　　　　　　　　　　　　　560 000

33. 某公司2019年7月1日向银行借入资金60万元，期限6个月，年利率为6%，到期还本，按月计提利息，按季付息。该企业7月31日应计提的利息为（　　）万元。
　　A. 0.3　　　　B. 0.6　　　　C. 0.9　　　　D. 3.6

34. 某企业为增值税一般纳税人，于2019年9月2日从甲公司购入一批产品并已验收入库，增值税专用发票上注明该批产品的价款为150万元，增值税税额为19.5万元。合同中规定的现金折扣条件为2/10，1/20，n/30，假定计算现金折扣时不考虑增值税。该企业在2019年9月11日付清货款。企业购买产品时该应付账款的入账价值为（　　）万元。
　　A. 147　　　　B. 150　　　　C. 166.5　　　　D. 169.5

35. 甲、乙公司均为增值税一般纳税人，甲公司委托乙公司加工一批应交消费税的半成品，收回后用于连续生产应税消费品。甲公司发出原材料实际成本210万元，支付加工费6万元、增值税0.78万元、消费税24万元。假定不考虑其他相关税费，甲公司收回该半成品的入账价值为（　　）万元。
　　A. 216　　　　B. 216.78　　　　C. 240　　　　D. 240.78

36. 企业为建造仓库而购进工程物资负担的增值税税额应当记入（　　）账户。
　　A. 应交税费——应交增值税　　　　B. 工程物资
　　C. 营业外支出　　　　　　　　　　D. 管理费用

37. 下列各项中，不属于职工薪酬核算内容的是（　　）。
　　A. 住房公积金
　　B. 工会经费和职工教育经费
　　C. 职工因公出差的差旅费
　　D. 因解除与职工的劳动关系给予的补偿

38. 甲企业结算本月管理部门人员的应付职工工资共500 000元，代扣该部门职工个人所得税30 000元，实发工资470 000元，下列该企业的会计处理中，不正确的是（　　）。
　　A. 借：管理费用　　　　　　　　　　　　　　　　500 000
　　　　贷：应付职工薪酬　　　　　　　　　　　　　500 000
　　B. 借：应付职工薪酬　　　　　　　　　　　　　　30 000
　　　　贷：应交税费——应交个人所得税　　　　　　30 000
　　C. 借：其他应收款　　　　　　　　　　　　　　　30 000
　　　　贷：应交税费——应交个人所得税　　　　　　30 000
　　D. 借：应付职工薪酬　　　　　　　　　　　　　　470 000
　　　　贷：银行存款　　　　　　　　　　　　　　　470 000

39. 企业为高管人员配备汽车作为福利，这些汽车计提折旧时，应编制的会计分录是（   ）。
   A. 借记"累计折旧"账户，贷记"固定资产"账户
   B. 借记"管理费用"账户，贷记"固定资产"账户
   C. 借记"管理费用"账户，贷记"应付职工薪酬"账户；同时借记"应付职工薪酬"账户，贷记"累计折旧"账户
   D. 借记"管理费用"账户，贷记"固定资产"账户；同时借记"应付职工薪酬"账户，贷记"累计折旧"账户

二、多项选择题

1. 企业按规定计算出应缴纳的教育费附加时，应通过（   ）账户核算。
   A. 应交税费   B. 税金及附加
   C. 其他业务成本   D. 其他应交款
2. 长期借款利息可列支的项目包括（   ）。
   A. 在建工程   B. 财务费用   C. 销售费用   D. 投资收益
3. 企业下列行为应视同销售，必须计算缴纳增值税销项税额的有（   ）。
   A. 将货物对外投资   B. 销售代销货物
   C. 委托他人保管货物   D. 委托他人代销货物
4. 下列各项中，按规定于计算缴纳时计入税金及附加的有（   ）。
   A. 印花税   B. 土地使用税   C. 车船税   D. 耕地占用税
5. 下列与一般纳税企业增值税有关的业务，应作为增值税进项税额转出的是（   ）。
   A. 领用本企业的材料用于集体福利   B. 非常损失造成的存货盘亏
   C. 工程项目领用本企业产品   D. 以产品对外投资
6. 对小规模纳税企业而言，下列说法中正确的有（   ）。
   A. 小规模纳税企业销售货物或者提供应税劳务，一般情况下，只能开具普通发票，不能开具增值税专用发票
   B. 小规模纳税企业销售货物或提供应税劳务，实行简易办法计算应纳税额，按照不含税销售额的一定比例计算征收
   C. 小规模纳税企业在"应交增值税"明细账户下应设置"已交税金"等专栏
   D. 小规模纳税企业购入货物取得增值税专用发票，其支付的增值税额可计入进项税额，并由销项税额抵扣，而不计入购入货物的成本
7. 下列项目中，一般纳税人在购入资产时可以作为进项税额抵扣的有（   ）。
   A. 购入机器设备   B. 购入工程物资
   C. 购入物资用于集体福利   D. 购入生产用原材料
8. 下列项目中，通过"应交税费"账户核算的税金有（   ）。
   A. 消费税   B. 车辆购置税   C. 土地增值税   D. 土地使用税
9. 下列流动负债中不需要支付利息的有（   ）。
   A. 短期借款   B. 预收账款

C. 应付职工薪酬　　　　　　　　　D. 不带息应付票据
10. 下列项目中，发生时记入"税金及附加"账户的税金有（　　　）。
    A. 房产税　　　B. 车船税　　　C. 土地使用税　　　D. 印花税
11. 企业应付给职工工资的总额包括（　　　）。
    A. 各种工资　　　B. 奖金　　　C. 津贴　　　D. 医药费
12. 企业设置的"应交税费——应交增值税"多栏式明细账涉及的栏目有（　　　）。
    A. 进项税额　　　　　　　　　　B. 转出多交增值税
    C. 未交增值税　　　　　　　　　D. 已交税金
13. 下列关于职工薪酬核算表述正确的有（　　　）。
    A. 以自产产品发放职工福利，应确认主营业务收入
    B. 按规定计提的职工养老保险，不属于短期薪酬
    C. 计提的工会经费，应计入管理费用
    D. 代扣代缴的个人所得税，应借记应付职工薪酬
14. 应交教育费附加的计算依据有（　　　）。
    A. 消费税　　　B. 资源税　　　C. 所得税　　　D. 增值税
15. 企业委托外单位加工物资时发生的增值税，应计入加工物资成本的情况有（　　　）。
    A. 加工物资用于集体福利
    B. 加工物资用于免征增值税项目
    C. 一般纳税企业未取得增值税专用发票
    D. 小规模纳税企业委托加工物资
16. 下列税金中，可以不通过"应交税费"账户核算的有（　　　）。
    A. 耕地占用税　　　B. 资源税　　　C. 印花税　　　D. 契税
17. 关于非货币性职工薪酬，说法不正确的有（　　　）。
    A. 难以认定受益对象的非货币性福利，直接计入当期损益和应付职工薪酬
    B. 企业将拥有的房屋等资产无偿提供给职工使用的，应当根据受益对象，按照该住房的公允价值计入相关资产成本或当期损益，同时确认应付职工薪酬
    C. 企业租赁住房等资产供职工无偿使用的，应当根据受益对象，将每期应付的租金计入相关资产成本或当期损益，并确认应付职工薪酬
    D. 企业以其自产产品作为非货币性福利发放给职工的，应当根据受益对象，按照产品的账面价值，计入相关资产成本或当期损益，同时确认应付职工薪酬
18. 下列各项中，应通过"其他应付款"账户核算的有（　　　）。
    A. 应付的租入包装物租金　　　　B. 应付的社会保险费
    C. 应付的客户存入保证金　　　　D. 应付的经营租入固定资产租金
19. 下列各项中，应作为应付职工薪酬核算的有（　　　）。
    A. 支付的工会经费　　　　　　　B. 支付的职工教育经费
    C. 为职工支付的住房公积金　　　D. 为职工无偿提供的医疗保健服务
20. 下列各项中，应计入税金及附加的有（　　　）。
    A. 处置无形资产应交的增值税　　B. 销售商品应交的增值税

C. 销售应税产品的资源税　　　　　D. 销售应税消费品应交的消费税
21. 下列各项中，应确认为应付职工薪酬的有（　　　）。
  A. 非货币性福利　　　　　　　　　B. 社会保险费和辞退福利
  C. 职工工资、福利费　　　　　　　D. 工会经费和职工教育经费
22. 下列各项中，应列入"应付利息"账户的有（　　　）。
  A. 计提的短期借款利息
  B. 计提的一次还本付息债券利息
  C. 计提的分期付息到期还本债券利息
  D. 计提的分期付息到期还本长期借款利息
23. 下列各项中，应作为职工薪酬计入相关资产成本的有（　　　）。
  A. 设备采购人员差旅费　　　　　　B. 公司总部管理人员的工资
  C. 生产职工的伙食补贴　　　　　　D. 材料入库前挑选整理人员的工资

三、判断题

1. 负债是由于已经发生和将要发生的交易或事项形成的现时义务。（　　）
2. 对于带息应付票据，偿付时所支付的利息应作为管理费用入账。（　　）
3. 应付账款是企业购买材料、商品等支付给供货者的款项，应以实际收到货物的时间作为其入账时间。（　　）
4. 企业购进原材料或商品所支付的增值税税额，与购买原材料或商品的货款不同，应当直接将其记入"应交税费——应交增值税"账户的贷方，而不应作为应付账款处理。（　　）
5. 一般纳税企业购入货物支付的增值税，均应先通过"应交税费"账户进行核算，然后再将购入货物不能抵扣的增值税进项税额从"应交税费"账户中转出。（　　）
6. 企业购入货物验收入库后，若发票账单尚未收到，应在月末按照估计的金额确认一笔负债，反映在资产负债表有关负债项目内。（　　）
7. 企业自产或委托加工的货物用于对外投资，由于不是销售，所以不必计算缴纳增值税。（　　）
8. 企业向股东宣告发放的现金股利，在尚未支付给股东之前，是企业股东权益的一个组成部分。（　　）
9. 企业会计核算中，预收账款不多的，也可以不设置"预收账款"账户。企业预收客户货款时，直接将其记入"应付账款"账户的贷方。（　　）
10. 企业购入按规定不予抵扣项目的货物支付的增值税，应计入所购货物的成本。（　　）
11. 商业承兑汇票到期时，若付款人无力付款，银行有责任向收款人支付款项。（　　）
12. 按照现行会计准则规定，离退休人员的医药费应当冲减应付职工薪酬。（　　）
13. 一般纳税人购入货物支付的增值税，均应通过"应交税费——应交增值税"账户进行核算。（　　）
14. 企业以自产产品对外投资不需缴纳增值税。（　　）

15. 企业医务和福利人员的工资应在管理费用中列支。（　）
16. 流动负债是指将在一年以内偿还的各种债务。（　）
17. 本月上交上月应交未交增值税时借记"应交税费——未交增值税"账户，贷记"银行存款"账户。（　）
18. 企业购入货物只要取得增值税专用发票的，就应该将支付的增值税税额作为"应交税费——应交增值税（进项税额）"核算。（　）
19. 企业将自产或委托加工的货物用于职工福利，在会计上按照货物成本转账，不用计税。（　）
20. 应付职工薪酬包括职工在职期间和离职后提供给职工的全部货币性薪酬和非货币性福利，也包括解除劳务关系给予的补偿。（　）
21. 企业董事会或类似机构通过的利润分配方案中拟分配的现金股利或利润，应确认为应付股利。（　）
22. 企业只有在对外销售消费税应税产品时才应缴纳消费税。（　）
23. 企业缴纳的印花税一般直接通过"管理费用"账户核算。（　）

四、业务实训题

实 训 一

（一）目的：练习短期借款的核算。

（二）资料：某公司2019年7月1日因生产经营需要，从浦发银行取得一项为期半年的生产周转借款200万元，年利率5.76%，借款利息按月提取，按季支付，到期还本。

（三）要求：分别按照下列要求编制相关会计分录：

1. 7月1日取得借款；
2. 7月末、8月末计提利息；
3. 9月末支付此借款本季应付利息；
4. 10月末、11月末计提借款利息；
5. 12月末归还借款本金、支付本季借款利息。

实 训 二

（一）目的：练习应付职工薪酬的核算。

（二）资料：甲公司2019年有关职工薪酬业务如下：

1. 按照工资总额的标准分配工资费用，其中生产工人薪酬为50万元，车间管理人员薪酬20万元，总部管理人员薪酬为16万元。已通过银行支付。

2. 按照国家规定的标准计提的应向社会保险经办机构缴纳的医疗保险费3万元、养老保险费4.6万元、失业保险费1.4万元、工伤保险费0.5万元、生育保险费0.5万元等社会保险费共计10万元，其中生产工人负担6万元，车间管理人员负担2万元，总部管理人员负担2万元。

3. 按照规定计提应向住房公积金管理中心缴存的住房公积金3.2万元，其中生产工人负担 2 万元，车间管理人员负担 1 万元，总部管理人员负担 0.2 万元。

4. 按照工资总额的 2% 计提应向工会部门缴纳的工会经费。

5. 将自己生产的笔记本电脑作为福利发放给职工，每台成本为 1.8 万元，计税价格（售价）每件产品为 2 万元，其中生产工人为 100 人，总部管理人员 20 人。

6. 为总部部门经理级别以上职工每人提供一辆轿车，供其免费使用，该公司总部共有部门经理以上职工 10 名，假定每辆轿车每月计提折旧 0.2 万元。

7. 该公司为 6 名副总裁以上高级管理人员每人租赁一套公寓，供其免费使用，每套公寓月租金为 2 万元，按月以银行存款支付。

（三）要求：根据以上资料编制会计分录。

实 训 三

（一）目的：练习应付职工薪酬的核算。

（二）资料：甲公司是一家计算机生产型企业，有职工 200 名，其中一线生产工人 170 名，总部管理人员 30 名。甲公司决定以其外购的一批液晶显示器作为福利发放给职工，该批显示器单位购买成本为 10 000 元，单位计税价格（公允价值）为 14 000 元，适用的增值税税率为 13%。

（三）要求：编制甲公司的相关会计分录。

实 训 四

（一）目的：练习应交增值税的核算。

（二）资料：某企业为增值税一般纳税人，原材料按实际成本核算，销售货物的增值税税率为 13%，出售不动产增值税税率 9%，应交消费税税率为 10%，购进农产品扣税率 9%，不考虑其他税费，企业销售商品的价格中均不含应向购买者收取的增值税销项税额。本月发生如下经济业务：

1. 向乙企业采购 A 材料，增值税专用发票上注明的货款为 850 000 元，增值税为 110 500 元，发票账单已经到达，货物尚未到达，货款已经支付。

2. 向丙企业采购 B 材料，增值税专用发票上注明的原材料的实际价值为 50 000 元，增值税税款为 6 500 元，材料已经到达并验收入库，企业开出商业汇票。

3. 企业销售甲产品 5 000 件，单位售价 250 元，单位销售成本 150 元，该产品按规定缴纳消费税，货款尚未收到。

4. 支付上述采购 B 材料的货款。

5. 购入设备一台，增值税专用发票上注明的价款为 900 000 元，增值税税款为 117 000 元，发生安装调试费 3 000 元，增值税税率 9%，设备及安装费均以银行存款支付，设备已交付使用。

6. 收购农产品，价款 160 000 元，企业开出商业汇票，农副产品已验收入库。

7. 企业委托丁企业加工原材料，原材料成本 130 000 元，加工费用 50 000 元，增值税

6 500 元，由受托单位代扣代缴消费税，材料加工完毕验收入库，准备直接对外销售。加工费、增值税和消费税均以银行存款支付。月末，出售全部该材料，收到价款 250 000 元，增值税 32 500 元。

8. 出售一栋办公用房，原价 15 000 000 元，已计提折旧 11 000 000 元，出售所得收入 9 550 000 元，清理费用支出 60 000 元，房屋已清理完毕。款项收支均已通过银行办理。

（三）要求：编制上述业务的相关会计分录。

实 训 五

（一）目的：练习消费税的核算。

（二）资料：某企业为增值税一般纳税人，增值税税率为 13%，2019 年 5 月发生如下主要业务：

1. 委托外单位加工一批材料（非金银首饰），原材料成本 70 万元，加工费用 20 万元，消费税税率为 10%，材料已经加工完毕验收入库，加工费用等尚未支付。该委托加工材料收回后用于连续生产应税消费品。

2. 将应税消费品用于对外投资，产品成本 700 万元，计提的存货跌价准备为 40 万元，公允价值和计税价格均为 1 000 万元。该产品的消费税税率为 10%（具有商业实质）。

3. 出售一厂房，厂房原价 1 500 万元，已提折旧 500 万元，计提减值准备 100 万元。出售所得收入 1 000 万元存入银行，用银行存款支付清理费用 5 万元。厂房已清理完毕，增值税税率为 5%。

4. 转让无形资产所有权，不含税收入 25 万元，无形资产的原值为 30 万元，已摊销的无形资产金额 6 万元，没有计提无形资产减值准备，增值税税率 6%。

5. 出租一项当月取得的无形资产，取得价款 300 万元，预计使用寿命 5 年，预计净残值为零，采用直线法进行摊销。当月取得租金收入 10 万元，增值税税率 6%。

（三）要求：编制上述业务的相关会计分录。

五、不定项选择题

不定项选择题一

（一）资料：甲公司为增值税一般纳税人，适用的增值税税率为 13%，原材料采用实际成本法进行日常核算。2019 年 6 月份，该企业发生如下涉及增值税的经济业务或事项：

（1）购入无须安装的生产经营用设备一台，增值税专用发票上注明的价款为 40 万元，增值税税额为 5.2 万元（增值税允许抵扣），货款尚未支付。

（2）建造办公楼领用生产用库存原材料 5 万元，应由该批原材料负担的增值税税额为 0.65 万元。

（3）销售商品一批，增值税专用发票上注明的价款为 100 万元，增值税税额为 13 万元，提货单和增值税专用发票已交购货方，并收到购货方开出并承兑的商业承兑汇票。该批商品的实际成本是 80 万元。

（4）由于管理不善被盗原材料一批，价值 2 万元，应由该批原材料负担的增值税税额为 0.26 万元，尚未经批准处理。

（5）用银行存款 15 万元缴纳当期应交增值税。

（二）要求：根据上述资料（1）～（5），回答（1）～（3）小题（答案中的金额单位用万元表示）。

（1）根据资料（1）、（2），下列表述正确的是（　　　　）。

  A. 资料（1）购入设备的入账价值是 40 万元

  B. 资料（1）购入设备的入账价值是 45.2 万元

  C. 资料（2）领用原材料用于建造办公楼，会计上确认收入

  D. 资料（2）领用原材料，应确认销项税额

（2）根据资料（3）、（5），下列表述正确的是（　　　　）。

  A. 资料（3）确认收入 100 万元

  B. 资料（3）确认收入 113 万元

  C. 资料（3）通过"应付票据"账户核算

  D. 资料（5）通过"应交税费——应交增值税（已交税金）"账户核算

（3）根据资料（4），存货盘亏的会计处理中，正确的是（　　　　）。

  A. 借：管理费用　　　　　　　　　　　　　　　　　　22 600
    贷：原材料　　　　　　　　　　　　　　　　　　　　20 000
      应交税费——应交增值税（进项税额转出）　　2 600

  B. 借：待处理财产损溢　　　　　　　　　　　　　　　22 600
    贷：原材料　　　　　　　　　　　　　　　　　　　　20 000
      应交税费——应交增值税（进项税额转出）　　2 600

  C. 借：其他应收款　　　　　　　　　　　　　　　　　22 600
    贷：原材料　　　　　　　　　　　　　　　　　　　　20 000
      应交税费——应交增值税（进项税额转出）　　2 600

  D. 借：营业外支出　　　　　　　　　　　　　　　　　22 600
    贷：原材料　　　　　　　　　　　　　　　　　　　　20 000
      应交税费——应交增值税（进项税额转出）　　2 600

不定项选择题二

（一）资料：甲企业为增值税一般纳税人，适用的增值税税率为 13%。2019 年 8 月份该企业发生的有关职工薪酬的资料如下：

（1）当月应付职工工资总额为 500 万元，"工资费用分配汇总表"中列示的产品生产工人工资为 350 万元，车间管理人员工资为 70 万元，企业行政管理人员工资为 50 万元，专设销售机构人员工资为 30 万元。

（2）根据"工资结算汇总表"，本月企业应付职工工资总额为500万元，扣回代垫的职工家属医疗费6万元，按税法规定代扣代缴职工个人所得税共计15万元；企业以银行存款支付工资479万元。

（3）根据国家规定的计提基础和计提标准，当月应计提的基本养老保险费为60万元，基本医疗保险费为50万元，其他保险费为40万元以及住房公积金为50万元。

（4）当月企业以其生产的电风扇作为福利发放给500名直接参加产品生产的职工，该型号电风扇市场销售价为每台600元，每台成本为400元。

（二）要求：根据上述资料，不考虑其他因素，分析回答（1）~（5）小题（答案中的金额单位以万元表示）。

（1）根据资料（1），下列各项中，关于该企业分配工资费用的会计处理正确的是（　　）。

　　A."制造费用"账户增加70万元

　　B."生产成本"账户增加350万元

　　C."销售费用"账户增加30万元

　　D."管理费用"账户增加50万元

（2）根据资料（2），下列各项中，关于企业发放工资会计处理正确的是（　　）。

　　A. 代扣个人所得税时：

　　　借：应付职工薪酬　　　　　　　　　　　　　　　　15

　　　　　贷：其他应付款　　　　　　　　　　　　　　　　　15

　　B. 扣回代垫的家属医疗费时：

　　　借：应付职工薪酬　　　　　　　　　　　　　　　　6

　　　　　贷：其他应收款——代垫医疗费　　　　　　　　　　6

　　C. 通过银行发放工资时：

　　　借：应付职工薪酬　　　　　　　　　　　　　　　　479

　　　　　贷：银行存款　　　　　　　　　　　　　　　　　　479

　　D. 代扣个人所得税时：

　　　借：应付职工薪酬　　　　　　　　　　　　　　　　15

　　　　　贷：应交税费——应交个人所得税　　　　　　　　　15

（3）根据资料（3），下列关于企业计提基本养老保险的会计处理表述正确的是（　　）。

　　A. 企业计提的基本养老保险费属于短期薪酬

　　B. 企业计提的基本养老保险费属于离职后福利

　　C. 应贷记"应付职工薪酬——社会保险——基本养老保险"账户60万元

　　D. 应贷记"应付职工薪酬——设定提存计划——基本养老保险"账户60万元

（4）根据资料（4），下列各项中，关于该企业会计处理结果正确的是（　　）。

　　A. 主营业务收入增加30万元

　　B. 主营业务成本增加20万元

　　C. 生产成本增加20万元

　　D. 应付职工薪酬增加33.9万元

（5）根据资料（1）~（4），下列各项中，该企业"应付职工薪酬"账户发生额是（　　）

万元。

　　A. 700　　　B. 733.9　　　C. 679　　　D. 724.8

不定项选择题三

　　（一）资料：某棉纺企业为增值税一般纳税人，适用的增值税税率为13%，2019年12月该企业发生有关交易或事项如下：

　　（1）5日，对专设销售机构职工免费使用的10辆小汽车计提折旧，每辆小汽车每月折旧费为1 000元。

　　（2）14日，以自产的毛巾作为非货币性福利发放给生产工人，该批毛巾的市场售价总额为80 000元（不含增值税），成本总额为55 000元。

　　（3）31日，预计由于职工累积未使用的带薪休假权利而导致的预期支付的金额为15 000元。假定该企业实行累积带薪缺勤制度，使用范围仅限于中层以上管理人员。

　　（4）31日，除上述职工薪酬外，本月确认的工资如下：生产车间人员工资750 000元，车间管理人员工资400 000元，行政管理人员工资125 000元，销售人员的工资150 000元。该企业职工基本医疗保险费和基本养老保险费计提的比例分别为工资总额的10%和12%。

　　（二）要求：根据上述资料，不考虑其他因素，分析回答（1）~（5）小题。

　　（1）根据资料（1），下列对小汽车计提折旧的账务处理正确的是（　　）。

　　　　A. 借：管理费用　　　　　　　　　　　　　　　　10 000
　　　　　　　贷：累计折旧　　　　　　　　　　　　　　　　　10 000
　　　　B. 借：销售费用　　　　　　　　　　　　　　　　10 000
　　　　　　　贷：应付职工薪酬　　　　　　　　　　　　　　　10 000
　　　　C. 借：销售费用　　　　　　　　　　　　　　　　10 000
　　　　　　　贷：累计折旧　　　　　　　　　　　　　　　　　10 000
　　　　D. 借：管理费用　　　　　　　　　　　　　　　　10 000
　　　　　　　贷：应付职工薪酬　　　　　　　　　　　　　　　10 000

　　（2）根据资料（2），下列各项中，该企业关于职工非货币性福利的处理正确的是（　　）。

　　　　A. 主营业务收入增加80 000元
　　　　B. 生产成本增加90 400元
　　　　C. 主营业务成本增加55 000元
　　　　D. 库存商品减少80 000元

　　（3）根据资料（3），带薪缺勤应计入（　　）。

　　　　A. 设定的短期提存计划资金
　　　　B. 设定的长期的提存分享资金
　　　　C. 短期薪酬
　　　　D. 离职后福利

　　（4）根据资料（2）~（4），下列各项中，该企业关于"应付职工薪酬"处理结果正确的是（　　）。

  A. 确认"应付职工薪酬——非货币性福利"90 400元
  B. 确认"应付职工薪酬——社会保险费"313 500元
  C. 确认"应付职工薪酬——设定提存计划"171 000元
  D. 确认"应付职工薪酬——带薪缺勤"15 000元

（5）根据资料（4），下列正确的是（　　）。

  A. 生产成本确认金额 165 000 元
  B. 制造费用确认金额 488 000 元
  C. 管理费用确认金额 152 500 元
  D. 销售费用确认金额 183 000 元

第十章 非流动负债

【学习目标】

1. 掌握非流动负债的概念、特征、分类及确认与计量的方法;
2. 能正确进行长期借款借入、计提利息、支付利息、归还的核算;
3. 能正确进行应付债券发行、计提利息及折溢价摊销、支付利息、债券到期时的核算;
4. 掌握长期应付款的内容,能正确进行长期应付款的核算。

【学习重点与难点】

1. 长期借款的核算,利息的计算;
2. 应付债券的发行、利息的计提、到期还本付息的核算;
3. 长期应付款的核算,未确认融资费用的摊销。

【主要经济业务处理】

1. 长期借款的核算

经济业务	账务处理
取得借款时	借:银行存款 　　贷:长期借款——本金
分期付息,到期还本,计提利息时	借:在建工程 [符合资本化条件] 　　财务费用 [不符合资本化条件] 　　贷:应付利息

续表

经济业务	账务处理
到期一次还本付息方式下，计提利息时	借：在建工程［符合资本化条件］ 　　财务费用［不符合资本化条件］ 　贷：长期借款——应计利息
还本付息时	借：长期借款——本金 　　应付利息［或"长期借款——应计利息"］ 　贷：银行存款

2. 应付债券的核算

经济业务		账务处理
债券发行时	面值发行	借：银行存款 　贷：应付债券——债券面值
	溢价发行	借：银行存款［实际收到的金额］ 　贷：应付债券——债券面值 　　　　　　　——利息调整
	折价发行	借：银行存款［实际收到的金额］ 　　应付债券——利息调整 　贷：应付债券——债券面值
计提利息时	分期付息方式下， 溢价发行，计提利息	借：财务费用［不符合资本化条件］ 　　在建工程［符合资本化条件］ 　　应付债券——利息调整［溢价摊销额］ 　贷：应付利息
	到期一次还本付息方式， 溢价发行，计提利息	借：财务费用［不符合资本化条件］ 　　在建工程［符合资本化条件］ 　　应付债券——利息调整［溢价摊销额］ 　贷：应付债券——应计利息
债券到期		借：应付债券——债券面值 　　　　　　　——应计利息 　　财务费用 　贷：银行存款

3. 长期应付款的核算

经济业务		账务处理
融资租赁固定资产		借：固定资产/在建工程 　　未确认融资费用［借贷差额］ 　贷：长期应付款［按照最低租赁付款额］ 　　　银行存款［初始直接费用账户］
购入资产超过正常信用条件 延期付款实质上具有融资性质时		借：固定资产（在建工程）［按购买价款的现值］ 　　未确认融资费用 　贷：长期应付款
补偿贸易	购进时	借：固定资产/原材料 　贷：长期应付款——应付引进设备款
	销售产品时	借：应收账款 　贷：主营业务收入
	偿还贸易款时	借：长期应付款——应付引进设备款 　贷：应收账款

【典型题例分析】

（一）单项选择题

【例题1】企业每期期末计提到期一次还本付息的长期借款利息，对其中应当予以资本化的部分，下列会计处理正确的是（　　）。

A. 借记"财务费用"账户，贷记"长期借款"账户
B. 借记"财务费用"账户，贷记"应付利息"账户
C. 借记"在建工程"账户，贷记"长期借款"账户
D. 借记"在建工程"账户，贷记"应付利息"账户

［答案］C

［解析］予以资本化部分的利息的会计处理，应作分录为"借：在建工程，贷：长期借款——应付利息"（一次到期还本付息，利息记入"长期借款——应计利息"账户）。

【例题2】某企业于2019年1月1日按面值发行5年期、到期一次还本付息的公司债券，该债券面值总额为8 000万元，票面年利率为4%，自发行日起计息。假定票面利率与实际利率一致，不考虑相关税费，2019年12月31日该债券的账面余额为（　　）万元。

A. 8 000　　　　B. 8 160　　　　C. 8 320　　　　D. 8 480

［答案］C

［解析］到期一次还本付息的企业债券计提的利息记入"应付债券——应计利息"账户，增加应付债券的账面余额，2019年12月31日该债券的账面余额 = 8 000 + 8 000 × 4% = 8 320（万元）。

(二) 多项选择题

【例题 3】企业长期借款的利息费用，可能涉及的账户有（　　）。

　　A. 在建工程　　B. 管理费用　　C. 财务费用　　D. 固定资产

［答案］ABC

［解析］如果长期借款用于购建固定资产的，在固定资产尚未达到预定可使用状态前，所发生的应当资本化的利息支出数，记入"在建工程"账户；属于筹建期间发生的不符合资本化条件的利息费用记入"管理费用"账户；属于生产经营期间的不符合资本化条件的借款利息记入"财务费用"账户。

【例题 4】"应付债券"账户的贷方反映的内容有（　　）。

　　A. 债券发行时实际收到的金额大于债券面值的差额
　　B. 债券发行时实际收到的金额小于债券面值的差额
　　C. 期末计提的一次还本付息债券的利息
　　D. 债券的面值

［答案］ACD

［解析］选项 B 应记入"应付债券——利息调整"明细账户的借方。

(三) 判断题

【例题 5】企业向银行或其他金融机构借入的各种款项所发生的利息均应计入财务费用。（　　）

［答案］×

［解析］长期借款按合同利率计算确定的应付未付利息应分别不同情况记入"在建工程""制造费用""财务费用""研发支出"等账户。

【例题 6】企业借入的分期付息到期还本的长期借款，对于核算的应支付利息，增加长期借款的账面价值。（　　）

［答案］×

［解析］分期付息到期还本的长期借款，应支付的利息，记入"应付利息"账户，到期一次还本付息的借款利息，增加长期借款的账面价值。

【职业能力训练】

一、单项选择题

1. 企业生产经营期间发生的长期借款利息应记入（　　）账户。
　　A. 在建工程　　B. 财务费用　　C. 开办费　　D. 长期待摊费用
2. 企业以溢价方式发行债券时，每期实际负担的利息费用是（　　）。
　　A. 按票面利率计算的应计利息减去应摊销的溢价
　　B. 按票面利率计算的应计利息加上应摊销的溢价
　　C. 按实际利率计算的应计利息减去应摊销的溢价
　　D. 按实际利率计算的应计利息加上应摊销的溢价
3. 企业以折价方式发行债券时，每期实际负担的利息费用是（　　）。

A. 按票面利率计算的应计利息减去应摊销的折价
B. 按票面利率计算的应计利息加上应摊销的折价
C. 按实际利率计算的应计利息减去应摊销的折价
D. 按实际利率计算的应计利息加上应摊销的折价

4. 就发行债券的企业而言，所获债券溢价收入实质是（   ）。
   A. 为以后少付利息而付出的代价   B. 为以后多付利息而得到的补偿
   C. 本期利息收入   D. 以后期间的利息收入

5. 与购建固定资产有关的长期借款利息支出，在固定资产达到预定可使用状态前，应记入（   ）账户的借方。
   A. 财务费用   B. 应付利息   C. 在建工程   D. 长期借款

6. 分期计提债券利息和摊销溢价时，应按（   ）借记"财务费用""在建工程"等账户。
   A. 应计利息   B. 溢价摊销额
   C. 应计利息与溢价摊销额的差额   D. 应计利息与溢价摊销之和

7. 企业为购建固定资产的专门借款，其在所购建固定资产（   ）后的借款费用，应计入财务费用。
   A. 办理竣工决算   B. 交付使用
   C. 达到预定可使用状态   D. 全部工程完工

8. "应付债券"账户期末贷方余额反映企业的（   ）。
   A. 应付债券本金   B. 应付债券利息
   C. 应付债券已偿付的本息   D. 应付债券未偿付的本息

9. 企业计提应付债券应计利息为7 000元，该债券的折价摊销额为700元，该债券的利息费用为（   ）元。
   A. 9 000   B. 8 300   C. 7 700   D. 300

10. 企业应付债券利息为8 000元，该债券的溢价摊销额为300元，该债券的利息费用为（   ）元。
    A. 8 000   B. 8 300   C. 7 700   D. 300

11. 某企业发行分期付息、到期一次还本的债券，按其票面利率计算确定的应付未付利息，应该记入（   ）账户。
    A. 应付债券——应计利息   B. 应付利息
    C. 应付债券——利息调整   D. 应付债券——面值

12. 企业为建造固定资产而发行长期债券，在该固定资产达到预定可使用状态后，债券的利息费用应当记入的账户是（   ）。
    A. 财务费用   B. 管理费用   C. 在建工程   D. 固定资产

13. 企业折价发行债券筹资时，其每期应负担的实际利息为（   ）。
    A. 债券面值×票面利率   B. 债券账面价值×票面利率
    C. 债券票面利息与折价摊销额之差   D. 债券票面利息与折价摊销额之和

14. 企业发行债券实际取得的金额超过其票面价值时，其超额部分应记入（   ）账户。
    A. 财务费用   B. 资本公积   C. 长期股权投资   D. 应付债券

15. 当企业折价发行债券时，发行企业与投资企业于期末按实际利率法进行债券折价摊销，则摊销时（   ）。
    A. 投资企业的利息收入递增，发行企业的利息费用递增
    B. 投资企业的利息收入递减，发行企业的利息费用递减
    C. 投资企业的利息收入递增，发行企业的利息费用递减
    D. 投资企业的利息收入递减，发行企业的利息费用递增

16. 甲企业 2019 年 7 月 1 日按面值发行 5 年期债券 200 万元。该债券到期一次还本付息，票面年利率为 6%。甲企业 2019 年 12 月 31 日应付债券的账面余额为（   ）万元。
    A. 200　　　　　B. 206　　　　　C. 210　　　　　D. 250

17. 应付债券票面利率会影响债券的发行价格，假如债券是溢价发行，则票面利率（不考虑其他因素）（   ）。
    A. 等于市场利率　　　　　　　B. 高于市场利率
    C. 低于实际利率　　　　　　　D. 无法得出结论

18. 安泰公司于 2019 年 7 月 1 日按面值发行 3 年期、到期一次还本付息、年利率为 8%（不计复利）的债券，债券的面值总额为 500 万元。该公司所筹集的资金全部用于建造固定资产，至 2019 年 12 月 31 日工程尚未完工，计提本年长期债券利息。该期债券产生的实际利息费用全部符合资本化条件，作为在建工程成本。则该公司 2019 年年末计提利息的会计分录为（   ）。
    A. 借记"在建工程"20 万元，贷记"应付债券"20 万元
    B. 借记"在建工程"40 万元，贷记"应付债券"40 万元
    C. 借记"在建工程"40 万元，贷记"应付利息"40 万元
    D. 借记"在建工程"20 万元，贷记"应付利息"20 万元

19. 应付融资租入固定资产的租赁费，应通过（   ）账户核算。
    A. 应付账款　　B. 其他应付款　　C. 长期应付款　　D. 长期待摊费用

20. 下列属于非流动负债的项目有（   ）。
    A. 应付债券　　B. 应付票据　　C. 应付利息　　D. 应付账款

21. 下列各项中，通过"长期应付款"账户核算的有（   ）。
    A. 应付融资租赁款　　　　　　B. 2 年未付的货款
    C. 预计固定资产 1 年后大修理费　　D. 应付的债券款

二、多项选择题

1. 企业债券的发行价格有（   ）。
    A. 面值发行　　B. 溢价发行　　C. 折价发行　　D. 成本价发行

2. "长期借款"账户的贷方核算（   ）内容。
    A. 向银行或其他金融机构借入的长期借款
    B. 长期借款应计未付利息
    C. 偿还长期借款本金
    D. 偿还长期借款利息

3. 长期借款所发生的利息费用，根据长期借款的使用方向，可以将其直接计入的项目有（   ）。
   A. 财务费用   B. 在建工程   C. 营业外支出   D. 管理费用
4. 企业为了核算对外发行的公司债券，应当在"应付债券"账户下设置的明细账户有（   ）。
   A. 债券面值   B. 利息调整   C. 债券溢价摊销   D. 应计利息
5. 下列因素中，决定企业债券发行价格高低的有（   ）。
   A. 票面价值   B. 票面利率   C. 银行存款利率   D. 债券期限
6. 非流动负债包括（   ）。
   A. 长期借款   B. 应付债券   C. 长期应付款   D. 其他应付款
7. 企业发行债券可能负担的利息费用为（   ）。
   A. 应计利息－折价摊销额   B. 应计利息＋折价摊销额
   C. 应计利息－溢价摊销额   D. 应计利息＋溢价摊销额
8. 长期借款所发生的利息支出、汇兑损失、辅助费用等借款费用，可能记入的账户有（   ）。
   A. 销售费用   B. 在建工程   C. 财务费用   D. 管理费用
9. "应付债券"账户的贷方反映的内容有（   ）。
   A. 溢价发行时产生的利息调整费用   B. 折价发行时利息调整费用的摊销
   C. 期末计提应付债券利息   D. 溢价发行时利息调整费用的摊销
10. 下列项目中，属于"长期应付款"账户核算内容的有（   ）。
    A. 政府作为企业所有者投入的具有特定用途的款项
    B. 以分期付款方式购入固定资产发生的应付款项
    C. 应付经营租入固定资产租赁费
    D. 企业采用补偿贸易方式引进国外设备发生的应付款项
11. 企业按面值发行一次还本付息债券，按期计提利息时，可能涉及的会计账户有（   ）。
    A. 财务费用   B. 在建工程   C. 应付债券   D. 应付利息
12. 下列关于企业发行一般公司债券的会计处理，正确的有（   ）。
    A. 无论是按面值发行，还是溢价发行或折价发行，均应按债券面值记入"应付债券"账户的"面值"明细账户
    B. 实际收到的款项与面值的差额，应记入"利息调整"明细账户
    C. 对于利息调整，企业应在债券存续期间内选用实际利率法或直线法进行摊销
    D. 资产负债表日，企业应按应付债券的面值和实际利率计算确定当期的债券利息费用
13. 发行债券的企业在整个存续期间计算各期的利息费用可能等于（   ）。
    A. 债券期初账面价值 × 实际利率   B. 债券面值 × 票面利率
    C. 应付利息与溢价摊销额的差额   D. 应摊销的折价金额和应付利息之和
14. 下列项目中属于非流动负债的是（   ）。
    A. 长期借款   B. 应付债券   C. 长期应付款   D. 应付账款

15. 企业在生产经营期间按面值发行债券，按期计提利息时，可能涉及的会计账户有（   ）。
   A. 财务费用　　　　B. 在建工程　　　　C. 短期借款　　　　D. 管理费用

三、判断题

1. 折价发行债券的原因是企业发行债券时，债券的票面利率低于市场利率。（   ）
2. 为购建固定资产而发生的借款费用应全部计入所购建固定资产的价值。（   ）
3. "长期借款"账户的期末余额，反映企业尚未支付的各种长期借款的本金。（   ）
4. 若本期按债券票面利率计算的利息为10万元，折价摊销数为2万元，则本期应计入财务费用或在建工程的金额为12万元。（   ）
5. 若本期按债券票面利率计算的利息为10万元，溢价摊销数为2万元，则本期应计入财务费用或在建工程的金额为12万元。（   ）
6. 企业发生的所有借款利息都应作为财务费用处理。（   ）
7. 企业计提长期借款利息时，应当借记"在建工程"或"财务费用"等账户，贷记"应付利息"或"长期借款——应计利息"账户。（   ）
8. 溢价发行债券的原因是企业发行债券时，债券的票面利率低于市场利率。（   ）
9. 债券折价发行的企业其实际利息费用是票面利息加上折价摊销额。（   ）
10. 溢价或折价发行债券是在存续期内对利息费用的一种调整，因此，在摊销债券溢价时应减少当期的财务费用，在摊销债券折价时应增加当期的财务费用。（   ）
11. 长期债券的溢价摊销，是将债券溢价逐期转作利息收入，减少各摊销期的利息费用。因为债券的溢价发行，是对债券发行者在整个债务期内，以高于市场利率的票面利率支付利息的一种补偿。（   ）
12. 对于固定资产借款发生的利息支出，达到预定可使用状态前发生的，应予资本化，将其计入固定资产的建造成本；达到预定可使用状态后发生的，则应作为费用处理。（   ）
13. 企业发行一年期或一年期以下的债券，应记入"应付债券"账户。（   ）
14. 债券利率一般用年利率表示，它等于同时期的市场利率。（   ）
15. 企业发行的应付债券的利息，均应通过"应付债券——应计利息"账户核算。（   ）
16. 企业购买固定资产时，如果延期支付的购买价款超过了正常信用条件，实质上具有融资性质的，所购资产的成本应当以延期支付购买价款的现值为基础确定，实际应支付的总价款记入"长期应付款"账户。（   ）

四、业务实训题

实　训　一

（一）目的：练习长期借款的核算。

（二）资料：企业为购建一生产线，向银行借入长期借款800 000元，以银行存款支付工程价款800 000元，完工前，银行转来建设期应支付利息17 000元，完工后至还款日之间应付借款利息 23 000 元，该工程的借款按规定到期一次性归还，还款总额为 840 000 元。

（三）要求：根据以上资料作出相应的会计分录。

实 训 二

（一）目的：练习长期借款的核算。

（二）资料：某企业 2020 年发生的长期借款和仓库建造业务如下：

1. 2020 年 1 月 1 日，为建造一幢仓库从银行取得长期借款 800 万元，期限 3 年，合同年利率 6%（合同利率等于实际利率），不计复利，每年年末计提并支付利息一次，到期一次还本。

2. 2020 年 1 月 1 日，开始建造仓库，当日用该借款购买工程物资 500 万元（不含增值税），增值税税率 13%，全部用于工程建设；同时支付工程款 300 万元，增值税税率 6%。

3. 2020 年 12 月 31 日仓库工程完工并验收合格，达到预定可使用状态。仓库达到预定可使用状态前发生的借款利息全部予以资本化。该仓库预计使用年限为 20 年，预计净残值为 8 万元，采用年限平均法计算折旧。

假定未发生其他建造支出。

（三）要求：

1. 编制取得长期借款的会计分录。
2. 编制 2020 年 12 月 31 日计提长期借款利息的会计分录。
3. 计算仓库完工交付使用时的入账价值，并编制结转仓库成本的会计分录。
4. 计算仓库 2021 年应计提的折旧额，并编制计提仓库 2021 年折旧额的会计分录。
5. 编制 2021 年 12 月 31 日计提长期借款利息的会计分录。

实 训 三

（一）目的：练习应付债券的核算。

（二）资料：2017 年 12 月 31 日，甲公司经批准发行 5 年期一次还本、分期付息的公司债券 10 000 000 元，债券利息在每年 12 月 31 日支付，票面利率为年利率 6%。假定债券发行时的实际年利率为 5%，发行价格为 10 432 700 元。

（三）要求：

1. 计算 2018 年、2019 年的利息费用与摊销的利息调整。
2. 作出 2018 年 12 月 31 日、2019 年 12 月 31 日、2020 年 12 月 31 日的账务处理。

五、不定项选择题

（一）资料：光明公司是上市公司，为建造专用生产线筹集资金发行公司债券，该企业为一般纳税企业，适用的增值税税率为 13%。有关资料如下：

（1）2019 年 12 月 31 日，委托证券公司以 8 000 万元的价格发行 3 年期分期付息公司债券，该债券面值为8 000万元，票面年利率为4.5%，等于实际年利率，每年付息一次，到期后按面值偿还，不考虑发行债券支付的发行费用。

（2）生产线建造工程采用自营方式，于2020年1月1日开始动工，当日购入需要安装的机器设备，取得增值税专用发票，价款为7 000万元，增值税税额为910万元。2020年12月31日所建造生产线达到预定可使用状态，并支付安装费用100万元，增值税税额9万元。

（3）假定各年度利息的实际支付日期均为下年度的1月10日，2023年1月10日支付2022年度利息，一并偿付面值。

（二）要求：根据上述资料，回答（1）～（3）小题（答案中的金额单位用万元表示）。

（1）关于资料（1）、（2），下列说法正确的是（　　　　）。

　　A. 2019年12月31日应确认的应付债券为8 000万元
　　B. 2020年1月1日购入的增值税税额应计入在建工程
　　C. 安装费用应计入当期损益
　　D. 2020年12月31日应确认的债券利息是360万元

（2）该生产线的入账价值为（　　　　）万元。

　　A. 7 100　　　B. 7 360　　　C. 7 460　　　D. 8 019

（3）支付利息以及最后还本的会计分录，正确的是（　　　　）。

　　A. 2021年1月10日支付利息：
　　借：应付利息　　　　　　　　　　　　　　　　　3 600 000
　　　　贷：银行存款　　　　　　　　　　　　　　　　　　3 600 000
　　B. 2021年1月10日支付利息：
　　借：应付债券——应计利息　　　　　　　　　　　3 600 000
　　　　贷：银行存款　　　　　　　　　　　　　　　　　　3 600 000
　　C. 2023年1月10日付息还本：
　　借：应付债券——面值　　　　　　　　　　　　　80 000 000
　　　　　　　——应计利息　　　　　　　　　　　　 7 200 000
　　　　应付利息　　　　　　　　　　　　　　　　　 3 600 000
　　　　贷：银行存款　　　　　　　　　　　　　　　　　90 800 000
　　D. 2023年1月10日付息还本：
　　借：应付债券——面值　　　　　　　　　　　　　80 000 000
　　　　应付利息　　　　　　　　　　　　　　　　　 3 600 000
　　　　贷：银行存款　　　　　　　　　　　　　　　　　83 600 000

第十一章 所有者权益

【学习目标】

1. 掌握实收资本的内容，能正确进行一般企业投入资本和股份有限公司股本的核算，以及投资或资本（股本）变动的核算；
2. 掌握资本公积的内容，能正确进行资本公积的核算；
3. 掌握盈余公积的形成与使用，能正确进行盈余公积的核算并能正确计算企业未分配利润。

【学习重点与难点】

1. 实收资本（股本）的账务处理；
2. 资本公积的账务处理；
3. 盈余公积的账务处理；
4. 未分配利润的账务处理。

【主要经济业务处理】

经济业务			会计分录
资本增加	接受投资	非股份有限公司	借：银行存款 　　原材料［合同或协议价］ 　　固定资产［合同或协议价］ 　　无形资产［合同或协议价］ 　　应交税费——应交增值税（进项税额）

续表

经济业务			会计分录
资本增加	接受投资	非股份有限公司	贷：实收资本［注册资本中应享有的份额］ 　　资本公积——资本溢价［超出注册资本部分］
		股份有限公司	（1）溢价大于发行手续费时： 借：银行存款［实收款］ 　贷：股本［面值］ 　　　资本公积——股本溢价［多缴部分］ （2）溢价小于发行手续费或平价发行时： 借：银行存款［实收款］ 　　盈余公积［手续费大于溢价金额部分］ 　　利润分配——未分配利润［盈余公积不足支付部分］ 　贷：股本［面值］
	资本公积转增资本（股本）		借：资本公积 　贷：实收资本／股本
	盈余公积转增资本		借：盈余公积 　贷：实收资本／股本
资本减少	非股份有限公司		借：实收资本 　贷：银行存款
	股份有限公司		（1）回购股票时： 借：库存股［回购价］ 　贷：银行存款［回购价］ （2）注销股票时： 借：股本［注销的资本］ 　　资本公积——股本溢价［从溢价中扣除部分］ 　　盈余公积［溢价不足支付时］ 　　利润分配——未分配利润［盈余公积不足支付时］ 　贷：库存股
	其他资本公积		（1）对被投资单位采用权益法核算的，被投资单位除净损益、其他综合收益以及利润分配以外的所有者权益变动： 借：长期股权投资 　贷：资本公积——其他资本公积 或相反 （2）处置长期股权投资： 借：资本公积——其他资本公积 　贷：投资收益 或相反

续表

经济业务		会计分录
盈余公积	提取	借：利润分配——提取盈余公积 　贷：盈余公积——法定盈余公积 　　　　　　——任意盈余公积
	补亏	借：盈余公积 　贷：利润分配——盈余公积补亏
	发放现金股利或利润	借：盈余公积 　贷：应付利润／应付股利
未分配利润	结转净利润或净亏损	借：本年利润 　贷：利润分配——未分配利润 或相反（净亏损时）
	结转对净利润的分配	借：利润分配——未分配利润 　贷：利润分配——提取法定盈余公积 　　　　　　——提取任意盈余公积 　　　　　　——应付现金股利（或应付利润） 涉及盈余公积补亏时： 借：利润分配——盈余公积补亏 　贷：利润分配——未分配利润

【典型题例分析】

（一）单项选择题

【例题1】甲股份有限公司委托某证券公司发行股票1 000万股，每股面值1元，每股发行价格6元，向证券公司支付佣金300万元。该股份有限公司应记入"资本公积——股本溢价"账户的金额为（　　）万元。

　　A. 6 000　　　　B. 300　　　　C. 4 700　　　　D. 5 700

　　[答案] C

　　[解析] 应记入"资本公积"账户的金额＝(6-1)×1 000-300＝4 700（万元）。

【例题2】下列各项中，不能引起所有者权益总额变化的是（　　）。

　　A. 以资本公积转增资本

　　B. 增发新股

　　C. 向股东支付已宣告分派的现金股利

　　D. 以盈余公积弥补亏损

　　[答案] ACD

　　[解析] 企业增发新股，企业的股本金额增加，能够引起所有者权益总额变化。

（二）多项选择题

【例题3】 下列各项中，属于所有者权益的有（　　　　）。

A. 交易性金融资产　　　　　　B. 资本公积
C. 未分配利润　　　　　　　　D. 长期应付款

［答案］BC

［解析］交易性金融资产属于企业的资产，长期应付款属于企业的负债，所有者权益由实收资本（或股本）、资本公积、盈余公积和未分配利润等构成。

【例题4】 企业吸收投资增加资本时，下列会计账户的余额可能发生变化的有（　　　　）。

A. 盈余公积　　B. 利润分配　　C. 实收资本　　D. 资本公积

［答案］ABCD

［解析］吸收投资者投资时，企业实收资本会增加，如果出资额大于投资者所占注册资本份额，差额增加资本公积；如果出资额小于投资者所占注册资本份额，差额冲减资本公积，资本公积不足的，依次冲减"盈余公积"和"利润分配——未分配利润"。

（三）判断题

【例题5】 资本公积指投资者的出资中超出其在注册资本中所占份额的部分。（　　　）

［答案］×

［解析］资本公积不仅包括投资者在出资中超出其在注册资本中所占份额的部分，还包括直接计入所有者权益的利得和损失。

【例题6】 企业接受投资者以非现金资产投资时，应按该资产的重置价值入账。（　　　）

［答案］×

［解析］企业接受投资者以非现金资产投资时，应按投资合同或协议约定的价值入账，但投资合同或协议约定的价值不公允的除外。

【职业能力训练】

一、单项选择题

1. 一般纳税人接受原材料投资时，其实收资本入账金额为（　　　）。
   A. 评估确认的材料价值
   B. 投资各方确认的材料价值加上进项税额
   C. 评估确认的材料价值加上或减去材料成本差异
   D. 原材料的市价

2. 股份公司减资时，如果原为溢价发行的，则收购价格高于面值的部分冲减有关所有者权益的顺序为（　　　）。
   A. 资本公积、盈余公积、未分配利润
   B. 资本公积、未分配利润、盈余公积
   C. 未分配利润、资本公积、盈余公积
   D. 盈余公积、未分配利润、资本公积

3. 2019 年年末，某公司"资本公积"账户贷方余额为 28 万元。其中：资本溢价 20 万元，其他资本公积 8 万元。该公司可直接用于转增资本的资本公积为（　　）万元。
   A. 28　　　　　　B. 8　　　　　　C. 20　　　　　　D. 0
4. 对有限责任公司而言，如有新投资者介入，新介入的投资者缴纳的出资额大于其按约定比例计算的其在注册资本中所占的份额部分，应记入（　　）账户。
   A. 实收资本　　　B. 营业外收入　　C. 资本公积　　　D. 盈余公积
5. 某股份制公司委托某证券公司代理发行普通股 100 000 股，每股面值 1 元，每股按 1.2 元的价格发行。按协议，证券公司从发行收入中收取 3%的手续费，从发行收入中扣除。则该公司计入的资本公积为（　　）元。
   A. 16 400　　　　B. 200 000　　　C. 19 400　　　　D. 0
6. 下列各项中，属于企业未分配利润用途的是（　　）。
   A. 留待以后年度向投资者进行分配　　B. 用于支付职工薪酬
   C. 用于计提企业的法定盈余公积　　　D. 用于计提企业的任意盈余公积
7. 盈余公积是从（　　）中提取形成的。
   A. 股本（资本）溢价　　　　　　　　B. 可供分配利润
   C. 利润总额　　　　　　　　　　　　D. 利润净额
8. 某企业去年发生亏损 235 000 元，按规定可以用本年实现的利润弥补。该企业以本年实现利润弥补去年全部亏损时，应当（　　）。
   A. 借：利润分配——盈余公积补亏　　　　　　235 000
       贷：利润分配——未分配利润　　　　　　　　　235 000
   B. 借：盈余公积　　　　　　　　　　　　　　235 000
       贷：利润分配——未分配利润　　　　　　　　　235 000
   C. 借：其他应收款　　　　　　　　　　　　　235 000
       贷：利润分配——未分配利润　　　　　　　　　235 000
   D. 不作任何账务处理
9. 用法定盈余公积弥补以前年度亏损时，除借记"盈余公积——法定盈余公积"账户外，还要贷记（　　）。
   A. "利润分配——未分配利润"账户
   B. "利润分配——其他转入"账户
   C. "本年利润"账户
   D. "利润分配——盈余公积补亏"账户
10. 某企业期初应付现金股利为 500 000 元，本期宣布发放现金股利 300 000 元，期末应付现金股利 100 000 元，该企业本期支付的现金股利共为（　　）元。
    A. 400 000　　　B. 600 000　　　C. 700 000　　　D. 800 000
11. 某企业 2019 年年初未分配利润为 −4 万元。2019 年年末该企业利润为 54 万元，其所得税税率为 25%，本年按净利润的 10%提取法定盈余公积，向投资者分配利润 10.5 万元。若该企业用税前利润弥补亏损，则 2019 年其未分配利润为（　　）万元。
    A. 35　　　　　　B. 29.75　　　　C. 18.73　　　　D. 23.25

12. 某企业年初未分配利润为 4 万元，本年实现净利润 12 万元，本年提取法定盈余公积 1.2 万元，该企业可供投资者分配利润为（   ）万元。
    A. 16　　　　　　B. 14.8　　　　　　C. 10.8　　　　　　D. 12

二、多项选择题

1. 股票的发行价格与面值相比，从理论上看可以是（   ）。
   A. 发行价等于面值　　　　　　B. 发行价小于面值
   C. 发行价大于面值　　　　　　D. 发行价只能大于或等于面值
2. 下列不需要进行会计处理的业务有（   ）。
   A. 用盈余公积转增资本　　　　B. 取得股票股利
   C. 用税前利润补亏　　　　　　D. 用税后利润补亏
3. 下列各项中，不会引起股份有限公司所有者权益发生增减变动的有（   ）。
   A. 用资本公积转增股本　　　　B. 用盈余公积弥补亏损
   C. 用银行存款分配现金股利　　D. 批准用法定盈余公积分配现金股利
4. 同时引起资产和所有者权益发生增减变化的项目有（   ）。
   A. 接受投资者投入固定资产　　B. 接受现金捐赠
   C. 宣告发放股票股利　　　　　D. 投资者投入资本
5. 企业实收资本增加的途径有（   ）。
   A. 接受投资者投资　　　　　　B. 经批准用盈余公积转增
   C. 经批准用资本公积转增　　　D. 接受现金捐赠
6. 下列事项中，引起所有者权益减少的有（   ）。
   A. 用法定盈余公积分配现金股利　B. 经批准减资
   C. 将盈余公积转增资本　　　　D. 宣告分配现金股利
7. 企业所有者权益形成渠道包括（   ）。
   A. 吸收投资者的货币资产投资　B. 吸收投资者的非货币性资产投资
   C. 接收非货币性资产捐赠　　　D. 资本公积转增资本
8. 在我国，企业发生亏损，下列可用于弥补亏损的一般途径有（   ）。
   A. 用资本公积补亏　　　　　　B. 用盈余公积补亏
   C. 用 8 年后的税后利润弥补　　D. 用以后连续 5 年的税前利润补亏
9. 股份有限公司溢价发行股票支付的手续费等，（   ）。
   A. 从溢价收入中扣除
   B. 溢价不足以支付的部分，冲减盈余公积
   C. 计入销售费用
   D. 计入管理费用
10. 下列各项中，属于有限责任公司盈余公积用途的有（   ）。
    A. 弥补亏损　　　　　　　　　B. 转增资本
    C. 支付职工困难补助　　　　　D. 支付职工奖金
11. 企业弥补亏损的来源包括（   ）。

    A. 用以后年度税前利润弥补   B. 用以后年度税后利润弥补
    C. 用以前年度留存收益弥补   D. 用以前年度存款弥补
12. 企业的所有者权益，包括（   ）。
    A. 盈余公积   B. 未分配利润   C. 实收资本   D. 资本公积
13. 下列业务中会引起企业"留存收益"总额增减变化的项目有（   ）。
    A. 提取盈余公积   B. 股东大会宣告分配现金股利
    C. 以盈余公积弥补亏损   D. 以盈余公积转增资本

三、判断题

1. 所有者权益是指所有者在企业资产中享有的经济利益。（   ）
2. 股份有限公司通过发行股票筹集资金时应按实收股款额记入"股本"账户。（   ）
3. 企业资产增加，所有者权益必然等额增加。（   ）
4. 由于所有者权益和负债都是对企业资产的要求权，因此它们的性质是一样的。（   ）
5. 投入资本和资本公积并不来源于企业的经营积累。（   ）
6. 资本公积的实质属于投入资本范畴，因此所有资本公积均可直接用于转增资本。（   ）
7. 当企业投资者投入的资本高于其注册资本时，应当将高出部分计入营业外收入。（   ）
8. 用一般盈余公积转增资本或弥补亏损，均不影响留存收益总额的变化。（   ）
9. 资本公积只有在投入资本超过注册资本时才能产生。（   ）
10. 股份有限公司溢价发行股票时其发行价格大于股票面值的差额部分全部记入"资本公积"账户的贷方。（   ）
11. 已宣布尚未支付的现金股利对公司来说是一项流动负债。（   ）
12. 盈余公积是企业从净利润中提取的，所以它属于企业的经营积累。（   ）
13. 用盈余公积转增资本或弥补亏损，均不影响所有者权益总额的变化。（   ）
14. 用利润弥补亏损时，企业应编制相应的会计分录。（   ）
15. 无论是以税前利润还是以税后利润弥补亏损，其会计处理方法相同，所不同的只是两者计算缴纳所得税时的处理不同而已。（   ）

四、业务实训题

实训一

（一）目的：练习实收资本的核算。

（二）资料：甲企业是2018年1月1日由投资者A和投资者B共同出资成立的，每人出资100 000元，各占50%的股份。2019年5月30日"资本公积"账户贷方余额2 000元，为资本溢价2 000元。6月份发生如下与资本公积有关的业务（所涉及款项全部以银行存款收支）：

6月1日投资者A和投资者B决定吸收C、D两位新投资者加入甲企业。经有关部门批准后，甲企业实施增资，将注册资本增加到400 000元。经四方协商，一致同意，完成下述投入后，各占甲企业1/4的股份。各投资者的出资情况如下：

1. 投资者C以180 000元投入甲企业作为增资，6月11日收到此款项并存入银行；
2. 投资者D以一批原材料投入甲企业作为增资，双方确认的价值为159 000元，税务部门认定的应交增值税税额为20 670元。投资者D已开具了增值税专用发票。

（三）要求：根据上述经济业务编制会计分录。

实 训 二

（一）目的：练习股本的核算。

（二）资料：A上市公司2018年至2019年发生与其股票有关的业务如下：

1. 2018年1月4日，经股东大会决议，并报有关部门核准，增发普通股4 000万股，每股面值1元，每股发行价格5元，股款已全部收到并存入银行。假定不考虑相关税费。
2. 2018年6月20日，经股东大会决议，并报有关部门核准，以资本公积4 000万元转增股本。
3. 2019年6月20日，经股东大会决议，并报有关部门核准，以银行存款回购本公司股票100万股，每股回购价格为3元。
4. 2019年6月26日，经股东大会决议，并报有关部门核准，将回购的本公司股票100万股注销。

（三）要求：根据上述经济业务编制会计分录。

实 训 三

（一）目的：练习留存收益的核算。

（二）资料：华纳股份有限公司2017年"未分配利润"年初贷方余额100万元，按10%提取法定盈余公积，所得税税率25%。2017年至2019年的有关资料如下：

1. 2017年实现净利润200万元，提取法定盈余公积后，宣告派发现金股利150万元；
2. 2018年发生亏损200万元（假设无以前年度未弥补亏损）；
3. 2019年实现利润总额600万元。

（三）要求：（单位用万元表示）

1. 编制2017年有关利润分配的会计分录（盈余公积及利润分配的核算写出明细账户）；
2. 编制2018年结转亏损的会计分录；
3. 计算2019年应交的所得税（假设无纳税调整事项）；
4. 计算2019年应提取的法定盈余公积；
5. 计算2019年可供分配的利润。
6. 编制2019年的有关期末结转分录。

五、不定项选择题

不定项选择题一

（一）资料：甲股份有限公司 2018 年年初未分配利润为 1 000 000 元，盈余公积为 200 000 元。12 月 1 日，股东大会批准发行股票 5 000 000 股，每股面值 1 元，发行价每股 4 元，证券公司按发行收入的 5% 收取手续费。2018 年年底，公司实现利润总额 2 000 000 元，按 25% 计算缴纳所得税（假定无纳税调整事项）。公司股东大会决定按净利润的 10% 提取法定盈余公积，发放现金股利每股 0.1 元。

（二）要求：根据上述资料，不考虑其他因素，回答（1）～（5）小题。

（1）公司发行股票涉及的账户有（　　　　）。
　　A. 股本　　　　B. 资本公积　　　　C. 盈余公积　　　　D. 未分配利润

（2）公司发行股票记入"资本公积——股本溢价"账户的金额为（　　　　）元。
　　A. 5 000 000　　B. 20 000 000　　C. 15 000 000　　D. 14 000 000

（3）甲股份有限公司 2018 年可供分配的利润为（　　　　）元。
　　A. 1 350 000　　B. 3 000 000　　C. 2 500 000　　D. 2 350 000

（4）2018 年分配利润后甲股份有限公司的未分配利润为（　　　　）元。
　　A. 650 000　　B. 850 000　　C. 1 850 000　　D. 2 200 000

（5）公司分配利润涉及的账户有（　　　　）。
　　A. 利润分配——未分配利润　　　　B. 利润分配——提取法定盈余公积
　　C. 利润分配——应付现金股利　　　D. 利润分配——应付利润

不定项选择题二

（一）资料：甲公司 2018 年至 2019 年发生与股票有关的业务如下：

（1）2018 年 1 月 8 日，经股东大会决议，并报有关部门核准，增发普通股 40 000 万股，每股面值 1 元，每股发行价格 4 元，按发行收入的 3% 收取手续费，款项已全部收到并存入银行。假定不考虑相关税费。

（2）2018 年 6 月 20 日，经股东大会决议，并报有关部门核准，以资本公积 5 000 万元、盈余公积 3 500 万元转增股本。

（3）2019 年 6 月 25 日，经股东大会决议，并报有关部门核准，以银行存款回购本公司股票 200 万股，每股回购价格为 4 元。

（4）2019 年 6 月 28 日，经股东大会决议，并报有关部门核准，将回购的本公司股票 200 万股注销。

（二）要求：根据上述资料，不考虑其他因素，回答（1）～（5）小题。

（1）2018 年 1 月 8 日，下列说法正确的是（　　　　）。
　　A. 甲公司发行普通股计入股本的金额是 40 000 万元
　　B. 甲公司发行普通股计入股本的金额是 160 000 万元

C. 甲公司发行普通股应支付的手续费金额是 1 200 万元
D. 甲公司发行普通股应支付的手续费金额是 4 800 万元

（2）2018 年 1 月 8 日，下列说法正确的是（　　　　）。
　　A. 甲公司发行普通股计入股本溢价的金额是 120 000 万元
　　B. 甲公司发行普通股计入股本溢价的金额是 155 200 万元
　　C. 甲公司发行普通股计入股本溢价的金额是 160 000 万元
　　D. 甲公司发行普通股计入股本溢价的金额是 40 000 万元

（3）关于业务（2），说法正确的是（　　　　）。
　　A. 公司的股本增加 8 500 万元
　　B. 公司的盈余公积增加 3 500 万元
　　C. 公司的资本公积减少 5 000 万元
　　D. 公司的盈余公积减少 3 500 万元

（4）2019 年 6 月 25 日，回购股票的正确处理是（　　　　）。
　　A. 借：库存股　　　　　　　　　　　　　　　　　8 000 000
　　　　　贷：银行存款　　　　　　　　　　　　　　　　　　8 000 000
　　B. 借：股本　　　　　　　　　　　　　　　　　　8 000 000
　　　　　贷：银行存款　　　　　　　　　　　　　　　　　　8 000 000
　　C. 借：库存股　　　　　　　　　　　　　　　　　8 000 000
　　　　　贷：股本　　　　　　　　　　　　　　　　　　　　8 000 000
　　D. 借：股本　　　　　　　　　　　　　　　　　　8 000 000
　　　　　贷：库存股　　　　　　　　　　　　　　　　　　　8 000 000

（5）2019 年 6 月 28 日，注销股票的下列处理，正确的是（　　　　）。
　　A. 借：股本　　　　　　　　　　　　　　　　　　8 000 000
　　　　　贷：库存股　　　　　　　　　　　　　　　　　　　8 000 000
　　B. 借：库存股　　　　　　　　　　　　　　　　　8 000 000
　　　　　贷：股本　　　　　　　　　　　　　　　　　　　　8 000 000
　　C. 借：股本　　　　　　　　　　　　　　　　　　2 000 000
　　　　　营业外支出　　　　　　　　　　　　　　　　6 000 000
　　　　　贷：库存股　　　　　　　　　　　　　　　　　　　8 000 000
　　D. 借：股本　　　　　　　　　　　　　　　　　　2 000 000
　　　　　资本公积　　　　　　　　　　　　　　　　　6 000 000
　　　　　贷：库存股　　　　　　　　　　　　　　　　　　　8 000 000

第十二章 收入、费用和利润

【学习目标】

1. 掌握收入确认的原则，收入确认的前提条件，收入确认和计量的五步法；
2. 掌握某一时点履约义务确认收入的核算，一般销售商品的核算，商业折扣、现金折扣、销售折让、销货退回业务，以及委托代销业务的核算；
3. 掌握某一时段履约义务确认收入的核算；
4. 掌握合同取得成本、合同履约成本的核算；
5. 掌握主营业务成本、其他业务成本的核算；
6. 掌握销售费用、管理费用、财务费用的内容及核算；
7. 掌握利润的构成及内容，掌握营业外收支的内容与核算，掌握利润总额结转的表结法和账结法；
8. 掌握资产的计税基础和暂时性差异的概念，掌握应交所得税的计算，掌握所得税费用的确认与核算；
9. 掌握利润分配的顺序，利润分配账户的设置及核算，掌握盈利企业和亏损企业年度净利润的结转方法。

【学习重点与难点】

1. 收入确认的原则，收入确认的前提条件，收入确认与计量的五步法；
2. 某一时点确认收入的核算，一般销售商品核算、商业折扣、现金折扣、销售折让、销货退回业务的会计处理，委托加工业务的会计处理；
3. 合同取得成本、合同履约成本；
4. 某一时段履约义务确认收入的会计处理；

5. 主营业务成本、其他业务成本以及期间费用（销售费用、管理费用、财务费用）的账务处理；

6. 应交所得税的计算，掌握所得税费用的确认与核算；

7. 利润分配的顺序，利润分配账户的设置及核算，掌握盈利企业和亏损企业年度净利润的结转方法。

【主要经济业务处理】

1. 销售商品收入的核算

经济业务		财务处理
某一时点履约义务确认收入核算	一般销售商品	借：银行存款（应收票据、应收账款） 　　贷：主营业务收入 　　　　应交税费——应交增值税（销项税额） 同时或月末，结转成本时： 借：主营业务成本 　　贷：库存商品
	已经发出商品但不能确认收入	借：发出商品 　　贷：库存商品 纳税义务已经发生的： 借：应收账款 　　贷：应交税费——应交增值税（销项税额） 发生条件发生变化时： 借：应收账款 　　贷：主营业务收入 同时或月末，结转成本时： 借：主营业务成本 　　贷：发出商品
	商业折扣	销售实现时，按扣减商业折扣后的价款入账： 借：应收账款 　　贷：主营业务收入 　　　　应交税费——应交增值税（销项税额） 同时或月末，结转成本时： 借：主营业务成本 　　贷：库存商品
	现金折扣	销售实现时，按全价入账： 借：应收账款 　　贷：主营业务收入 　　　　应交税费——应交增值税（销项税额） 同时或月末，结转成本时： 借：主营业务成本 　　贷：库存商品 购货方在折扣期内付款： 借：银行存款［实际收到的款项］ 　　财务费用［给予对方的现金折扣］ 　　贷：应收账款

续表

经济业务		财务处理
某一时点履约义务确认收入核算	销售折让	借：主营业务收入 　　应交税费——应交增值税（销项税额） 贷：应收账款
销货退回	确认收入之前的销货退回	借：库存商品 贷：发出商品
	已确认收入的销售退回	借：主营业务收入 　　应交税费——应交增值税 贷：银行存款等 同时，结转成本： 借：库存商品 贷：主营业务成本
	资产负债表日及之前售出的商品在资产负债表日至财务会计报告批准报出日之间	按资产负债表事项处理

2. 委托代销业务的核算

（1）视同买断。

委托方		受托方	
经济业务	账务处理	经济业务	账务处理
发出委托代销商品	借：委托代销商品［成本］ 贷：库存商品［成本］	收到代销商品	借：受托代销商品［协议价］ 贷：受托代销商品款［协议价］
收到代销清单	借：应收账款［协议价+增值税］ 贷：主营业务收入［协议价］ 　　应交税费——应交增值税（销项税额） 同时，结转成本： 借：主营业务成本［成本］ 贷：委托代销商品［成本］	销售商品	借：银行存款［售价+增值税］ 贷：主营业务收入［售价］ 　　应交税费——应交增值税（销项税额） 同时，结转成本： 借：主营业务成本［协议价］ 贷：受托代销商品［协议价］ 借：受托代销商品款［协议价］ 　　应交税费——应交增值税（进项税额） 贷：应付账款［协议价+增值税］
收到代销价款	借：银行存款［协议价+增值税］ 贷：应收账款［协议价+增值税］	支付代销商品款	借：应付账款［协议价+增值税］ 贷：银行存款［协议价+增值税］

（2）收取手续费。

委托方		受托方	
经济业务	账务处理	经济业务	账务处理
发出委托代销商品	借：委托代销商品［成本］ 贷：库存商品［成本］	收到代销商品	借：受托代销商品［售价］ 贷：受托代销商品款［售价］

续表

委托方		受托方	
经济业务	账务处理	经济业务	账务处理
收到代销清单	借：应收账款［售价＋增值税］ 　　贷：主营业务收入［售价］ 　　　　应交税费——应交增值税（销项税额） 同时： 借：主营业务成本［成本］ 　　贷：委托代销商品［成本］ 借：销售费用——代销手续费 　　贷：应收账款	销售商品	借：银行存款［售价＋增值税］ 　　贷：应付账款［售价］ 　　　　应交税费——应交增值税（销项税额）［售价×增值税税率］ 同时： 借：应交税费——应交增值税（进项税额）［售价×增值税税率］ 　　贷：应付账款［售价×增值税税率］ 借：受托代销商品款［售价］ 　　贷：受托代销商品［售价］
收到代销价款	借：银行存款［售价＋增值税－代销手续费］ 　　贷：应收账款［售价＋增值税－代销手续费］	支付代销商品款	借：应付账款［售价＋增值税－代销手续费］ 　　贷：银行存款［售价＋增值税］ 　　　　其他业务收入［代销手续费］

3. 某一时段内履行的履约义务确认收入

经济业务	账务处理
发生合同履约成本时	借：合同履约成本 　　贷：银行存款（应付职工薪酬、累计折旧等）
预收款项时	借：银行存款 　　贷：合同负债
按照履约进度确认收入时	借：银行存款 　　合同负债 　　贷：主营业务收入 　　　　应交税费——应交增值税（销项税额）
确认收入时，按照履约进度确认履约成本时	借：主营业务成本 　　贷：合同履约成本

4. 合同成本

经济业务	账务处理
合同取得成本	合同取得成本发生时： 借：合同取得成本 　　贷：银行存款
	在确认收入时，摊销合同取得成本时： 借：销售费用 　　贷：合同取得成本

续表

经济业务	账务处理
合同履约成本	发生合同履约成本时： 借：合同履约成本 　　贷：银行存款（应付职工薪酬、累计折旧等）
	按照履约进度确认收入时： 借：银行存款 　　贷：主营业务收入 　　　　应交税费——应交增值税（销项税额）
	在确认收入时，按照履约进度确认履约成本时： 借：主营业务成本 　　贷：合同履约成本

5. 费用的核算

项目	经济业务	账务处理
主营业务成本	发生时	收入实现时同时结转成本，或月末结转成本时： 借：主营业务成本 　　贷：库存商品（发出商品、委托代销商品）
其他业务成本	发生时	借：其他业务成本 　　贷：原材料（等）
税金及附加	月末计算应交税费时	借：税金及附加 　　贷：应交税费——应交城市维护建设税 　　　　　　　　——应交教育费附加 　　　　　　　　——应交消费税
	实际交纳时	借：应交税费——应交城市维护建设税 　　　　　　　——应交教育费附加 　　　　　　　——应交消费税 　　贷：银行存款
期间费用	发生时	借：管理费用 　　销售费用 　　财务费用 　　贷：银行存款（等）

6. 利润的核算

项目	经济业务	账务处理
营业外收入	发生时	借：固定资产清理 　　待处理财产损溢 　　银行存款（等） 　　贷：营业外收入
	期末结转本年利润	借：营业外收入 　　贷：本年利润

续表

项目	经济业务	账务处理
营业外支出	发生时	借：营业外支出 　贷：固定资产清理 　　　待处理财产损溢 　　　银行存款（等）
	期末结转本年利润	借：本年利润 　贷：营业外支出
结转利润总额	结转收入和利得	借：主营业务收入 　　其他业务收入 　　其他收益 　　投资收益 　　公允价值变动损益 　　资产处置损益 　　营业外收入 　贷：本年利润
	结转费用和损失	借：本年利润 　贷：主营业务成本 　　　其他业务成本 　　　税金及附加 　　　销售费用 　　　管理费用 　　　销售费用 　　　信用减值损失 　　　资产减值损失 　　　营业外支出
所得税费用	期末计算结转	无递延所得税时： 借：所得税费用 　贷：应交税费——应交所得税 有递延所得税时： 借：所得税费用 　　递延所得税资产（递延所得税资产增加） 　　递延所得税负债（递延所得税负债减少） 　贷：应交税费——应交所得税 　　　递延所得税资产（递延所得税资产减少） 　　　递延所得税负债（递延所得税负债增加）
	结转本年利润	借：本年利润 　贷：所得税费用
	实际缴纳	借：应交税费——应交所得税 　贷：银行存款

7. 利润分配的核算

项目	经济业务	账务处理
计提盈余公积	计提法定盈余公积	借：利润分配——提取法定盈余公积 　贷：盈余公积——法定盈余公积
	计提任意盈余公积	借：利润分配——提取任意盈余公积 　贷：盈余公积——任意盈余公积

续表

项目	经济业务	账务处理
分配投资者利润	现金股利或利润	借：利润分配——应付股利或利润 　贷：应付股利
	股票股利	借：利润分配——转作股本的股利 　贷：实收资本（或股本）
盈利企业年度利润结转	结转净利润	借：本年利润 　贷：利润分配——未分配利润
	结转已分配利润	借：利润分配——未分配利润 　贷：利润分配——提取法定盈余公积 　　　　——提取任意盈余公积 　　　　——应付股利或利润 　　　　——转作股本的股利
亏损企业年度利润结转	结转净亏损	借：利润分配——未分配利润 　贷：本年利润

【典型题例分析】

（一）单项选择题

【例题1】下列各项中，符合收入会计要素定义，可以确认为收入的是（　　）。

A．出售固定资产收取的价款　　B．出售无形资产收取的价款
C．出售原材料收取的价款　　　D．出售长期股权投资收取的价款

［答案］C

［解析］企业经济利益流入包括日常活动产生的和偶发交易或事项产生的。只有产生于企业的日常活动，属于企业主要的、经常性的收益才作为收入核算；对于偶发的交易或事项，如处理固定资产、无形资产的净收益，出售长期股权投资收取的价款等，属于利得而不是收入。

【例题2】某企业2019年年初未分配利润的贷方余额为200万元，本年度实现的净利润为100万元，分别按10%和5%提取法定盈余公积和法定公益金。假定不考虑其他因素，该企业2019年年末未分配利润的贷方余额应为（　　）万元。

A．205　　　　B．255　　　　C．270　　　　D．285

［答案］D

［解析］提取法定盈余公积和法定公益金为100×（10%+5%）=15（万元），本年度未分配利润为100-15=85（万元），加上年初未分配利润200万元，因此，2019年年末未分配利润的贷方余额应为285万元。

（二）多项选择题

【例题3】下列各项中，属于营业外支出的是（　　）。

A. 对外捐赠支出 　　　　　　　B. 违反经济合同的罚款支出
C. 正常报废固定资产净损失 　　D. 出售无形资产净损失

［答案］AB

［解析］营业外支出与企业生产经营活动没有直接的关系，包括盘亏损失、公益性捐赠支出、非常损失、罚款支出、非流动资产毁损报废损失、债务重组损失等。报废固定资产净损失，出售无形资产净损失应记入"资产处置损益"的借方。

【例题4】下列各项中，影响企业营业利润的有（　　　　）。
　　A. 管理费用　　B. 财务费用　　C. 所得税费用　　D. 主营业务成本

［答案］ABD

［解析］由于营业利润＝营业收入－营业成本－税金及附加－销售费用－管理费用－财务费用－信用减值损失－资产减值损失＋其他收益＋公允价值变动收益（－公允价值变动损失）＋资产处置收益＋投资收益（－投资损失）。由此可见，所得税费用对企业营业利润无影响。

（三）判断题

【例题5】现金折扣和销售折让应在实际发生时计入当期的财务费用。　　　　（　　）

［答案］×

［解析］销售折让应在实际发生时冲减当期的销售收入。

【例题6】利润表中应予确认的所得税费用为当期所得税及递延所得税两者之和。即：所得税费用＝当期所得税＋递延所得税。　　　　　　　　　　　　　　　　（　　）

［答案］√

［解析］利润表中的所得税费用由当期所得税和递延所得税两个部分组成。

【职业能力训练】

一、单项选择题

1. 下列各项中，属于企业其他业务收入的是（　　　　）。
　　A. 出售固定资产收入　　　　　B. 出售无形资产收入
　　C. 罚款收入　　　　　　　　　D. 出租无形资产收入

2. 销售折让是企业因售出商品质量不合格等原因而在售价上给予的减让，应在实际发生时（　　　　）。
　　A. 增加销售收入　　　　　　　B. 冲减销售收入
　　C. 增加财务费用　　　　　　　D. 冲减销售成本

3. 企业销售商品确认收入后，对于客户实际享受的现金折扣，应当（　　　　）。
　　A. 确认当期财务费用　　　　　B. 冲减当期主营业务收入
　　C. 确认当期管理费用　　　　　D. 确认当期主营业务成本

4. 下列各项中，关于识别与客户订立的合同表述不正确的是（　　　　）。
　　A. 合同可以是书面形式

B. 合同不能以口头形式订立
C. 合同可以基于商业惯例订立
D. 合同的订立需有法律约束力的权利义务

5. 企业为扩大产品销售市场发生的业务招待费，应当计入（　　）。
   A. 生产成本　　　B. 营业外支出　　　C. 销售费用　　　D. 管理费用

6. 下列各项中，属于营业外支出的有（　　）。
   A. 对外捐赠现金支出　　　　　　B. 退休职工的退休金
   C. 离休职工的各项经费　　　　　D. 职工教育经费

7. 2019 年 5 月，企业共增加银行存款 126 800 元。其中：出售商品收入 80 000 元，增值税 10 400 元；出售固定资产收入 20 000 元，出租固定资产收入 15 000 元，罚款收入 1 400 元。则该月收入为（　　）元。
   A. 126 800　　　B. 95 000　　　C. 100 000　　　D. 116 400

8. 销售商品一批，不含税售价为 60 000 元，增值税税率 13%，现金折扣条件为 2/10、1/20、n/30，假定符合销售收入确认的条件，应确认的销售收入为（　　）元。
   A. 67 800　　　B. 60 000　　　C. 58 800　　　D. 59 400

9. 下列各项中，不应计入营业外收入的是（　　）。
   A. 债务重组利得　　　　　　　　B. 接受捐赠
   C. 收发差错造成存货盘盈　　　　D. 确实无法支付的应付账款

10. 下列各项中，应计入管理费用的是（　　）。
    A. 预计产品质量保证损失　　　　B. 聘请中介机构的年报审计费
    C. 专设售后服务网点的职工薪酬　D. 企业负担的生产职工养老保险费

11. 下列各项中，不属于政府补助的是（　　）。
    A. 收到的财政贴息
    B. 收到先征后返的增值税
    C. 收到政府作为资本性投入的财政拨款
    D. 收到政府为支持企业技术创新无偿拨付的款项

12. 2019 年 1 月某企业因技术改造获得政府无偿拨付的专项资金 100 万元；5 月份因技术创新项目收到政府直接拨付的贴息款项 80 万元；年底由于重组等原因，经政府批准减免所得税 90 万元。该企业 2019 年度获得的政府补助金额为（　　）万元。
    A. 100　　　B. 180　　　C. 190　　　D. 270

13. 下列各项中，关于取得商品控制权要素，不包括的内容是（　　）。
    A. 客户必须拥有现时权利，能够主导该商品的使用并从中获得几乎全部经济利益。
    B. 客户有能力主导该商品的使用，即客户在其活动中有权使用该商品，或者能够允许或阻止其他方使用该商品。
    C. 客户能够获得几乎全部经济利益。
    D. 客户只能在未来的某一期间主导该商品的使用并从中获益。

14. 下列各项中，影响企业当期营业利润的是（　　）。
    A. 与日常活动无关的政府补助　　B. 经营出租设备的折旧费

C. 向灾区捐赠商品的成本　　　　　D. 火灾导致原材料毁损的净损失

15. 某企业2019年营业收入2 000万元，营业成本1 500万元，税金及附加80万元，销售费用60万元，管理费用70万元，财务费用30万元，投资收益100万元，资产减值损失40万元，公允价值变动收益45万元，营业外收入26万元，营业外支出20万元，所得税费用12万元，则该企业的营业利润是（　　）万元。

    A. 260　　　　B. 365　　　　C. 360　　　　D. 359

16. 下列项目中应计入营业外支出的是（　　）。
    A. 存货跌价损失　　　　　　　　B. 坏账损失
    C. 接受捐赠资产发生的相关支出　　D. 自然灾害造成的固定资产净损失

17. 商品流通企业在购货过程中发生的运杂费、包装费、保险费，应记入（　　）账户。
    A. 材料采购　　B. 库存商品　　C. 销售费用　　D. 管理费用

18. 企业税收的罚款支出应列入（　　）账户。
    A. 管理费用　　　　　　　　　　B. 营业外支出
    C. 税后利润　　　　　　　　　　D. 税金及附加

19. 在含有现金折扣的情况下，购货方实际享受的现金折扣，销货方应（　　）。
    A. 增加当期主营业务成本　　　　B. 冲减当期主营业务收入
    C. 增加当期财务费用　　　　　　D. 增加当期销售费用

20. 企业采用支付手续费方式委托代销商品，委托方确认商品销售收入的时间是（　　）。
    A. 签订代销协议时　　　　　　　B. 发出商品时
    C. 收到代销清单时　　　　　　　D. 收到代销款时

21. 下列各项中，不应计入销售费用的是（　　）。
    A. 已售商品预计保修费用
    B. 为推广新产品而发生的广告费用
    C. 随同商品出售且单独计价的包装物成本
    D. 随同商品出售而不单独计价的包装物成本

22. 下列各项中，不影响企业营业利润的是（　　）。
    A. 商品销售收入　　　　　　　　B. 劳务收入
    C. 罚款收入　　　　　　　　　　D. 固定资产出租收入

23. 下列各项中，应计入其他业务成本的是（　　）。
    A. 库存商品盘亏净损失　　　　　B. 经营租出固定资产折旧
    C. 向灾区捐赠的商品成本　　　　D. 火灾导致原材料毁损净损失

24. 年初未分配利润70 000元，当年实现净利润500 000元，分别按10%、5%的比例提取法定盈余公积和任意公益金，则年末未分配利润的余额为（　　）元。
    A. 484 500　　B. 495 000　　C. 425 000　　D. 645 000

25. 某企业某年利润总额为830 000元，所得税税率为25%。当年国债利息收入30 000元，无其他纳税调整项目，则该企业当年净利润为（　　）元。
    A. 600 000　　B. 630 000　　C. 622 500　　D. 615 000

26. 某项无形资产取得成本为100万元，因其使用寿命无法合理估计，会计上视为使用寿命不确定的无形资产，不予摊销，但税法规定按不短于10年的期限摊销。取得该项无形资产2年后，则该项无形资产的计税基础和暂时性差异分别为（　　）万元和（　　）万元。

　　A. 80，20　　　　B. 20，80　　　　C. 100，80　　　　D. 80，100

27. 企业发生的违约金支出应计入（　　）。

　　A. 管理费用　　　　　　　　　B. 营业外支出
　　C. 财务费用　　　　　　　　　D. 其他业务成本

28. 某企业某月销售商品发生商业折扣20万元、现金折扣15万元、销售折让25万元。该企业上述业务计入当月财务费用的金额为（　　）万元。

　　A. 15　　　　　B. 20　　　　　C. 35　　　　　D. 45

29. 某企业收到用于补偿已发生费用的政府补助，应在取得时计入（　　）。

　　A. 递延收益　　　　　　　　　B. 营业外收入
　　C. 资本公积　　　　　　　　　D. 其他业务收入

30. 企业为购买原材料所发生的银行承兑汇票手续费，应当计入（　　）。

　　A. 管理费用　　　　　　　　　B. 财务费用
　　C. 销售费用　　　　　　　　　D. 其他业务成本

31. 某企业本期主营业务收入为350万元，主营业务成本为150万元，管理费用为15万元，投资收益为30万元，所得税费用为20万元。假定不考虑其他因素，该企业本期营业利润为（　　）万元。

　　A. 185　　　　B. 215　　　　C. 200　　　　D. 195

32. 企业对于已经发出但不符合收入确认条件的商品，其成本应借记的账户是（　　）。

　　A. 在途物资　　B. 发出商品　　C. 库存商品　　D. 主营业务成本

33. 某企业2019年8月1日赊销一批商品，售价为120 000元（不含增值税），适用的增值税税率为13%，规定的现金折扣条件为2/10、1/20、n/30，计算现金折扣时考虑增值税。客户于2019年8月15日付清货款，该企业收款金额为（　　）元。

　　A. 118 800　　B. 132 888　　C. 134 244　　D. 135 600

34. 某企业某月销售商品100件，每件售价2.5万元，当月发生现金折扣15万元、销售折让25万元。该企业上述业务计入当月主营业务收入的金额为（　　）万元。

　　A. 225　　　　B. 250　　　　C. 210　　　　D. 235

35. 下列各项中，应计入管理费用的是（　　）。

　　A. 筹建期间的开办费　　　　　B. 预计产品质量保证损失
　　C. 生产车间管理人员工资　　　D. 专设销售机构的固定资产修理费

36. 某企业2019年度利润总额为1 800万元，其中本年度国债利息收入200万元，已计入营业外支出的税收滞纳金6万元；企业所得税税率为25%。假定不考虑其他因素，该企业2019年度所得税费用为（　　）万元。

　　A. 400　　　　B. 401.5　　　C. 450　　　　D. 498.5

37. 某工业企业销售产品每件110元，若客户购买200件（含200件）以上，每件可得到10元的商业折扣。某客户2019年12月10日购买该企业产品200件，按规定现金折扣条件为 2/10、1/20、n/30（适用的增值税税率为 13%）。该企业于 12 月 26 日收到该笔款项时，应给予客户的现金折扣为（　　）元（假定计算现金折扣时不考虑增值税）。

A. 0　　　　B. 200　　　　C. 226　　　　D. 220

38. 某企业 2018 年 10 月承接一项设备安装劳务，劳务合同总收入为 200 万元，预计合同总成本为 140 万元，合同价款在签订合同时已收取，采用完工百分比法确认劳务收入。2018 年已确认劳务收入 80 万元，截至 2019 年 12 月 31 日，该劳务的累计完工进度为 60%。2019 年该企业应确认的劳务收入为（　　）万元。

A. 36　　　　B. 40　　　　C. 72　　　　D. 120

39. 2019 年 5 月，甲公司销售商品实际应交增值税 38 万元、应交消费税 35 万元，适用的城市维护建设税税率为 7%，教育费附加的费率为 3%。假定不考虑其他因素，甲公司当月应列入利润表"税金及附加"项目的金额为（　　）万元。

A. 7.3　　　　B. 38.5　　　　C. 42.3　　　　D. 80.3

二、多项选择题

1. 企业取得的下列款项中，符合"收入"会计要素定义的有（　　）。
   A. 出租固定资产收取的租金　　　B. 出售固定资产收取的价款
   C. 出售原材料收取的价款　　　　D. 出售自制半成品收取的价款

2. 下列各项中，工业企业应确认为其他业务收入的有（　　）。
   A. 对外销售材料收入　　　　　　B. 出售专利所有权收入
   C. 处置营业用房净收益　　　　　D. 转让商标使用权收入

3. 下列交易和事项不能确认收入的有（　　）。
   A. 委托代销商品收到代销清单　　B. 商品所有权凭证尚未交付
   C. 发出委托代销商品时　　　　　D. 收到客户预定商品的货款

4. 下列各项中，可用于计算履约进度指标的有（　　）。
   A. 实际测量的完工进度　　　　　B. 已完工或交付的产品
   C. 机器工时　　　　　　　　　　D. 发生的成本和时间进度

5. 下列各项中，应记入"资产处置损益账户"的有（　　）。
   A. 出售无形资产净收益　　　　　B. 出售固定资产取得的净收益
   C. 补贴收入　　　　　　　　　　D. 出租无形资产净收益

6. 下列项目中，应列入管理费用的有（　　）。
   A. 车间管理人员工资　　　　　　B. 业务招待费
   C. 印花税　　　　　　　　　　　D. 无形资产摊销

7. 下列项目中，应计入营业外支出的有（　　）。
   A. 对外捐赠支出
   B. 处理固定资产净损失
   C. 违反经济合同的罚款支出
   D. 因债务人无力支付欠款而发生的应收账款损失

8. 下列各项中，属于管理费用列支范围的有（　　　）。
   A. 咨询费
   B. 车间固定资产修理费
   C. 车船税
   D. 管理不善造成的存货盘亏净损失
9. 企业支付的下列税费中，应通过"税金及附加"账户核算的是（　　　）。
   A. 印花税
   B. 房产税
   C. 车船税
   D. 土地使用税
10. 下列各项中，应计入财务费用的有（　　　）。
    A. 企业发行股票支付的手续费
    B. 企业支付的银行承兑汇票手续费
    C. 企业购买商品时取得的现金折扣
    D. 企业销售商品时发生的现金折扣
11. 下列费用中，应作为销售费用处理的有（　　　）。
    A. 专设销售机构销售人员的工资
    B. 销售产品时应由销售方负担的运输费
    C. 专设销售网点费用
    D. 广告宣传费
12. 下列项目中，应计入财务费用的有（　　　）。
    A. 给予购货方的现金折扣
    B. 提前付款享受的现金折扣
    C. 支付银行的票据贴现利息
    D. 支付银行承兑汇票的手续费
13. 下列计提的各项准备中，不应作为管理费用处理的是（　　　）。
    A. 计提坏账准备
    B. 计提存货跌价准备
    C. 计提长期投资减值准备
    D. 预计产品质量保证损失
14. 下列各项损失，影响企业营业利润的有（　　　）。
    A. 投资发生的损失
    B. 坏账损失
    C. 固定资产清理的净损失
    D. 原材料盘亏净损失
15. 下列各项业务中，影响企业营业利润的有（　　　）。
    A. 收到先征后返的增值税 2 000 元
    B. 支付当月短期借款的利息 2 900 元
    C. 出租无形资产的收入 8 000 元
    D. 捐赠希望工程款项 50 000 元
16. 下列各项中，应计入营业外支出的有（　　　）。
    A. 无形资产处置损失
    B. 存货自然灾害损失
    C. 固定资产盘亏损失
    D. 长期股权投资处置损失
17. 可抵扣暂时性差异产生于（　　　）情况。
    A. 资产的账面价值大于其计税基础
    B. 资产的账面价值小于其计税基础
    C. 负债的账面价值大于其计税基础
    D. 负债的账面价值小于其计税基础

18. 下列项目中，不会产生暂时性差异的是（   ）。
    A. 国库券利息收入   B. 各种赞助支出
    C. 公司债券利息收入   D. 股票股利收入
19. 企业本期发生的下列费用和损失，影响企业当期净利润的有（   ）。
    A. 计提的坏账准备   B. 批准处理的固定资产盘亏损失
    C. 固定资产的安装费用   D. 当期应纳的所得税
20. 下列各项中，应直接记入"生产成本"账户的有（   ）。
    A. 车间管理部门领用的原材料   B. 生产工人的工资
    C. 生产产品所耗用的原材料   D. 行政管理人员的工资
21. 产品成本计算的基本方法有（   ）。
    A. 品种法   B. 分批法   C. 分步法   D. 分类法
22. 下列各种方法中，可以用于在完工产品和在产品之间分配生产成本的有（   ）。
    A. 约当产量法   B. 不计算在产品成本
    C. 在产品成本按定额成本计算   D. 在产品按所耗用材料费用计算
23. 下列各项中，最终应计入产品生产成本的有（   ）。
    A. 生产工人的失业保险费   B. 生产车间经营租入设备的租金
    C. 车间管理人员的工资   D. 生产工人的劳动保护费
24. 下列各项中，应计入税金及附加的有（   ）。
    A. 处置无形资产应交的增值税   B. 销售商品应交的增值税
    C. 销售应税产品的资源税   D. 销售应税消费品应交的消费税
25. 下列各项中，不应确认为财务费用的有（   ）。
    A. 企业筹建期间的借款费用   B. 资本化的借款利息支出
    C. 销售商品发生的商业折扣   D. 支付的银行承兑汇票手续费
26. 下列各项中，不应计入管理费用的有（   ）。
    A. 总部办公楼折旧   B. 生产设备改良支出
    C. 经营租出专用设备的修理费   D. 专设销售机构房屋的修理费
27. 下列各项中，影响当期营业利润的有（   ）。
    A. 所得税费用   B. 固定资产减值损失
    C. 销售商品收入   D. 投资性房地产公允价值变动收益
28. 下列各项中，工业企业应计入其他业务成本的有（   ）。
    A. 销售材料的成本   B. 出售单独计价包装物的成本
    C. 出租包装物的成本   D. 经营租赁出租设备计提的折旧
29. 下列各项中，属于某一时段履约义务的有（   ）。
    A. 客户在企业履约的同时即取得并消耗企业履约所带来的经济利益。
    B. 客户能够控制企业履约过程中在建的商品。
    C. 企业履约过程中的商品有不可替代用途、且该企业在整个合同期间内有权就累计至今已完成的履约部分收取款项
    D. 销售商品的实现

30. 下列各项中，属于政府补助会计处理范围的有（　　　　）。
    A. 政府资本性投入
    B. 政府免征的增值税
    C. 政府向企业先征后返的所得税
    D. 政府为支持小微企业发展而提供的贷款贴息
31. 下列各项中，应计入管理费用的有（　　　　）。
    A. 企业筹建期间发生的开办费
    B. 企业行政管理部门的办公费
    C. 企业专设销售机构的业务费
    D. 企业支付的年度财务报告审计费
32. 下列关于现金折扣会计处理的表述中，正确的有（　　　　）。
    A. 销售企业在确认销售收入时将现金折扣抵减收入
    B. 销售企业在取得价款时将实际发生的现金折扣计入财务费用
    C. 购买企业在购入商品时将现金折扣直接抵减应确认的应付账款
    D. 购买企业在偿付应付账款时将实际发生的现金折扣冲减财务费用
33. 下列各项中，应计入财务费用的有（　　　　）。
    A. 银行承兑汇票手续费 B. 购买交易性金融资产手续费
    C. 外币应收账款汇兑损失 D. 商业汇票贴现发生的贴现息
34. 下列各项中，影响利润表"所得税费用"项目金额的有（　　　　）。
    A. 当期应交所得税 B. 递延所得税收益
    C. 递延所得税费用 D. 代扣代缴的个人所得税
35. 下列各项中，年度终了需要转入"利润分配——未分配利润"账户的有（　　　　）。
    A. 本年利润 B. 利润分配——应付现金股利
    C. 利润分配——盈余公积补亏 D. 利润分配——提取法定盈余公积

三、判断题
　　1. 不符合收入确认条件但商品已经发出的情况，企业不需要进行账务处理，只需在备查簿中登记即可。（　　）
　　2. 企业为取得合同发生的增量成本预期能够收回的，应作为合同取得成本确认为一项资产。（　　）
　　3. 企业在销售收入确认之后发生的销售折让，应在实际发生时冲减发生当期的收入。（　　）
　　4. 企业已确认销售收入的售出商品发生销售折让，且不属于资产负债表日后事项的，应在发生时冲减销售收入。（　　）
　　5. 企业取得营业外收入，必然会发生营业外支出，两者存在配比关系。（　　）
　　6. 与同一项销售有关的收入，其成本不一定在同一会计期间予以确认。（　　）
　　7. 企业发生的年度亏损，可以用以后年度实现的利润先弥补，未弥补完的部分可免交所得税。（　　）

8. 未确认收入的已发出商品的退回不需要进行账务处理。( )
9. 企业对于发出的商品，不符合收入确认条件的，应按其实际成本编制会计分录：借记"发出商品"账户，贷记"库存商品"账户。( )
10. 企业出售固定资产应交的增值税，应列入利润表的"税金及附加"项目。( )
11. "利润分配"总账下的"未分配利润"明细账借方余额表示本年未弥补亏损，贷方余额则表示本年未分配利润。( )
12. 企业的税前会计利润与应纳税所得额在金额上是相等的。( )
13. 在委托其他单位代销产品的情况下，应当在收到供销单位的代销清单后确认收入的实现。( )
14. 企业发生的现金折扣应冲减主营业务收入，发生的销售折让应作为财务费用处理。
( )
15. 企业为取得合同发生的增量成本预期能够收回的，应作为合同成本确认为一项资产。( )
16. 不符合收入确认条件但已发出的商品的成本，应当在资产负债表的"存货"项目中反映。( )
17. 以前年度售出并已确认销售收入的商品，在上年度财务会计报告批准报出后、本报告年度终了前退回的，应直接调整本报告年度的年初未分配利润。( )
18. 在当期完工产品已全部售出的情况下，当期发生的制造费用和期间费用均计入当期损益。( )
19. 与收益相关的政府补助，应在其补偿相关费用或损失发生的期间计入损益。( )
20. 合同履约成本是指企业为履行当前或预期取得的合同所发生的，属于《企业会计准则——收入》（2018）规定范围并且按照该准则应当确认为一项资产的成本。( )
21. 企业在采用视同买断的代销方式销售商品的情况下，应在发出代销商品时确认收入。( )
22. 企业取得合同发生的增量成本已经确认为资产的，应当采用与该资产相关的商品收入确认相同的基础进行摊销，计入管理费用。( )
23. 上市公司董事会通过股票股利分配方案时，财会部门应将拟分配的股票股利确认为负债。( )
24. 企业取得与资产相关的政府补助，应当确认为递延收益，并在该项资产使用寿命内分期计入当期损益。( )
25. 负债的计税基础，是指负债的账面价值减去未来期间计算应纳税所得额时按照税法规定可予抵扣的金额。即负债的计税基础＝账面价值－未来可税前列支的金额。( )
26. 企业在确认递延所得税负债时，可以现行适用税率为基础计算确定，递延所得税负债的确认要求折现。( )
27. 已完成销售手续，但购买方在当月尚未提取的产品，销售方仍应作为本企业库存商品核算。( )
28. 现金折扣和销售折让，均应在实际发生时计入当期财务费用。( )
29. 企业出租固定资产的折旧额、出租专利权的摊销额、出租包装物的成本或摊销额均

应计入其他业务成本。   (   )

30. 对合同履约成本进行摊销时，应借记"合同履约成本"，贷记"主营业务成本"账户。   (   )

31. 除按名义金额计量的政府补助外，企业取得的与资产相关的政府补助，不能全额确认为当期收益，应随着相关资产的使用逐渐计入当期及以后各期的收益。   (   )

32. 企业股东大会审议批准的利润分配方案中应分配的现金股利，在支付前不作账务处理，但应在报表附注中披露。   (   )

33. 企业董事会或类似机构通过的利润分配方案中拟分配的现金股利或利润，应确认为应付股利。   (   )

34. 年度终了，除"未分配利润"明细账户外，"利润分配"账户下的其他明细账户应当无余额。   (   )

35. 企业采用"表结法"结转本年利润的，年度内每月月末损益类账户发生额合计数和月末累计余额无须转入"本年利润"账户但要将其填入利润表，在年末时将损益类账户全年累计余额转入"本年利润"账户。   (   )

四、业务实训题

实 训 一

（一）目的：练习销售商品收入的核算。

（二）资料：红星公司为增值税一般纳税人，增值税税率为13%，随时结转销售成本。2019年6月，发生经济业务如下：

1. 1日，销售给甲公司A商品500件，每件不含税售价300元，成本220元。增值税专用发票上注明价款150 000元，增值税19 500元，收到甲公司签发的转账支票一张，送存银行。

2. 3日，销售给外地丙公司B商品400台，每台不含税售价600元，成本520元，商品已经发出，以银行存款代垫运杂费3 000元。采用托收承付结算方式，开出增值税专用发票，并向银行办妥托收手续。

3. 3日，上月30日赊销给外地乙公司B商品200台，每台不含税售价620元，成本520元，已确认收入，价税合计140 120元。乙公司验收时发现商品质量有问题，经双方协商同意在价格上给予乙公司10%的折让，并由购货方出具证明，向税务机关申请开具红字增值税专用发票。

4. 8日，收到乙公司汇来的扣除10%折让后的款项，存入银行。

5. 8日，销售给丙公司废旧材料一批，增值税专用发票上注明的价款为3 000元，增值税税额为390元，收到现金，存入银行；该批材料的成本为2 450元。

6. 9日，销售给丙公司C商品460个，每个不含税售价90元，成本72元，开出增值税专用发票，收到丙公司转来的商业承兑汇票一张。

7. 9日，销售给甲公司C商品5 000个，每个商品的标价为90元（不含增值税），成本

72元，因其购买数量多，给予甲公司10%的优惠，开出增值税专用发票，收到甲公司银行汇票一张，送存银行。

8. 9日，销售给乙公司A商品2 200件，每件不含税售价300元，成本220元。规定的现金折扣条件为2/10、1/20、n/30，A商品已经发出，发出商品时代垫运杂费2 000元，计算现金折扣时不考虑增值税。假定乙公司分别在本月17日、25日、31日付款。

9. 20日，本月1日销售给甲公司A商品500件，每件不含税售价300元，成本220元，其中的100件因质量与合同不符，经协商同意甲公司退货，退回的商品已验收入库，款项开出转账支票支付。

10. 20日，销售给丙公司C商品600个，每个不含税售价90元，成本72元；B商品200台，每台不含税售价600元，成本520元，规定的商业折扣为10%，现金折扣为2/10、1/20、n/30。商品已经发出，假定计算现金折扣时不考虑增值税，丙公司于本月28日付款。

（三）要求：根据上述经济业务编制会计分录。

实 训 二

（一）目的：练习商业折扣、销售折让、销货退回的核算。

（二）资料：甲公司为增值税一般纳税人，增值税税率为13%。商品销售价格不含增值税，在确认销售收入时逐笔结转销售成本（假定不考虑其他相关税费）。2019年6月份甲公司发生如下业务：

1. 2日，向乙公司销售A商品1 000件，标价总额为600万元（不含增值税），商品实际成本为340万元。为了促销，甲公司给予乙公司20%的商业折扣并开具了增值税专用发票。甲公司已发出商品，并向银行办理了托收手续。

2. 10日，因部分A商品的规格与合同不符，乙公司退回A商品200件。当日，甲公司按规定向乙公司开具增值税专用发票（红字），销售退回允许扣减当期增值税销项税额，退回商品已验收入库。

3. 15日，甲公司将部分退回的A商品作为福利发放给本公司职工，其中生产工人100件，行政管理人员20件，专设销售机构人员40件，该商品每件市场价格为0.48万元（与计税价格一致），实际成本为0.34万元。

4. 25日，甲公司收到丙公司来函。来函提出，2019年5月10日从甲公司所购B商品不符合合同规定的质量标准，要求甲公司在价格上给予10%的销售折让。该商品售价为400万元，增值税税额为52万元，货款已结清。经甲公司认定，同意给予折让并以银行存款退还折让款，同时开具了增值税专用发票（红字）。

除上述资料外，不考虑其他因素。

（三）要求：

1. 逐笔编制甲公司上述业务的会计分录。

2. 计算甲公司6月份主营业务收入总额。

实 训 三

（一）目的：练习委托代销业务的核算。

（二）资料：红星公司为增值税一般纳税人，增值税税率为13%。2019年7月，发生经济业务如下：

1. 采用委托代销方式与丙公司签订代销协议，委托丙公司销售E商品3 000件，协议价为45元/件（不含税），成本36元/件，丙公司按每件50元销售。

（1）1日，红星公司发出代销商品，丙公司当日收到。

（2）10日，丙公司实际销售E商品1 000件，款项已经存入银行。红星公司收到丙公司开来的代销清单时，为丙公司开具增值税专用发票，注明价款45 000元，增值税5 850元。

（3）12日，丙公司将已销售1 000件E商品的货款汇给红星公司。

2. 采用委托代销方式与甲公司签订代销协议，委托甲公司销售C商品200个，每个不含税售价90元，成本72元；红星公司按售价的10%向甲公司支付手续费。

（1）10日，红星公司发出代销商品，甲公司当日收到。

（2）25日，甲公司将C商品全部销售完毕，价款18 000元，税额2 340元，全部存入银行。甲公司开给红星公司代销清单，红星公司收到甲公司交来的代销清单，并向甲公司开出一张金额相同的增值税专用发票。

（3）30日，红星公司收到甲公司支付的商品代销款（已扣手续费），存入银行。

（三）要求：

1. 根据资料1分别作出委托方和受托方的账务处理。
2. 根据资料2分别作出委托方和受托方的账务处理。

实 训 四

（一）目的：练习某一时段履行履约义务确认收入的核算。

（二）资料：

1. 红星公司为东方公司安装一套小型生产流水线，签订安装合同总金额为80 000元，工程款于完工时结算，增值税税率为9%，2019年9月，发生经济业务如下：

（1）1日，以银行存款购买由本公司负担的安装工程用零星材料600元，增值税税额78元。

（2）15日，以银行存款支付安装人员工资相关费用计60 000元。

（3）20日，安装工程按合同规定的时间，如期完工。

（4）25日，红星公司收到东方公司汇来的工程款。

2. 红星公司为光明公司研制一项软件，合同规定的研制开发期为4个月，合同总金额为400 000元。发生经济业务如下：

（1）11月1日，按合同规定，预收光明公司90%工程款，存入银行。

（2）11月30日，以银行存款支付安装人员工资80 000元，相关费用共计55 000元。

（3）12月31日，以银行存款支付安装人员工资60 000元，相关费用共计15 000元，经专业测量师测量后，确定该项劳务完工进度为70%，预计还将发生90 000元费用支出。确认2019年度的收入和成本。

（三）要求：根据上述经济业务编制会计分录。

实 训 五

（一）目的：练习费用、支出的核算。

（二）资料：红星公司2019年6月发生下列经济业务：

1. 以银行存款支付产品展览费用2 000元，增值税税率为6%，增值税120元，电视台广告费30 000元，增值税税率为6%，增值税1 800元。
2. 计提本月短期借款利息2 900元，长期借款利息9 500元（其中：应计入在建工程3 000元）。
3. 以银行存款捐赠"希望工程"50 000元。
4. 以银行存款购买印花税票1 200元。
5. 从银行提取现金支付离退休人员工资8 800元，离退休人员医药费300元。
6. 以银行存款订阅下年度报刊费4 800元，增值税税率为9%，增值税432元。
7. 以现金支付职工生活困难补助费3 000元。
8. 以现金购买零星办公用品800元，增值税税率为13%，增值税104元。
9. 以银行存款支付各项税收罚款及滞纳金4 600元；
10. 以银行存款支付银行承兑汇票手续费300元。
11. 以银行存款支付车间劳动保护费1 100元。
12. 以现金支付职工防暑降温费6 000元。
13. 以银行存款支付下年度厂部固定资产财产保险费4 600元，生产设备保险费5 300元。
14. 以银行存款缴纳本月增值税6 000元，上月增值税8 000元。
15. 以银行存款支付经营租入厂部用房的改良工程支出20 000元，该用房租期2年。
16. 计提本月固定资产折旧8 900元。其中：车间用固定资产折旧6 900元，行政管理部门用固定资产折旧2 000元。
17. 计提本月坏账准备300元，存货跌价准备4 000元，固定资产减值准备6 000元。
18. 以银行存款支付甲公司违反合同的违约金2 000元。
19. 摊销本月负担的车间固定资产修理费1 900元。
20. 以银行存款支付专设销售机构人员的工资15 000元。

（三）要求：

1. 根据上述经济业务编制会计分录；
2. 计算企业当月的管理费用、销售费用、财务费用。

实 训 六

（一）目的：练习利润形成的计算与核算。
（二）资料：
1. 红星公司 2019 年 6 月 29 日有关损益类账户余额如下：

主营业务收入	3 850 000（贷）
主营业务成本	2 240 000（借）
税金及附加	1 000（借）
销售费用	230 000（借）
其他业务收入	186 000（贷）
其他业务成本	127 000（借）
管理费用	150 000（借）
财务费用	63 400（借）
投资收益	35 000（贷）
营业外收入	4 890（贷）
营业外支出	300（借）

2. 该公司 6 月 30 日发生如下经济业务：

（1）销售 B 商品 200 台，每台不含税售价 600 元，增值税税率为 13%，该商品每台成本 520 元，收到转账支票一张，当即送存银行。

（2）本月应交增值税 50 000 元，分别按 7%、3% 计算本月应交城市维护建设税和教育费附加。

（3）经批准转销盘亏设备一台，账面原值 3 000 元，已提折旧 1 200 元。

（4）摊销无形资产 4 000 元。

（5）收到某职工交来的罚款收入 200 元。

（6）转销因非常损失造成原材料净损失 15 000 元。

（7）以银行存款支付未履行经济合同违约金 2 000 元。

（8）将企业生产的一批产品捐赠给某灾区，该批产品成本 18 000 元，计税价格 20 000 元，增值税税率为 13%。

（9）经批准，转销出售固定资产净损失 6 000 元。

（三）要求：

1. 根据资料 2 编制会计分录；
2. 计算该公司 6 月份营业收入、营业成本、营业利润、利润总额；
3. 作出该公司结转利润总额的账务处理。

实 训 七

（一）目的：练习所得税的计算与核算。
（二）资料：达强公司 2019 年利润结转采用表结法，所得税税率为 25%。

1. 12月31日结转前，有关损益类账户余额如下：

主营业务收入	6 890 000（贷）
主营业务成本	4 710 000（借）
税金及附加	8 900（借）
销售费用	430 000（借）
其他业务收入	215 000（贷）
其他业务成本	175 000（借）
管理费用	380 000（借）
财务费用	124 500（借）
投资收益	58 000（贷）
营业外收入	13 600（贷）
营业外支出	29 300（借）

2. 经查，本年度国库券的利息收入5 000元，实发工资150 000元、职工福利费30 000元、工会经费12 000元、职工教育经费9 000元（税法规定列支比例分别为14%、2%、8%），业务招待费超支20 000元，违法经营的罚款5 000元。

（三）要求：

1. 根据资料1结转有关损益类账户；
2. 计算该公司利润总额，进行纳税调整，计算应纳所得税，并作出账务处理；
3. 计算该公司当年净利润。

实 训 八

（一）目的：练习所得税费用的核算。

（二）资料：甲公司2019年度利润总额为1 900万元，应纳税所得额为2 000万元。该公司适用的所得税税率为25%。甲公司递延所得税资产年初数为200万元，年末数为300万元；递延所得税负债年初数为100万元，年末数为300万元。

（三）要求：

1. 计算甲公司2019年度应交所得税税额。
2. 计算甲公司2019年递延所得税费用。
3. 计算甲公司2019年度所得税费用。
4. 编制甲公司2019年所得税的会计分录。
5. 计算甲公司2019年度实现的净利润。
6. 编制甲公司年末结平"所得税费用"账户的会计分录。

实 训 九

（一）目的：练习所得税费用的核算。

（二）资料：

1. 甲公司 2019 年利润总额为 1 000 万元，适用的所得税税率为 25%。当年会计与税收之间的差异只有以下一项：2 年前购入一项无形资产成本为 600 万元，因其使用寿命无法合理估计，会计上视为使用寿命不确定的无形资产，不予摊销，但税法规定按不短于 10 年的期限摊销。

2. 乙公司 2019 年利润总额为 300 万元。该企业当年会计与税收之间的差异包括以下事项：①国债利息收入 20 万元；②税款滞纳金 10 万元；③交易性金融资产公允价值增加 30 万元；④提取存货跌价准备 50 万元；⑤因售后服务预计费用 60 万元。适用的所得税税率为 25%。12 月 31 日资产负债表中部分项目账面价值与计税基础情况如下：

单位：万元

项目	账面价值	计税基础
交易性金融资产	130	100
存货	1 000	1 050
预计负债	60	0

3. 丙公司 2019 年 12 月购入一项固定资产，原值 800 000 万元，净残值率为 4%，会计上采用年数总和法，折旧年限为 5 年，税法上规定的折旧年限为 10 年，采用直线法。假定公司历年的税前会计利润均为 400 万元，无其他纳税差异，所得税税率均为 25%。

（三）要求：
1. 根据资料 1、2 编制甲、乙公司会计分录。
2. 根据资料 3 编制丙公司各年的会计分录。

实 训 十

（一）目的：练习利润分配的核算。

（二）资料：

1. 甲公司 2019 年年初"利润分配——未分配利润"账户余额为贷方 160 000 元，2019 年实现净利润 600 000 元，经批准的利润分配方案如下：①按 10% 提取法定盈余公积；②按 5% 提取任意盈余公积；③分配给普通股股东现金股利 350 000 元；④分配股票股利 46 000 元。

2. 乙公司 2019 年年初"利润分配——未分配利润"账户余额为借方 12 000 元（上年亏损），2019 年实现净利润 200 000 元，经批准的利润分配方案如下：①按 10% 提取法定盈余公积；②按 5% 提取任意盈余公积；③分配给普通股股东现金股利 50 000 元。

3. 丙公司 2019 年年初"利润分配——未分配利润"账户余额为借方 600 000 元，因为五年前发生经营性亏损 900 000 元，2018 年用税前利润弥补 300 000 元。2019 年公司全年实现净利润 200 000 元，公司决定以净利润 200 000 元弥补以前年度亏损后，再用法定盈余公积 130 000 元弥补以前年度亏损，其余留待以后年度弥补。

（三）要求：

1. 分别编制甲、乙、丙公司利润分配、年度利润结转的会计分录；
2. 分别计算甲、乙、丙公司年末未分配利润额。

实 训 十 一

（一）目的：练习利润结转的核算。

（二）资料：甲公司 2019 年有关损益类账户的年末余额如下（该企业采用表结法年末一次结转损益类账户，适用的所得税税率为 25%）：

单位：元

账户名称	借或贷	期末余额
主营业务收入	贷	800 000
其他业务收入	贷	200 000
投资收益	贷	30 000
营业外收入	贷	57 000
主营业务成本	借	500 000
其他业务成本	借	150 000
税金及附加	借	36 000
销售费用	借	40 000
管理费用	借	100 000
财务费用	借	32 000
营业外支出	借	65 000

12 月 31 日发生和发现下列事项：

1. 本年度国债利息收入为 6 000 元，并已经入账计入投资收益；
2. 经查发现公司营业外支出中有 10 000 元为税收滞纳金；
3. 经查发现公司本年发生的职工福利费超过税法允许税前扣除的数额为 5 000 元；
4. 现金清查中发现库存现金溢余 15 000 元，无法查明原因，经批准作账务处理。

（假设除上述事项外，不考虑其他纳税调整事项。）

（三）要求：

1. 编制第 4 笔经济业务的会计分录；
2. 将各损益类账户年末余额结转到"本年利润"账户；
3. 计算公司本年应交所得税并编制有关分录；
4. 计算本年公司净利润。

实 训 十 二

（一）目的：练习收入、费用和利润的核算。

（二）资料：甲公司 2019 年 11 月份发生的经济业务如下：

1. 应付行政管理部门人员工资 300 000 元。

2. 以银行存款支付广告费 200 000 元（不含税），增值税税率 6%。

3. 以银行存款支付销售给乙公司产品的运费 30 000 元（不含税），增值税税率 9%。

4. 销售商品领用单独计价的包装物成本 150 000 元，增值税专用发票上注明销售收入为 300 000 元，增值税税率为 13%。增值税税额为 39 000 元，款项已存入银行。

5. 为了扩大公司产品的市场占有率，发生业务招待费 70 000 元，向有关专家进行咨询，发生咨询费 50 000 元（不含税），增值税税率 6%。以上款项均用银行存款支付。

6. 发生车间管理人员薪酬 100 000 元，行政部门专用机器设备折旧费 35 000 元，报销行政人员的差旅费 10 000 元（已用库存现金支付），其他办公费、电费 60 000 元，增值税 7 800 元（款项均用银行存款支付）。

7. 当月实际应交增值税为 500 000 元，应交消费税 320 000 元，应交城市维护建设税税率 7%，教育费附加的费率为 3%。

（三）要求：请编写甲公司上述经济业务 1～6 的会计分录，计算业务 7 中的城市维护建设税和教育费附加的金额并写出会计分录。

实 训 十 三

（一）目的：练习收入、费用和利润的核算。

（二）资料：甲公司为增值税一般纳税人，销售商品、材料适用的增值税税率为 13%，转让软件使用权适用的增值税税率为 6%，提供安装服务适用的增值税税率为 9%，商品、原材料、软件使用权、设备安装劳务价款中不含增值税。假定销售商品、原材料和提供劳务均符合收入确认条件，其成本在确认收入时逐笔结转，不考虑其他因素。2019 年 12 月，甲公司发生如下交易或事项：

1. 销售商品一批，按商品标价计算的金额为 200 万元，由于是成批销售，甲公司给予客户 10% 的商业折扣并开具了增值税专用发票，款项尚未收回。该批商品实际成本为 150 万元。

2. 向本公司行政管理人员发放自产产品作为福利，该批产品的实际成本为 8 万元，市场售价为 150 万元。

3. 向乙公司转让一项软件的使用权，一次性收取使用费 20 万元并存入银行，且不再提供后续服务。

4. 销售一批原材料，增值税专用发票注明价款 80 万元，款项收到并存入银行。该批材料的实际成本为 59 万元。

5. 将以前会计期间确认的与资产相关的政府补助在本月分配计入当月收益 300 万元。

6. 确认本月设备安装劳务收入。该设备安装劳务合同总收入为 100 万元，预计合同总成本为 70 万元，合同价款在前期签订合同时已收取，采用产出法确认收入。截至本月月末，该劳务的累计完工进度为 60%，前期已累计确认劳务收入 50 万元、劳务成本 35 万元。

7. 以银行存款支付管理费用 20 万元，财务费用 10 万元，营业外支出 5 万元。

（三）要求：

1. 编制甲公司上述经济业务的会计分录。
2. 计算甲公司 4 月的营业收入、营业成本、营业利润、利润总额。

实 训 十 四

（一）目的：练习收入、费用和利润的核算。

（二）资料：甲公司为增值税一般纳税人，销售商品适用的增值税税率为 13%，劳务收入适用增值税税率为 9%，商品销售价格及劳务收入不含增值税，确认销售收入时逐笔结转销售成本。

2019 年 12 月份，甲公司发生如下经济业务：

1. 2 日，向乙公司销售 A 产品，销售价格为 600 万元，实际成本为 540 万元。产品已发出，款项存入银行。销售前，该产品已计提跌价准备 5 万元。

2. 8 日，收到丙公司退回的 B 产品并验收入库，当日支付退货款并收到经税务机关出具的"开具红字增值税专用发票通知单"。该批产品系当年 8 月份售出并已确认销售收入，销售价格为 200 万元，实际成本为 120 万元。

3. 10 日，与丁公司签订为期 6 个月的劳务合同，合同总价款为 400 万元，待完工时一次性收取。至 12 月 31 日，实际发生劳务成本 50 万元（均为职工薪酬），估计为完成该合同还将发生劳务成本 150 万元。假定该项劳务交易的结果能够可靠估计，甲公司按实际发生的成本占估计总成本的比例确定劳务的完工进度。

4. 31 日，将本公司生产的 C 产品作为福利发放给生产工人，市场销售价格为 80 万元，实际成本为 50 万元。

假定除上述资料外，不考虑其他相关因素。

（三）要求：根据上述资料编制甲公司相关经济业务的会计分录。

实 训 十 五

（一）目的：练习收入、费用和利润的核算。

（二）资料：甲有限责任公司（以下简称甲公司）为一家从事机械制造的增值税一般纳税企业。2019 年 1 月 1 日所有者权益总额为 5 400 万元，其中实收资本 4 000 万元，资本公积 400 万元，盈余公积 800 万元，未分配利润 200 万元。2019 年度甲公司发生如下经济业务：

1. 经批准，甲公司接受乙公司投入不需要安装的设备一台并交付使用，合同约定的价值为 3 500 万元（与公允价值相符），增值税税率为 13%，增值税税额为 455 万元；同时甲公司增加实收资本 2 000 万元，相关法律手续已办妥。

2. 出售一项专利技术，售价 25 万元，增值税税率 6%，款项已存入银行。该项专利技术实际成本 50 万元，累计摊销额 38 万元，未计提减值准备。

3. 被投资企业丙公司可供出售金融资产的公允价值净值增加 300 万元，甲公司采用权益法按 30% 的持股比例确认应享有的份额。

4. 结转固定资产清理净收益 50 万元。

5. 摊销递延收益 31 万元（该递延收益是以前年度确认的与资产相关的政府补助）。

6. 年末某研发项目完成并形成无形资产，该项目的研发支出资本化金额为 200 万元。

7. 除上述经济业务外，甲公司当年实现营业收入 10 500 万元，发生营业成本 4 200 万元、税金及附加 600 万元、销售费用 200 万元、管理费用 300 万元、财务费用 200 万元，经计算确定营业利润为 5 000 万元。

按税法规定当年准予税前扣除的职工福利费 120 万元，实际发生并计入当年利润总额的职工福利费 150 万元。除此之外，不存在其他纳税调整项目，也未发生递延所得税（所得税税率为 25%）。

8. 确认并结转全年所得税费用。

9. 年末将"本年利润"账户贷方余额 3 813 万元结转至未分配利润。

10. 年末提取法定盈余公积 381.3 万元，提取任意盈余公积 360 万元。

11. 年末将"利润分配——提取法定盈余公积""利润分配——提取任意盈余公积"明细账户余额结转至未分配利润。

假定除上述资料外，不考虑其他相关因素。

（三）要求：

1. 根据资料（1）～（6），逐项编制甲公司相关经济业务的会计分录。
2. 根据资料（2）～（7），计算甲公司 2019 年度利润总额和全年应交所得税。
3. 根据资料（8）～（11），逐项编制甲公司相关经济业务的会计分录。
4. 计算甲公司 2019 年 12 月 31 日资产负债表中"实收资本""资本公积""盈余公积""未分配利润"项目的期末余额。

五、不定项选择题

不定项选择题一

（一）资料：甲公司为增值税一般纳税人，增值税税率为 13%，商品销售价格不含增值税，在确认销售收入时逐笔结转销售成本（假定不考虑其他相关税费）。2019 年 6 月份甲公司发生如下业务：

（1）2 日，向乙公司销售 A 商品 1 600 件，标价总额为 800 万元（不含增值税），商品实际成本为 480 万元。为了促销，甲公司给予乙公司 15% 的商业折扣并开具了增值税专用发票。甲公司已发出商品，并向银行办理了托收手续。

（2）10 日，因部分 A 商品的规格与合同不符，乙公司退回 A 商品 800 件。当日，甲公司按规定向乙公司开具增值税专用发票（红字），销售退回允许扣减当期增值税销项税额，退回商品已验收入库。

（3）15 日，甲公司将部分退回的 A 商品作为福利发放给本公司职工，其中生产工人 500 件，行政管理人员 40 件，专设销售机构人员 60 件，该商品每件市场价格为 0.4 万元（与计税价格一致），实际成本为 0.3 万元。

（4）25 日，甲公司收到丙公司来函。来函提出，2019 年 5 月 10 日从甲公司所购 B 商品不符合合同规定的质量标准，要求甲公司在价格上给予 10% 的销售折让。该商品售价为 600 万元，增值税税额为 78 万元，货款已结清。经甲公司认定，同意给予折让并以银行存款退还折让款，同时开具了增值税专用发票（红字）。

除上述资料外，不考虑其他因素。

（二）要求：根据上述资料，回答（1）～（3）小题。

（1）针对业务（1）和（2），下列处理不正确的有（　　　）。
　　A. 业务（1）应确认收入金额为 800 万元
　　B. 业务（1）应确认增值税销项税额 88.4 万元
　　C. 业务（2）应冲减收入 400 万元
　　D. 业务（2）应冲减增值税销项税额 44.2 万元

（2）针对业务（3）和（4），下列处理正确的有（　　　）。
　　A. 业务（3）不确认收入
　　B. 业务（3）应当按照计税价格计算确认增值税销项税额
　　C. 业务（4）应当相应冲减主营业务成本
　　D. 业务（4）应冲减增值税销项税额

（3）甲公司 6 月份主营业务收入总额为（　　　）万元。
　　A. 100　　　　B. 53.2　　　　C. 520　　　　D. 920

不定项选择题二

（一）资料：甲公司为增值税一般纳税人，适用的增值税税率为 13%，劳务收入增值税税率为 9%，所得税税率为 25%，假定销售商品、原材料和提供劳务均符合收入确认条件，其成本在确认收入时逐笔结转，商品、原材料售价中不含增值税。2019 年甲公司发生如下交易或事项：

（1）3 月 2 日，向乙公司销售商品一批，按商品标价计算的金额为 200 万元。该批商品实际成本为 150 万元。由于是成批销售，甲公司给予乙公司 10% 的商业折扣并开具了增值税专用发票，并在销售合同中规定现金折扣条件为 2/10、1/20、n/30，甲公司已于当日发出商品，乙公司于 3 月 15 日付款，假定计算现金折扣时不考虑增值税。

（2）5 月 5 日，甲公司由于产品质量原因对上年出售给丙公司的一批商品按售价给予 10% 的销售折让，该批商品售价为 300 万元，增值税税额为 39 万元。货款已结清。经认定，同意给予折让并以银行存款退还折让款，同时开具红字增值税专用发票。

（3）9 月 20 日，销售一批材料，增值税专用发票上注明的售价为 15 万元，增值税税额为 1.95 万元。款项已由银行收妥。该批材料的实际成本为 10 万元。

（4）10月5日，承接一项设备安装劳务，合同期为6个月，合同总收入为120万元，已经预收80万元，余额在设备安装完成时收回。采用投入法确认收入。完工率按照已发生成本占估计总成本的比例确定。至2019年12月31日已发生的成本为50万元，预计完成劳务还将发生成本30万元。

（5）11月10日，向本公司行政管理人员发放自产产品作为福利。该批产品的实际成本为8万元，市场售价为10万元。

（6）12月20日，收到国债利息收入59万元，以银行存款支付销售费用5.5万元，支付税收滞纳金2万元。

（二）要求：根据上述资料，不考虑其他因素，回答（1）~（5）小题。（答案中的金额单位用万元表示。）

（1）根据资料（1），下列各项中，会计处理结果正确的是（　　　　）。

A. 3月2日，甲公司应确认销售商品收入180万元
B. 3月2日，甲公司应确认销售商品收入176万元
C. 3月15日，甲公司应确认财务费用2万元
D. 3月15日，甲公司应确认财务费用1.8万元

（2）根据资料（2）~（5），下列各项中，会计处理正确的是（　　　　）。

A. 5月5日，甲公司发生销售折让时的会计分录：

借：主营业务收入　　　　　　　　　　　　　　　　　　　300 000
　　应交税费——应交增值税（销项税额）　　　　　　　　 39 000
　　贷：银行存款　　　　　　　　　　　　　　　　　　　339 000

B. 9月20日，甲公司销售材料时的会计分录：

借：银行存款　　　　　　　　　　　　　　　　　　　　 169 500
　　贷：其他业务收入　　　　　　　　　　　　　　　　　150 000
　　　　应交税费——应交增值税（销项税额）　　　　　　 19 500
借：其他业务成本　　　　　　　　　　　　　　　　　　　100 000
　　贷：原材料　　　　　　　　　　　　　　　　　　　　100 000

C. 11月10日，甲公司向本公司行政管理人员发放自产产品时的会计分录：

借：管理费用　　　　　　　　　　　　　　　　　　　　 113 000
　　贷：应付职工薪酬　　　　　　　　　　　　　　　　　113 000
借：应付职工薪酬　　　　　　　　　　　　　　　　　　　113 000
　　贷：主营业务收入　　　　　　　　　　　　　　　　　100 000
　　　　应交税费——应交增值税（销项税额）　　　　　　 13 000
借：主营业务成本　　　　　　　　　　　　　　　　　　　 80 000
　　贷：库存商品　　　　　　　　　　　　　　　　　　　 80 000

D. 12月31日，甲公司确认劳务收入，结转劳务成本的会计分录：

借：合同负债　　　　　　　　　　　　　　　　　　　　 872 000
　　贷：主营业务收入　　　　　　　　　　　　　　　　　800 000
　　　　应交税费——应交增值税（销项税额）　　　　　　 72 000

借：主营业务成本　　　　　　　　　　　　　　　　　500 000
　　贷：合同履约成本　　　　　　　　　　　　　　　　500 000

（3）根据资料（1）~（5），甲公司2019年度利润表中"营业收入"的金额是（　　）万元。

A. 225　　　　B. 235　　　　C. 250　　　　D. 280

（4）根据资料（1）~（5），甲公司2019年度利润表中"营业成本"的金额是（　　）万元。

A. 168　　　　B. 200　　　　C. 208　　　　D. 218

（5）根据资料（1）~（6），下列各项中，关于甲公司2019年期间费用和营业利润计算结果正确的是（　　）。

A. 期间费用为7.3万元　　　　B. 期间费用为18.6万元
C. 营业利润为13万元　　　　D. 营业利润为72.4万元

（6）根据资料（1）~（6），下列各项中，关于甲公司2019年度利润表中"所得税费用"和"净利润"的计算结果正确的是（　　）。

A. 所得税费用3.35万元　　　　B. 净利润67.05万元
C. 所得税费用17.5万元　　　　D. 净利润52.5万元

不定项选择题三

（一）资料：甲、乙、丙、丁公司均为增值税一般纳税人，适用的增值税税率为13%，假定销售商品、原材料的成本在确认收入时逐笔结转，商品、原材料售价中不含增值税。2019年10月，甲公司发生如下交易或事项：

（1）1日，向乙公司销售商品一批，该批商品售价总额为100万元，实际成本为80万元。由于成批销售，甲公司给予乙公司10%的商业折扣，并在销售合同中规定现金折扣条件为2/10，1/20，n/30。计算现金折扣时不考虑增值税，当日发出商品并确认收入，6日乙公司支付货款。

（2）5日，与丙公司签订协议，采用预收款方式向丙公司销售一批商品，该批商品的实际成本为60万元，售价总额为80万元；当日收到丙公司预付商品售价总额的50%，余款于发出商品时结清。

（3）15日，委托丁公司销售商品100件，每件成本为0.8万元，商品已经发出，合同约定，丁公司应按每件1万元对外销售。甲公司按商品售价的10%向丁公司支付手续费。31日，丁公司销售商品50件，开出的增值税专用发票上注明的售价为50万元，增值税税额为6.5万元，款项已收到。31日，甲公司收到丁公司代销清单并开具一张相同金额的增值税专用发票。

（4）20日，对外销售一批原材料，增值税专用发票上注明的售价为40万元，增值税税额为5.2万元，款项已收到并存入银行，该批材料的实际成本为30万元。

（二）要求：根据上述资料，分析回答（1）～（5）小题。（答案中的金额单位以万元表示。）

（1）根据资料（1），下列各项中，关于甲公司 2019 年 10 月 1 日的会计处理，正确的有（　　　　）。

    A."应收账款"账户增加 116 万元

    B."应收账款"账户增加 101.7 万元

    C."主营业务收入"账户增加 90 万元

    D."主营业务收入"账户增加 100 万元

（2）根据资料（1），甲公司 2019 年 10 月 6 日应确认的现金折扣为（　　　　）万元。

    A. 1   B. 0.9   C. 1.8   D. 2

（3）根据资料（2），下列各项中，甲公司会计处理结果正确的是（　　　　）。

    A. 收到剩余款项并支付商品时应确认主营业务收入 80 万元

    B. 2019 年 10 月 5 日应确认主营业务收入 40 万元

    C. 收到剩余款项并支付商品时应确认主营业务收入 40 万元

    D. 2019 年 10 月 5 日应确认预收账款 40 万元

（4）根据资料（3），下列各项中，甲公司收到丁公司代销清单时会计处理结果正确的有（　　　　）。

    A. 销售费用账户增加 5 万元

    B. 主营业务成本账户增加 40 万元

    C. 主营业务成本账户增加 50 万元

    D. 应交税费——应交增值税（销项税额）账户增加 6.5 万元

（5）根据资料（1）～（4），下列各项中，甲公司 2019 年 10 月份利润表营业利润项目本期金额是（　　　　）万元。

    A. 25   B. 28.2   C. 23.2   D. 30

不定项选择题四

（一）资料：某企业为增值税一般纳税人，适用的增值税税率为 13%，2019 年 1 月至 11 月"利润表"部分相关项目的累计发生额为：税金及附加 600 万元、销售费用 500 万元、管理费用 1 000 万元、财务费用 200 万元。2019 年 12 月该企业发生如下经济业务：

（1）10 日，将 50 台自产产品作为福利发放给本企业行政管理人员，该产品每台生产成本为 1.2 万元，市场售价为 1.5 万元（不含增值税）。

（2）31 日，对所属销售机构上月购入并投入使用的设备计提折旧费，该设备价款为 360 万元，增值税税额为 46.8 万元，预计使用寿命为 5 年，预计净残值为 0，采用年数总和法计提折旧。

（3）31 日，确认 2019 年发行债券利息费用。2019 年 7 月 1 日，该企业为筹集生产经营所需资金，按面值 8 000 万元发行 5 年期、到期一次还本付息的企业债券，该债券的票面年利率为 4%（与实际利率一致），自发行日起计息，发行债券已全部存入银行。

（4）31日，计算确定本月应交城市维护建设税35万元（不考虑教育费附加）、车船税5万元、支付印花税3万元，确认短期借款利息费用15万元，取得银行存款利息收入3万元。

（二）要求：根据上述资料，回答（1）～（4）小题。（答案中的金额单位用万元表示。）

（1）根据资料（1），该企业下列各项会计处理中，正确的是（　　　　）。

　　A. 主营业务成本增加60万元

　　B. 应交税费增加12.75万元

　　C. 管理费用增加84.75万元

　　D. 确认应付职工薪酬60万元

（2）根据资料（2），该企业12月31日对所属销售机构设备计提折旧费的会计处理结果正确的是（　　　　）。

　　A. 计入管理费用11.7万元

　　B. 计入管理费用10万元

　　C. 计入销售费用10万元

　　D. 计入销售费用11.7万元

（3）根据资料（3），12月31日该企业确认发行债券利息费用的会计处理正确的是（　　　　）。

　　A. 借：财务费用　　　　　　　　　　　　　　　　320
　　　　　贷：应付债券——应计利息　　　　　　　　　　320

　　B. 借：财务费用　　　　　　　　　　　　　　　　160
　　　　　贷：应付利息　　　　　　　　　　　　　　　　160

　　C. 借：财务费用　　　　　　　　　　　　　　　　320
　　　　　贷：应付利息　　　　　　　　　　　　　　　　320

　　D. 借：财务费用　　　　　　　　　　　　　　　　160
　　　　　贷：应付债券——应计利息　　　　　　　　　　160

（4）根据资料（4），该企业的会计处理结果正确的是（　　　　）。

　　A. 应交税费增加35万元

　　B. 财务费用增加12万元

　　C. 管理费用增加3万元

　　D. 税金及附加增加43万元

第十三章 财务报告

【学习目标】

1. 掌握财务会计报告的概念、分类、编制原则；
2. 掌握资产负债表的结构和内容，掌握资产负债表各项目的填列方法，正确地编制资产负债表；
3. 掌握利润表的结构和内容，掌握利润表各项目的填制方法，能正确地编制利润表；
4. 掌握现金流量表的结构和内容，掌握现金流量表各项目的填列方法，能正确地编制现金流量表；
5. 掌握所有者权益变动表的结构和内容，熟悉所有者权益变动表的编制方法；
6. 掌握会计报表附注的内容，熟悉会计报表附注的编制方法。

【学习重点与难点】

1. 资产负债表的编制方法；
2. 利润表的编制方法；
3. 现金流量表的编制方法；
4. 所有者权益变动表的编制方法；
5. 会计报表附注的编制方法。

【主要经济业务处理】

1. 资产负债表各项目的填列方法

	项目	填列方法
流动资产	货币资金	应根据"库存现金""银行存款""其他货币资金"账户期末余额的合计数填列
	交易性金融资产	应根据"交易性金融资产"账户期末余额直接填列
	应收票据	应根据"应收票据"账户的期末余额直接填列
	应收账款	应根据"应收账款"和"预收账款"账户所属各明细账户的期末借方余额合计,减去"坏账准备"账户中有关应收账款计提的坏账准备期末余额后的金额填列
	预付款项	应根据"预付账款"和"应付账款"账户所属各明细账户的期末借方余额合计数,减去"坏账准备"账户中有关预付款项计提的坏账准备期末余额后的金额填列
	其他应收款	应根据"其他应收款""应收利息""应收股利"账户的期末余额合计数,减去"坏账准备"账户中有关其他应收款计提的坏账准备期末余额后的金额填列
	存货	应根据"材料采购"(或"在途物资")"原材料""库存商品""周转材料""委托加工物资""发出商品""委托代销商品""生产成本"等账户的期末余额合计,减去"受托代销商品款""存货跌价准备"账户期末余额后的金额填列。存货采用计划成本核算,以及库存商品采用计划成本核算或售价核算的企业,还应按加或减材料成本差异、商品进销差价后的金额填列
	合同资产	应根据"合同资产"相关明细账户期末余额分析填列
	持有待售资产	应根据"持有待售资产"账户的期末余额,减去"持有待售资产减值准备"账户的期末余额后的金额填列
	一年内到期的非流动资产	应根据有关非流动资产账户的期末余额分析填列
非流动资产	债权投资	应根据"债权投资"账户的期末余额,减去"债权投资减值准备"账户期末余额后的金额填列
	其他债权投资	应根据"其他债权投资"账户的期末余额填列
	长期应收款	应根据"长期应收款"账户的期末余额,减去相应的"未实现融资收益"账户和"坏账准备"账户所属相关明细账户期末余额后的金额填列
	长期股权投资	应根据"长期股权投资"账户的期末余额,减去"长期股权投资减值准备"账户的期末余额后的金额填列
	投资性房地产	企业采用成本模式计量投资性房地产的,应根据"投资性房地产"账户的期末余额,减去"投资性房地产累计折旧(摊销)"和"投资性房地产减值准备"账户期末余额后的金额填列;企业采用公允价值模式计量投资性房地产的,应根据"投资性房地产"账户的期末余额填列
	固定资产	应根据"固定资产"账户的期末余额,减去"累计折旧"和"固定资产减值准备"账户期末余额后的金额,以及"固定资产清理"账户的期末余额填列
	在建工程	应根据"在建工程"账户的期末余额,减去"在建工程减值准备"账户期末余额后的金额,以及"工程物资"账户期末余额,减去"工程物资减值准备"账户的期末余额后的金额填列

续表

	项目	填列方法
非流动资产	生产性生物资产	应根据"生产性生物资产"账户的期末余额，减去"生产性生物资产累计折旧"和"生产性生物资产减值准备"账户期末余额后的金额填列
	油气资产	应根据"油气资产"账户的期末余额，减去"累计折耗"账户期末余额和相应减值准备后的金额填列
	无形资产	应根据"无形资产"的期末余额，减去"累计摊销"和"无形资产减值准备"账户期末余额后的金额填列
	开发支出	应当根据"研发支出"账户中所属的资本化支出明细账户期末余额填列
	商誉	应根据"商誉"账户的期末余额，减去相应减值准备后的金额填列
	长期待摊费用	应根据"长期待摊费用"账户的期末余额减去将于一年内（含一年）摊销的数额后的金额填列
	递延所得税资产	应根据"递延所得税资产"账户期末余额直接填列
流动负债	短期借款	应根据"短期借款"账户期末余额直接填列
	交易性金融负债	应根据"交易性金融负债"账户期末余额直接填列
	应付票据	应根据"应付票据"账户期末余额直接填列
	应付账款	应根据"应付账款"和"预付账款"账户所属明细账户的期末贷方合计填列
	预收款项	应根据"预收账款"和"应收账款"账户所属明细账户的期末贷方余额合计填列
	合同负债	应根据"合同负债"相关明细账户期末余额分析填列
	应付职工薪酬	应根据"应付职工薪酬"账户期末余额直接填列
	应交税费	应根据"应交税费"账户期末余额直接填列。如"应交税费"账户期末为借方余额，应以"-"号填列
	其他应付款	应根据"其他应付款""应付利息""应付股利"账户期末余额合计数填列
	持有待售负债	应根据"持有待售负债"账户的期末余额填列
	一年内到期的非流动负债	应根据"长期借款""应付债券""长期应付款""专项应付款"等非流动负债期末余额分析填列
非流动负债	长期借款	应根据"长期借款"账户的期末余额扣除一年内到期的长期借款部分填列
	应付债券	应根据"应付债券"账户的期末余额扣除一年内到期的应付债券部分填列
	长期应付款	应根据"长期应付款"账户的期末余额，减去相应的"未确认融资费用"账户期末余额后的金额以及"专项应付款"账户的期末余额填列
	预计负债	应根据"预计负债"账户期末余额直接填列
	递延所得税负债	应根据"递延所得税负债"账户期末余额直接填列
所有者权益（或股东权益）	实收资本（或股本）	应根据"实收资本（股本）"账户期末余额直接填列
	资本公积	应根据"资本公积"账户期末余额直接填列
	减：库存股	应根据"库存股"账户的期末余额填列
	盈余公积	应根据"盈余公积"账户期末余额直接填列
	未分配利润	应根据"本年利润"账户和"利润分配"账户的余额计算填列。未弥补的亏损在本项目内以"-"号填列

2. 利润表各项目的填列方法

项目	填列方法
一、营业收入	应根据"主营业务收入"和"其他业务收入"账户的发生额分析填列
减：营业成本	应根据"主营业务成本"和"其他业务成本"账户的发生额分析填列
税金及附加	应根据"税金及附加"账户的发生额分析填列
销售费用	应根据"销售费用"账户的发生额分析填列
管理费用	应根据"管理费用"账户的发生额分析填列
研发费用	应根据"管理费用"账户"研发费用"明细账户的发生额分析填列
财务费用	应根据"财务费用"账户的发生额分析填列
信用减值损失	应根据"信用减值损失"账户的发生额分析填列
资产减值损失	应根据"资产减值损失"账户的发生额分析填列
其他收益	应根据"其他收益"账户的发生额分析填列
投资收益（损失以"-"号填列）	应根据"投资收益"账户的发生额分析填列。如为投资损失，以"-"号填列
加：公允价值变动收益（损失以"-"号填列）	应根据"公允价值变动损益"账户的发生额分析填列。如为净损失，以"-"号填列
资产处置收益	应根据"资产处置损益"账户的发生额分析填列
二、营业利润（亏损以"-"号填列）	应根据利润表中的营业收入减去营业成本、税金及附加、销售费用、管理费用、财务费用、资产减值损失，加上公允价值变动收益、投资收益得出
加：营业外收入	应根据"营业外收入"账户的发生额分析填列
减：营业外支出	应根据"营业外支出"账户的发生额分析填列
三、利润总额（亏损总额以"-"号填列）	应根据营业利润加上表中的营业外收入，减去营业外支出得出
减：所得税费用	应根据"所得税费用"账户的发生额分析填列
四、净利润（净亏损以"-"号填列）	应根据利润总额减去所得税费用得出

【典型题例分析】

（一）单项选择题

【例题1】下列资产负债表项目中，应根据相应总账账户期末余额直接填列的项目是（　　）。

  A. 资本公积 B. 固定资产 C. 长期股权投资 D. 预付账款

  [答案] A

  [解析] "资本公积"账户，应当根据相关总账账户的余额直接填列。"固定资产"项目，应当根据"固定资产"账户期末余额减去"累计折旧""固定资产减值准备"等账户期末余额后的金额填列；"预付款项"项目，应根据"应付账款"和"预付账款"账户所属明细账户的期末借方余额合计数，减去"坏账准备"账户中有关预付款项计提的坏账准备余额后的金额填列；"长期股权投资"项目，应当根据"长期股权投资"账户期末余额，减去"长期股权投资减值准备"账户期末余额后的金额填列。

【例题2】资产负债表中的"未分配利润"项目,应根据( )填列。
  A."利润分配"账户余额
  B."本年利润"账户余额
  C."本年利润"和"利润分配"账户的余额计算后
  D."盈余公积"账户余额
  [答案] C
  [解析]"未分配利润"根据"本年利润"和"利润分配"账户的期末余额填列。

【例题3】某企业2019年发生的营业收入为1 000万元,营业成本为600万元,销售费用为20万元,管理费用为50万元,财务费用为10万元,投资收益为40万元,资产减值损失为70万元(损失),公允价值变动损益为80万元(收益),营业外收入为25万元,营业外支出为15万元。该企业2019年的营业利润为( )万元。
  A. 370   B. 330   C. 320   D. 390
  [答案] A
  [解析]营业收入减去营业成本、税金及附加、销售费用、管理费用、财务费用、资产减值损失,加上公允价值变动损益、投资收益,即为营业利润。
  营业利润=1 000-600-20-50-10+40-70+80=370(万元)

(二)多项选择题

【例题4】资产负债表中"存货"项目的金额,应根据( )账户的余额分析填列。
  A. 生产成本   B. 原材料
  C. 库存商品   D. 材料采购
  [答案] ABCD
  [解析]"存货"项目,应当根据"材料采购"("在途物资")"原材料""周转材料""库存商品""委托加工物资""生产成本"等账户的期末余额合计,减去"存货跌价准备"账户的余额后的金额填列。

【例题5】下列项目中,不能直接根据总账余额填列的项目有( )。
  A. 应收账款   B. 无形资产
  C. 应付账款   D. 盈余公积
  [答案] ABC
  [解析]"应收账款"项目,应根据"应收账款"和"预收账款"账户所属的明细账户的期末借方余额合计数,减去"坏账准备"账户中有关应收账款计提的坏账准备余额后的金额填列;"无形资产"项目,应当根据"无形资产"账户的期末余额,减去"累计摊销""无形资产减值准备"备抵账户余额后的净额填列。"应付账款"项目应根据"应付账款"和"预付账款"有关明细账户的期末贷方余额分析填列。

【例题6】资产负债表中各项目填列的方法有( )。
  A. 根据有关总分类账户的期末余额直接填列
  B. 根据若干个总账账户的余额计算填列
  C. 根据有关明细分类账户的余额计算填列

D. 根据总账账户和明细分类账户的余额分析计算填列

［答案］ABCD

［解析］资产负债表中各项目的填列方法：根据有关总分类账户的期末余额直接填列；根据若干个总账账户的余额计算填列；根据有关明细分类账户的余额计算填列；根据总账账户和明细分类账户的余额分析计算填列。

（三）判断题

【例题7】资产负债表是反映企业一定时期财务状况的会计报表。　　　　（　　）

　　［答案］×

　　［解析］资产负债表是反映企业某一特定日期（月末、季末、年末）财务状况的报表，即反映企业的特定日期全部资产、负债及所有者权益的会计报表。

【例题8】资产负债表中的资产项目是按资产的盈利性大小顺序排列的。　　（　　）

　　［答案］×

　　［解析］资产负债表中的资产项目是按资产的流动性大小顺序排列的。

【职业能力训练】

一、单项选择题

1. 我国资产负债表采用的结构是（　　）。
   A. 平行式　　　　　　　　　　B. 报告式
   C. 账户式　　　　　　　　　　D. 报告式或账户式

2. 可能以"-"号填列的资产负债表的项目有（　　）。
   A. "应交税费"账户期末为贷方余额
   B. "应交税费"账户期末为借方余额
   C. "其他应收款"账户期末为借方余额
   D. "其他应付款"账户期末为贷方余额

3. 年末"原材料"账户余额为200万元，"生产成本"账户余额为80万元，"材料成本差异"账户贷方余额为10万元，"库存商品"账户余额为30万元，"工程物资"账户余额为100万元。则资产负债表中"存货"项目的金额为（　　）万元。
   A. 300　　　　B. 320　　　　C. 400　　　　D. 420

4. "应收账款"账户明细账若出现贷方余额，应将其记入资产负债表中的（　　）项目。
   A. 应收账款　　　　　　　　　B. 预收账款
   C. 应付账款　　　　　　　　　D. 其他应付款

5. "应付账款"所属明细账户若出现借方余额，应将其记入资产负债表中的（　　）项目。
   A. 应收账款　　　　　　　　　B. 预收账款
   C. 预付账款　　　　　　　　　D. 其他应付款

6. 资产负债表中的"应付账款"项目，其填列方法是（　　）。
   A. 根据"应付账款"账户的期末贷方余额直接填列

B. 根据"应付账款"账户期末贷方余额 – "应收账款"账户期末借方余额计算填列

C. 根据"应付账款"账户期末贷方余额 – "预收账款"账户期末借方余额计算填列

D. 根据"应付账款"账户和"预付账款"账户所属明细账户的期末贷方余额计算填列

7. 从资产负债表日起，一年内到期的非流动资产，在资产负债表中应（　　）。

　A. 不单独反映

　B. 在非流动资产项目单列一项

　C. 在长期投资和流动资产之间单列一类

　D. 在流动资产中单列一项

8. 下列各项中不属于资产负债表"存货"项目的是（　　）。

　A. 库存商品　　　B. 周转材料　　　C. 在建工程　　　D. 生产成本

9. 2019 年 12 月初某企业"应收账款"账户借方余额为 300 万元，相应的"坏账准备"账户贷方余额为 20 万元，本月实际发生坏账损失 6 万元。2019 年 12 月 31 日经减值测试，该企业应补提坏账准备 11 万元。假定不考虑其他因素，2019 年 12 月 31 日该企业资产负债表"应收账款"项目的金额为（　　）万元。

　A. 269　　　B. 274　　　C. 275　　　D. 280

10. 下列各项中，不应列入利润表"营业收入"项目的是（　　）。

　A. 销售商品收入　　　　　　B. 处置固定资产净收入

　C. 提供劳务收入　　　　　　D. 让渡无形资产使用权收入

11. 下列各项中，不应在利润表"营业收入"项目列示的是（　　）。

　A. 政府补助收入　　　　　　B. 设备安装劳务收入

　C. 代修品销售收入　　　　　D. 固定资产出租收入

12. 下列各项中，应列入利润表"税金及附加"项目的是（　　）。

　A. 进口原材料应交的关税　　B. 购进生产设备应交的增值税

　C. 处置商标权应交的增值税　D. 销售自产应税化妆品应交的消费税

13. 下列各项中，应列入利润表"管理费用"项目的是（　　）。

　A. 计提的坏账准备　　　　　B. 出租无形资产的摊销额

　C. 支付中介机构的咨询费　　D. 处置固定资产的净损失

14. 下列经济业务所产生的现金流量中，属于"经营活动产生的现金流量"的是（　　）。

　A. 偿还债务所产生的现金流量

　B. 取得债券利息收入所产生的现金流量

　C. 支付经营租赁费用所产生的现金流量

　D. 变卖固定资产所产生的现金流量

15. 下列各项中，属于企业现金流量表"经营活动产生的现金流量"的是（　　）。

　A. 收到的现金股利　　　　　B. 支付的银行借款利息

　C. 收到的设备处置价款　　　D. 支付的经营租赁租金

16. 某企业 2019 年度发生以下业务，以银行存款购买将于 2 个月后到期的国债 500 万元，偿还应付账款 200 万元，支付生产人员工资 150 万元，购买固定资产 300 万元。假设不考虑其他因素，该企业 2019 年度现金流量表中"购买商品、接受劳务支付的现金"项目的金额为（　　）万元。

A. 350　　　　　B. 200　　　　　C. 650　　　　　D. 1 150

17. 下列各项中，不属于"筹资活动产生的现金流量"的是（　　）。

　A. 收回债券投资所收到的现金　　B. 吸收权益性投资所收到的现金
　C. 发行债券所收到的现金　　　　D. 借入资金所收到的现金

18. 下列各项中，不属于现金流量表"筹资活动产生的现金流量"的是（　　）。

　A. 取得借款收到的现金
　B. 吸收投资收到的现金
　C. 处置固定资产收回的现金净额
　D. 分配股利、利润或偿付利息支付的现金

19. 下列各项中，不属于"经营活动产生的现金流量"的有（　　）。

　A. 支付银行贴现利息　　　　　　B. 缴纳增值税
　C. 购买印花税票　　　　　　　　D. 支付银行借款利息

20. 下列各项中，属于"投资活动产生的现金流量"的是（　　）。

　A. 分派现金股利支付的现金　　　B. 购置固定资产支付的现金
　C. 接受投资收到的现金　　　　　D. 偿还公司债券利息支付的现金

21. 所有者权益变动表是（　　）。

　A. 年度资产负债表的附表　　　　B. 年度利润表的附表
　C. 主表　　　　　　　　　　　　D. 月份利润表的附表

22. 下列各项中，不需要在会计报表附注中披露的内容是（　　）。

　A. 会计政策变更的内容和理由　　B. 会计估计变更的影响数
　C. 非重大前期差错的更正方法　　D. 重大前期差错对净损益的影响金额

二、多项选择题

1. 企业中期财务报告是指（　　）。

　A. 年度财务报告　　　　　　　　B. 半年度财务报告
　C. 季度财务报告　　　　　　　　D. 月度财务报告

2. 企业编制的财务报表主表包括（　　）。

　A. 资产负债表　　　　　　　　　B. 财务情况说明书
　C. 会计报表附注　　　　　　　　D. 所有者权益变动表

3. 企业需要对外报送的报表包括（　　）。

　A. 资产负债表　　B. 成本报表　　C. 利润表　　D. 现金流量表

4. 下列账户的余额，应记入资产负债表"存货"项目的有（　　）。

　A. "发出商品"账户余额　　　　　B. "生产成本"账户余额
　C. "材料采购"账户余额　　　　　D. "委托加工物资"账户余额

5. 资产负债表中"货币资金"项目，包括（　　）。

　A. 库存现金　　B. 银行存款　　C. 现金等价物　　D. 其他货币资金

6. 下列资产负债表项目中，根据总账余额直接填列的有（　　）。

A. 应收账款 B. 实收资本
C. 交易性金融资产 D. 短期借款

7. 下列资产负债表项目中，根据明细账余额计算填列的有（　　）。
   A. 预收款项 B. 预付款项
   C. 应付账款 D. 应收账款

8. 下列各项中，应包括在资产负债表"应收账款"项目的有（　　）。
   A. 应收账款总账余额
   B. 坏账准备中属于应收账款的部分
   C. 预收账款借方明细账余额
   D. 应收账款借方明细账余额

9. 资产负债表中的"一年内到期的非流动负债"项目应当根据（　　）账户贷方余额分析填列。
   A. 长期借款　　B. 长期应付款　　C. 应付账款　　D. 应付债券

10. 资产负债表中，应以"—"号填列的项目有（　　）。
    A. "应付账款"账户出现借方余额时，应付账款项目
    B. "利润分配——未分配利润"账户出现借方余额时，未分配利润项目
    C. "应交税费"账户出现借方余额时，应交税费项目
    D. "应付职工薪酬"账户出现借方余额时，应付职工薪酬项目

11. 下列会计账户中，其期末余额应列入资产负债表"存货"项目的有（　　）。
    A. 库存商品 B. 材料成本差异
    C. 生产成本 D. 委托加工物资

12. 资产负债表下列各项目中，应根据有关账户余额减去备抵账户余额后的净额填列的有（　　）。
    A. 存货 B. 无形资产
    C. 应收票据及应收账款 D. 长期股权投资

13. 下列各项中，应在资产负债表"应收账款"项目列示的有（　　）。
    A. "预收账款"账户所属明细账户的借方余额
    B. "应收账款"账户所属明细账户的借方余额
    C. "应收账款"账户所属明细账户的贷方余额
    D. "预收账款"账户所属明细账户的贷方余额

14. 下列各项中，应列入资产负债表"应收账款"项目的有（　　）。
    A. 预付职工差旅费 B. 代购货单位垫付的运杂费
    C. 销售产品应收取的款项 D. 对外提供劳务应收取的款项

15. 下列各项中，应列入资产负债表"其他应付款"项目的有（　　）。
    A. 计提的短期借款利息
    B. 计提的一次还本付息债券利息
    C. 计提的分期付息到期还本债券利息
    D. 计提的分期付息到期还本长期借款利息

16. 下列各项中，应在资产负债表"预付款项"项目列示的有（　　　　）。
    A. "应付账款"账户所属明细账账户的借方余额
    B. "应付账款"账户所属明细账账户的贷方余额
    C. "预付账款"账户所属明细账账户的借方余额
    D. "预付账款"账户所属明细账账户的贷方余额
17. 下列各项中，应列入利润表"营业成本"项目的有（　　　　）。
    A. 销售材料成本　　　　　　　　B. 无形资产处置净损失
    C. 固定资产盘亏净损失　　　　　D. 经营出租固定资产折旧费
18. 下列各项中，应列入利润表"资产减值损失"项目的有（　　　　）。
    A. 原材料盘亏损失　　　　　　　B. 固定资产减值损失
    C. 应收账款减值损失　　　　　　D. 无形资产处置净损失
19. 利润表是（　　　　）。
    A. 根据有关账户发生额编制的　　B. 动态报表
    C. 反映经营成果的报表　　　　　D. 反映财务状况的报表
20. 下列各项中，影响企业营业利润的项目有（　　　　）。
    A. 投资收益　　　　　　　　　　B. 销售费用
    C. 管理费用　　　　　　　　　　D. 所得税费用
21. 下列各项中，影响利润表所得税费用项目的有（　　　　）。
    A. 代扣代缴的个人所得税　　　　B. 当期应缴纳的所得税
    C. 递延所得税收益　　　　　　　D. 递延所得税费用
22. 下列各项中，影响企业营业利润的有（　　　　）。
    A. 处置无形资产净收益　　　　　B. 出租包装物取得的收入
    C. 接受公益性捐赠利得　　　　　D. 经营租出固定资产的折旧额
23. 下列各项中，应列入利润表"营业成本"项目的有（　　　　）。
    A. 销售材料的成本
    B. 出售商品的成本
    C. 以经营租赁方式出租设备计提的折旧
    D. 出租非专利技术的摊销额
24. 下列各项中，属于工业企业现金流量表"筹资活动产生的现金流量"的有（　　　　）。
    A. 吸收投资收到的现金　　　　　B. 分配利润支付的现金
    C. 取得借款收到的现金　　　　　D. 投资收到的现金股利
25. 下列各项中，应包括在现金流量表中"现金"范围的有（　　　　）。
    A. 银行汇票存款　　　　　　　　B. 3个月内到期的短期债券投资
    C. 通知存款　　　　　　　　　　D. 3个月内到期的短期股票投资
26. 下列各项中，属于现金流量表"现金等价物"的有（　　　　）。
    A. 库存现金　　　　　　　　　　B. 银行本票
    C. 银行承兑汇票　　　　　　　　D. 持有2个月内到期的国债

27. 现金流量表中，将企业的现金流量分为（　　）。
    A. 经营活动产生的现金流量　　　　B. 投资活动产生的现金流量
    C. 筹资活动产生的现金流量　　　　D. 利润分配活动产生的现金流量
28. 下列各项中，属于现金流量表"经营活动产生的现金流量"的报表项目有（　　）。
    A. 收到的税费返还　　　　　　　　B. 偿还债务支付的现金
    C. 销售商品、提供劳务收到的现金　D. 支付给职工以及为职工支付的现金
29. 下列经济业务中，不会产生现金流量的业务有（　　）。
    A. 本期核销的坏账　　　　　　　　B. 分配股票股利
    C. 以存货抵偿债务　　　　　　　　D. 存货的盘亏
30. 现金等价物应同时具备的条件是（　　）。
    A. 能够转换为已知金额的现金　　　B. 期限短
    C. 无价值变动风险　　　　　　　　D. 价值变动风险小
31. 下列交易或事项中，会引起现金流量表"投资活动产生的现金流量净额"发生变化的有（　　）。
    A. 购买股票支付的现金　　　　　　B. 向投资者派发的现金股利
    C. 构建固定资产支付的现金　　　　D. 收到被投资单位分配的现金股利
32. 下列各项中，属于"筹资活动产生的现金流量"的有（　　）。
    A. 分配股利支付的现金　　　　　　B. 清偿应付账款支付的现金
    C. 偿还债券利息支付的现金　　　　D. 清偿长期借款支付的现金
33. 下列各项中，应作为现金流量表中"经营活动产生的现金流量"的有（　　）。
    A. 销售商品收到的现金　　　　　　B. 取得短期借款收到的现金
    C. 采购原材料支付的增值税　　　　D. 取得长期股权投资支付的手续费
34. 下列各项中，应记入现金流量表中"偿还债务所支付的现金"项目的有（　　）。
    A. 偿还企业债券的本金　　　　　　B. 偿还企业债券的利息
    C. 偿还银行借款的本金　　　　　　D. 偿还银行借款的利息
35. 下列各项中，属于筹资活动产生的现金流量的有（　　）。
    A. 支付的现金股利　　　　　　　　B. 取得短期借款
    C. 增发股票收到的现金　　　　　　D. 清偿应付账款支付的现金
36. 下列各项中，属于现金流量表中投资活动产生的现金流量的有（　　）。
    A. 购建固定资产支付的现金
    B. 转让无形资产所有权收到的现金
    C. 购买三个月内到期的国库券支付的现金
    D. 收到分派的现金股利
37. 以下各项中，应当在会计报表附注中披露的有（　　）。
    A. 当期和各个列报前期财务报表中受政策变更影响的项目名称和调整金额
    B. 会计估计变更的累积影响数
    C. 会计政策变更的性质、内容和原因
    D. 会计估计变更的内容和原因

38. 以下各项中，应当在会计报表附注中披露的有（　　　　）。
    A. 各类存货的期初和期末账面价值
    B. 财务报表的编制基础
    C. 营业外支出的构成
    D. 当期确认的折旧费用

三、判断题

1. 财务报表中的资产项目和负债项目的金额、收入项目和费用项目的金额不得相互抵消。（　　）
2. 半年度中期财务报表应当包括会计报表和会计报表附注中有关重大事项的说明。（　　）
3. 将于1年内到期的长期借款、应付债券、长期应付款，应在流动负债类下"1年内到期的非流动负债"项目单独反映。（　　）
4. 资产负债表编制的理论依据是"资产＝负债＋所有者权益"。（　　）
5. 资产负债表中的"应收票据"项目，包括已贴现的商业汇票。（　　）
6. 资产负债表中各项目数字是直接根据有关账户的本期发生额经过分析计算后填列的。（　　）
7. "待处理财产损溢"账户，期末应无余额，在资产负债表中也不作反映。（　　）
8. 各项资产减值准备应抵减相应的被调整账户，不在资产负债表中单列项目反映。（　　）
9. 资产负债表中"无形资产"项目反映各项无形资产的原价。（　　）
10. 资产负债表中，"其他应收款"项目，应直接根据"其他应收款"总账的借方余额填列。（　　）
11. 无论是增值税一般纳税企业还是小规模纳税企业，利润表中的税金及附加均不包括增值税。（　　）
12. 营业外收支应反映在利润表的营业利润中。（　　）
13. 企业"投资收益"账户如为借方余额，表示投资损失，应以"－"号填列在利润表中的"投资收益"项目。（　　）
14. 企业以前年度的未分配利润可以并入本年度提取盈余公积。（　　）
15. 年度利润表中的净利润与同期经营活动所得的现金流量是不相等的。（　　）
16. 现金流量表"投资活动产生的现金流量"中的投资概念和会计核算中的"交易性金融资产"和"长期股权投资"的概念是一致的。（　　）
17. 企业购置的固定资产是其从事生产经营活动的物质基础，因此购置固定资产支付的资金应在现金流量表"经营活动产生的现金流量"项目列示。（　　）
18. 财务报表附注是对在资产负债表、利润表、现金流量表和所有者权益变动表等报表中列示项目的文字描述或明细资料，以及对未能在这些报表中列示项目的说明等。（　　）
19. 现金流量表中"销售商品、提供劳务收到的现金"项目，反映本企业自营销售商品或提供劳务收到的现金，不包括委托代销商品收到的现金。（　　）

20. 所有者权益变动表"未分配利润"栏目的本年年末余额应当与本年资产负债表"未分配利润"项目的年末余额相等。（   ）

21. 所有者权益变动表是反映企业在一定会计期间所有者权益构成及增减变化情况的报表。（   ）

22. 所有者权益变动表是反映构成所有者权益的各组成部分当期的增减变动情况的报表。（   ）

23. 所有者权益变动表能够让报表使用者理解所有者权益增减变动的根源。（   ）

24. 所有者权益变动表能够反映所有者权益各组成部分当期增减变动的情况，有助于报表使用者理解所有者权益增减变动的原因。（   ）

四、业务实训题

实 训 一

（一）目的：练习资产负债表的编制。

（二）资料：金山公司2019年12月31日有关账户的期末余额如下表所示。其中，坏账准备全部根据应收账款提取。

账户余额表

总账账户	明细账户	借方余额	贷方余额	总账账户	明细账户	借方余额	贷方余额
应收账款		374 000		短期借款			76 000
	A工厂	192 000		应付账款			145 000
	B公司	264 000			甲公司		84 000
	C公司		82 000		乙公司		106 000
预付账款		174 000			丙公司	58 000	
	D公司	208 000			丁公司		13 000
	E公司		34 000	预收账款			14 000
原材料		88 000			F公司		12 000
库存商品		76 000			G公司		6 000
固定资产		1 144 000			H公司	4 000	
累计折旧			68 000	本年利润			96 000
坏账准备			1 160	利润分配	未分配利润		42 000

（三）要求：根据上述资料计算资产负债表中下列项目的填列金额。

1. 应收账款 =
2. 预付款项 =
3. 固定资产净值 =
4. 短期借款 =
5. 应付账款 =
6. 预收款项 =
7. 未分配利润 =

实 训 二

（一）目的：练习资产负债表的编制方法。

（二）资料：红星公司 2019 年 12 月 31 日，有关账户余额表如下表所示。

账户余额表

账户名称	借方余额	贷方余额	账户名称	借方余额	贷方余额
库存现金	2 000		工程物资	30 000	
银行存款	230 600		在建工程	620 000	
其他货币资金	80 000		无形资产	1 260 000	
交易性金融资产	118 000		累计摊销		60 000
应收票据	245 000		长期待摊费用		
应收账款	310 000		生产成本	883 000	
——A公司	120 000		短期借款		650 000
——B公司	240 000		应付票据		320 000
——C公司		50 000	应付账款		480 000
坏账准备		4 250	——华光公司		140 000
——应收账款		3 250	——常兴公司		360 000
——其他应收款		1 000	——宏大公司	20 000	
其他应收款	86 000		预收账款		20 000
预付账款	80 000		——W公司	8 000	
——M公司	120 000		——T公司		28 000
——Y公司		40 000	其他应付款		150 000

续表

账户名称	借方余额	贷方余额	账户名称	借方余额	贷方余额
材料采购	460 000		应付职工薪酬		76 000
原材料	673 000		应交税费		87 000
周转材料	23 000		应付股利		380 000
低值易耗品	140 000		长期借款		1 600 000
库存商品	256 000		其中：一年内到期的长期借款		300 000
材料成本差异	4 050				
存货跌价准备		13 000	实收资本		9 000 000
长期股权投资	509 600		资本公积		560 000
固定资产	9 960 000		盈余公积		750 000
累计折旧		860 000	利润分配		900 000
固定资产减值准备		60 000			

（三）要求：根据上述资料编制红星公司 2019 年度资产负债表（见下表）。

资产负债表

编制单位： 年 月 日 单位：元

资产	期末余额	年初余额	负债和所有者权益（或股东权益）	期末余额	年初余额
流动资产：			流动负债：		
货币资金			短期借款		
交易性金融资产			交易性金融负债		
应收票据			应付票据		
应收账款			应付账款		
预付款项			预收款项		
其他应收款			合同负债		
存货			应付职工薪酬		
合同资产			应交税费		
持有待售资产			其他应付款		
一年内到期的非流动资产			持有待售负债		
其他流动资产			一年内到期的非流动负债		
流动资产合计			其他流动负债		
非流动资产：			流动负债合计		

续表

资产	期末余额	年初余额	负债和所有者权益（或股东权益）	期末余额	年初余额
债权投资			非流动负债：		
其他债权投资			长期借款		
长期应收款			应付债券		
长期股权投资			长期应付款		
其他权益工具投资			预计负债		
其他非金融资产			递延所得税负债		
投资性房地产			其他非流动负债		
固定资产			非流动负债合计		
在建工程			负债合计		
生产性生物资产			所有者权益（或股东权益）：		
油气资产			实收资本（或股本）		
无形资产			其他权益工具		
开发支出			其中：优先股		
商誉			永续债		
长期待摊费用			资本公积		
递延所得税资产			减：库存股		
其他非流动资产			其他综合收益		
非流动资产合计			盈余公积		
资产总计			未分配利润		
			所有者权益（或股东权益）合计		
			负债和所有者权益（或股东权益）总计		

实　训　三

（一）目的：练习利润表的编制方法。

（二）资料：

1. 红星公司 2019 年除"所得税费用"账户外的有关损益类账户的本期发生额如下表所示。

2. 经查，营业外支出中包括滞纳的税收罚款支出 20 000 元。投资收益中包括国库券利息收入 6 500 元，无其他纳税调整项目（该企业所得税税率为 25%）。

损益类账户的本期发生额   单位：元

账户名称	借方发生额	贷方发生额
主营业务收入		12 700 000
主营业务成本	9 640 000	
税金及附加	210 000	
其他业务收入		580 000
其他业务成本	350 000	
销售费用	940 000	
管理费用	760 000	
财务费用	118 000	
信用减值损失	10 000	
资产减值损失	20 000	
公允价值变动收益		20 000
投资收益		180 000
营业外收入		46 000
营业外支出	81 000	

（三）要求：根据上述资料编制红星公司 2019 年度利润表（见下表）。

利 润 表

编制单位：　　　　　　　　　　　　　　年　月　　　　　　　　　　　　　　单位：元

项目	本期金额	上期金额
一、营业收入		
减：营业成本		
税金及附加		
销售费用		
管理费用		
研发费用		
财务费用		

续表

项目	本期金额	上期金额
加：其他收益		
投资收益（损失以"-"号填列）		
公允价值变动收益（损失以"-"号填列）		
信用减值损失（损失以"-"号填列）		
资产减值损失（损失以"-"号填列）		
资产处置收益（损失以"-"号填列）		
二、营业利润（亏损以"-"号填列）		
加：营业外收入		
减：营业外支出		
三、利润总额（亏损总额以"-"号填列）		
减：所得税费用		
四、净利润（净亏损以"-"号填列）		
五、其他综合收益的税后净额		
六、综合收益总额		
七、每股收益：		
（一）基本每股收益		
（二）稀释每股收益		

实 训 四

（一）目的：练习利润表的编制。

（二）资料：甲公司为增值税一般纳税人，适用的增值税税率为13%；除特别说明外，不考虑除增值税以外的其他相关税费；所售资产未发生减值；销售商品为正常的生产经营活动，销售价格为不含增值税的公允价格；商品销售成本在确认销售收入时逐笔结转。

1. 2019年12月甲公司发生下列经济业务：

（1）12月1日，甲公司与A公司签订委托代销商品协议。协议规定，甲公司以支付手续费方式委托A公司代销W商品100件，A公司对外销售价格为每件3万元，未出售的商品A公司可以退还甲公司；甲公司按A公司对外销售价格的1%向A公司支付手续费，在收取A公司代销商品款时扣除。该W商品单位成本为2万元。

12月31日，甲公司收到A公司开来的供销清单，已对外销售W商品60件；甲公司开具的增值税专用发票注明：销售价格180万元，增值税税额23.4万元；同日，甲公司收到A公司交来的代销商品款207万元并存入银行，应支付A公司的手续费1.8万元已扣除。

（2）12月5日，收到B公司退回的X商品一批以及税务机关开具的进货退回相关证明，销售价格为100万元，销售成本为70万元；该批商品已于11月份确认收入，但款项尚未收到，且未计提坏账准备。

（3）12月10日，与C公司签订一项为期5个月的非工业性劳务合同，合同总收入为200万元，当天预收劳务款20万元。12月31日，经专业测量师对已提供的劳务进行测量，确定该项劳务的完工程度为30%。至12月31日，实际发生劳务成本40万元（假定均为职工薪酬），估计为完成合同还将发生劳务成本90万元（假定均为职工薪酬）。该项劳务应交增值税（不考虑其他流转税费）税率为6%。假定该项劳务交易的结果能够可靠地计量。

（4）12月15日，出售确认为交易性金融资产的D公司股票1 000万股，出售价款3 000万元已存入银行。当日出售前，甲公司持有D公司股票1 500万股，账面价值为4 350万元（其中，成本为3 900万元，公允价值变动为450万元）。12月31日，D公司股票的公允价值为每股3.30元。

（5）12月31日，以本公司生产的产品作为福利发放给职工。发放给生产工人的产品不含增值税的公允价值为200万元，实际成本为160万元；发放给行政管理人员的产品不含增值税的公允价值为100万元，实际成本为80万元。产品已发放给职工。

（6）12月31日，采用分期收款方式向E公司销售Z大型设备一套，合同约定的销售价格为3 000万元，从2019年起分5年于每年12月31日收取。该大型设备的实际成本为2 000万元。如采用现销方式，该大型设备的销售价格为2 500万元。该设备已经发出，甲公司尚未开具增值税专用发票。

2. 2019年甲公司除上述业务以外的损益资料如下表所示。

单位：万元

项　　目	金额	调整后金额
一、营业收入	5 000	
减：营业成本	4 000	
税金及附加	50	
销售费用	200	
管理费用	300	
财务费用	30	
加：其他收益	0	
投资收益	100	
公允价值变动收益	0	
资产减值损失	0	

续表

项　目	金额	调整后金额
资产处置收益	0	
二、营业利润	520	
加：营业外收入	70	
减：营业外支出	20	
三、利润总额	570	

（三）要求：

1. 根据上述资料，逐笔编制甲公司相关业务的会计分录；
2. 计算甲公司2019年度利润表部分项目的金额，结果填入上表中。

实　训　五

（一）目的：练习利润表的编制。

（二）资料：甲公司为增值税一般纳税人，适用的增值税税率是13%，所得税税率是25%，年末一次确认全年所得税费用。商品、材料销售均不含增值税，商品、材料销售成本随销售收入的确认逐笔结转，本年利润采用表结法核算。有关资料如下：

1. 2019年1—11月甲公司损益类账户累计发生额如下表所示。

单位：万元

账户名称	借方发生额	贷方发生额	账户名称	借方发生额	贷方发生额
主营业务收入		1 650	销售费用	42	
主营业务成本	1 320		管理费用	38	
其他业务收入		160	财务费用	19	
其他业务成本	85		营业外收入		90
税金及附加	26		营业外支出	78	

2. 2019年12月份甲公司发生如下交易或事项：

（1）12月5日，向乙公司销售商品一批，开出的增值税专用发票上注明的价款为60万元，增值税税额为7.8万元，销售商品实际成本为45万元。提货单和增值税专用发票已交购货方，并收到购货方开出的商业承兑汇票。

（2）12月10日，向丙公司销售A材料一批。该批处理的销售价格为5万元，增值税税额为0.65万元，销售材料实际成本为4万元。A材料已发出，销售款项存入银行。

（3）12月18日，结转出售固定资产净收益8万元。

（4）12月31日，计提公司管理部门固定资产折旧5万元，摊销公司管理部门用无形资产成本8万元。

（5）12月31日，确认本月应交的城市维护建设税2万元，教育费附加1万元。

（6）12月31日，确认本年所得税费用75万元。

（三）要求：

1. 根据资料2中（1）～（6）项业务，编制甲公司相应的会计分录。
2. 根据资料1、资料2所编制的会计分录，编制甲公司2019年度利润表。

实 训 六

（一）目的：练习现金流量表的编制方法。

（二）资料：光明公司2019年度有关资料如下。

1. 本年销售商品本年收到现金1 000万元，以前年度销售商品本年收到现金200万元，本年预售款项100万元，本年销售本年退回商品支付的现金80万元，以前年度销售本年退回商品支付的现金60万元。

2. 本年购买商品支付的现金700万元，本年支付以前年度购买商品的未付款项80万元和本年预付款项70万元，本年发生的购货退回收到的现金40万元。

3. 本年分配的生产经营人员的职工薪酬为200万元，"应付职工薪酬"年初余额和年末余额分别为20万元和10万元，假定应付职工薪酬本期减少数均为本年支付的现金。

4. 本年利润表中的所得税费用为50万元（均为当期应交所得税产生的所得税费用），"应交税费——应交所得税"账户年初数为4万元，年末数为2万元（假定不考虑其他税费）。

（三）要求：计算现金流量表中下列项目的金额。

1. 销售商品、提供劳务收到的现金。
2. 购买商品、接受劳务支付的现金。
3. 支付给职工以及为职工支付的现金。
4. 支付的各项税费。

实 训 七

（一）目的：练习所有者权益变动表的编制。

（二）资料：雄发公司2018年年末所有者权益构成情况为：股本16 000 000元，资本公积8 000 000元，盈余公积4 000 000元，未分配利润6 000 000元。2019年实现利润200万元，按10%提取法定盈余公积，支付现金股利40万元，股票股利20万元，资本公积转增股本100万元。

（三）要求：

1. 编制雄发公司2018年分配利润及转增资本的会计分录；
2. 编制雄发公司2019年的所有者权益变动表（见下表）。

所有者权益变动表

编制单位：　　　　　　　　　　　　　　　　　　　　　　　年度　　　　　　　　　　　　　　　　　会企04表
单位：元

项目	本年金额										上年金额									
	实收资本（或股本）	其他权益工具			资本公积	减：库存股	其他综合收益	专项储备	盈余公积	未分配利润	所有者权益合计	实收资本（或股本）	其他权益工具			资本公积	减：库存股	其他综合收益	专项储备	盈余公积	未分配利润	所有者权益合计
		优先股	永续债	其他									优先股	永续债	其他							
一、上年年末余额																						
加：会计政策变更																						
前期差错更正																						
其他																						
二、本年年初金额																						
三、本年增减变动金额（减少以"-"号填列）																						
（一）综合收益总额																						
（二）所有者投入和减少资本																						
1. 所有者投入的普通股																						
2. 其他权益工具持有者投入资本																						
3. 股份支付计入所有者权益的金额																						
4. 其他																						
（三）利润分配																						
1. 提取盈余公积																						
2. 对所有者（或股东）的分配																						
3. 其他																						
（四）所有者权益内部结转																						
1. 资本公积转增资本（或股本）																						
2. 盈余公积转增资本（或股本）																						
3. 盈余公积弥补亏损																						
4. 设定受益计划变动额结转留存收益																						
5. 其他																						
四、本年年末余额																						

五、不定项选择题

不定项选择题一

（一）资料：甲公司 2019 年 10 月 31 日有关账户余额如下：
应收账款——乙公司　20 000 元（借）
应付账款——A 公司　30 000 元（贷）
预收账款——丙公司　15 000 元（贷）
预付账款——C 公司　20 000 元（借）
预收账款——丁公司　15 000 元（借）
预付账款——D 公司　20 000 元（贷）
债权投资 500 000 元（借），其中一年内到期 150 000 元。

（二）要求：根据资料，回答（1）~（5）小题。

（1）资产负债表中，应记入应收账款项目的有（　　）。
　　A．"应收账款"明细账户借方余额　　B．"应收账款"明细账户贷方余额
　　C．"预收账款"明细账户贷方余额　　D．"预收账款"明细账户借方余额

（2）根据上述资料，资产负债表中应收账款的金额应为（　　）元。
　　A．35 000　　B．5 000　　C．20 000　　D．50 000

（3）在资产负债表中，应记入应付账款项目的有（　　）。
　　A．"应付账款"明细账户借方余额　　B．"应付账款"明细账户贷方余额
　　C．"预付账款"明细账户借方余额　　D．"预付账款"明细账户贷方余额

（4）根据上述资料，资产负债表中应付账款的金额应为（　　）元。
　　A．10 000　　B．30 000　　C．50 000　　D．55 000

（5）根据上述资料，资产负债表中预收款项项目的金额应为（　　）元。
　　A．10 000　　B．15 000　　C．20 000　　D．30 000

（6）根据上述资料，资产负债表中债权投资项目的金额为（　　）元。
　　A．150 000　　B．500 000　　C．350 000　　D．650 000

不定项选择题二

（一）资料：甲公司 2019 年主营业务收入 1 500 万元，其他业务收入 400 万元，主营业务成本 1 180 万元，其他业务成本 299 万元，税金及附加 30 万元，期间费用 111 万元，营业外收入 80 万元（其中国债利息收入 12 万元），营业外支出 18 万元（其中税款滞纳金 10 万元），所得税税率为 25%。

（二）要求：根据上述资料，回答（1）~（6）小题。

（1）应记入利润表营业收入的有（　　）。
　　A．主营业务收入　　　　　　B．营业外收入
　　C．投资收益　　　　　　　　D．其他业务收入

（2）根据上述资料，甲公司2019年营业收入为（　　）万元。
   A. 400　　　B. 1500　　　C. 1580　　　D. 1900
（3）应记入利润表营业成本的有（　　）万元。
   A. 主营业务成本　　　B. 营业外支出
   C. 其他业务成本　　　D. 管理费用
（4）根据上述资料，甲公司2019年营业成本为（　　）万元。
   A. 299　　　B. 1180　　　C. 1479　　　D. 2680
（5）根据上述资料，甲公司2019年营业利润为（　　）万元。
   A. 421　　　B. 391　　　C. 280　　　D. 285
（6）根据上述资料，甲公司2019年利润净额为（　　）万元。
   A. 256.5　　　B. 255　　　C. 265.5　　　D. 249

不定项选择题三

（一）资料：某公司为一家增值税一般纳税企业。2019年年初，货币资金的年初借方余额为520万元，应收票据的年初借方余额为50万元，应收账款的年初借方余额为234万元，固定资产的借方余额为1 800万元，另外盈余公积贷方余额为640万元，利润分配——未分配利润贷方余额为150万元。2019年度该公司发生如下经济业务：

（1）外购生产用原材料一批，取得增值税专用发票注明的价款100万元，增值税13万元，供货方垫运杂费2万元（未取得专用发票），款项尚未支付，材料已验收入库。

（2）将自产的产品发放给本单位的管理人员，该产品成本20万元，市场售价30万元（与计税价格一致）。

（3）持有面值50万元不计息的商业承兑汇票到期，债务人暂时无力偿还款项。

（4）销售商品一批，增值税专用发票上注明的售价为300万元，增值税税额39万元，商品已发出。该批商品的实际成本为200万元。上年已经预收该批商品的款项80万元，剩余的货款于销售的当时收讫，并存入银行。

（5）长期借款的年初余额为860万元，本年度计提到期一次还本付息的长期借款的利息为86万元，按规定不予资本化利息支出，计提利息前公允价值为860万元，该借款到期日为2020年6月30日。

（6）计提行政管理部门折旧费用50万元。

（7）2019年该公司当年实现利润总额为120万元，确认的所得税费用为30万元，按净利润的10%提取法定盈余公积金。

（二）要求：根据资料，回答（1）~（5）小题。

（1）根据资料（1）、（2），下列各项中，会计分录正确的是（　　）。
   A. 主营业务收入增加30万元　　B. 原材料增加102万元
   C. 管理费用增加33.9万元　　D. 应付职工薪酬增加20万元

（2）根据资料（3）、（4），下列各项中，会计分录正确的是（　　）。
   A. 发出商品并收到剩余款项时

    借：预收账款　　　　　　　　　　　　　　　　　80
      银行存款　　　　　　　　　　　　　　　　259
        贷：主营业务收入　　　　　　　　　　　　300
          应交税费——应交增值税（销项税额）　　39
   B. 发出商品并收到剩余款项时
    借：银行存款　　　　　　　　　　　　　　　　339
      贷：主营业务收入　　　　　　　　　　　　300
        应交税费——应交增值税（销项税额）　　39
   C. 确认暂时无力支付款项时
    借：应收账款　　　　　　　　　　　　　　　　50
      贷：应收票据　　　　　　　　　　　　　　　50
   D. 确认暂时无力支付款项时
    借：坏账准备　　　　　　　　　　　　　　　　50
      贷：应收票据　　　　　　　　　　　　　　　50
（3）根据资料（5），该企业在2019年度资产负债表中，"长期借款"项目应为（　　）万元。
   A. 860　　　　　　B. 946　　　　　　C. 0　　　　　　D. 774
（4）根据相关的资料，下列资产负债表各项目中，正确的是（　　）。
   A. 固定资产为1 500万元　　　　B. 应收账款为284万元
   C. 应收票据为0元　　　　　　　D. 货币资金为788万元
（5）根据相关的资料，下列资产负债表各项目中，正确的是（　　）。
   A. 盈余公积为649万元
   B. 利润分配——未分配利润为231万元
   C. 盈余公积为652万元
   D. 利润分配——未分配利润为258万元

郑重声明

高等教育出版社依法对本书享有专有出版权。任何未经许可的复制、销售行为均违反《中华人民共和国著作权法》，其行为人将承担相应的民事责任和行政责任；构成犯罪的，将被依法追究刑事责任。为了维护市场秩序，保护读者的合法权益，避免读者误用盗版书造成不良后果，我社将配合行政执法部门和司法机关对违法犯罪的单位和个人进行严厉打击。社会各界人士如发现上述侵权行为，希望及时举报，本社将奖励举报有功人员。

反盗版举报电话　（010）58581999　58582371　58582488
反盗版举报传真　（010）82086060
反盗版举报邮箱　dd@hep.com.cn
通信地址　北京市西城区德外大街4号
　　　　　高等教育出版社法律事务与版权管理部
邮政编码　100120

防伪查询说明

用户购书后刮开封底防伪涂层，利用手机微信等软件扫描二维码，会跳转至防伪查询网页，获得所购图书详细信息。用户也可将防伪二维码下的20位密码按从左到右、从上到下的顺序发送短信至106695881280，免费查询所购图书真伪。

反盗版短信举报

编辑短信"JB,图书名称,出版社,购买地点"发送至10669588128

防伪客服电话

（010）58582300

资源服务提示

方式一：智慧职教

欢迎访问职业教育数字化学习中心——"智慧职教"（http://www.icve.com.cn），以前未在本网站注册的用户，请先注册。用户登录后，在首页或"课程"频道搜索本书对应课程"财务会计实务"进行在线学习。用户可以在"智慧职教"首页下载"智慧职教"移动客户端，通过该客户端进行在线学习。

方式二：共享课

访问国家精品开放课程共享平台——爱课程网（http://www.icourses.cn），以前未在本网站注册的用户，请先注册。用户登录后，搜索本书对应课程"财务会计"进行在线学习。用户可以在爱课程网主页下载"爱课程"移动客户端，通过该客户端在线学习本书对应课程的教学视频。

资源服务电子邮箱: songchen@hep.com.cn　咨询电话:(010)58581854
高教社高职会计教师研讨及资源服务QQ群: 708994051